普通高等院校航空服务类专业重点教材

民航客舱安全管理与应急处置

主　编◎陈　卓　兰　琳
副主编◎郭雅萌　王　帅　罗娅晴
参　编◎张程垚　张　晓　朱茫茫

清华大学出版社
北京

内 容 简 介

本书内容充分体现了航空服务类专业人才培养目标，结合中国民用航空局制定的相关规则和行业标准，对乘务员安全管理、乘务服务四阶段安全管理、乘客安全管理、应急设备、应急撤离处置、机上烟雾/火灾处置、释压处置、爆炸物处置、野外生存、安全特情处置十个项目内容进行了详细系统的介绍，使用大量案例和实物图辅助学习。本书提供与航空公司客舱乘务员初始培训相配套的项目训练任务单，供学习者进行技能训练和考核使用，有很强的实用性和针对性。本书引入客舱乘务员自我安全管理和安全特情处置，可帮助学习者在学习基本技能的基础上提升职业素养，对飞行安全管理有更深层次的思考和理解。

本书适用于本科和高职层次的学习者。

本书封面贴有清华大学出版社防伪标签，无标签者不得销售。
版权所有，侵权必究。举报：010-62782989，beiqinquan@tup.tsinghua.edu.cn。

图书在版编目（CIP）数据

民航客舱安全管理与应急处置 / 陈卓，兰琳主编. —北京：清华大学出版社，2024.2（2024.8重印）
普通高等院校航空服务类专业重点教材
ISBN 978-7-302-65438-4

Ⅰ. ①民… Ⅱ. ①陈… ②兰… Ⅲ. ①民用航空－旅客运输－客舱－安全管理－高等学校－教材 Ⅳ. ①F560.82

中国国家版本馆 CIP 数据核字(2024)第 036429 号

责任编辑：杜春杰
封面设计：刘　超
版式设计：文森时代
责任校对：马军令
责任印制：宋　林

出版发行：清华大学出版社
　　网　　址：https://www.tup.com.cn，https://www.wqxuetang.com
　　地　　址：北京清华大学学研大厦 A 座　　邮　　编：100084
　　社 总 机：010-83470000　　邮　　购：010-62786544
　　投稿与读者服务：010-62776969，c-service@tup.tsinghua.edu.cn
　　质量反馈：010-62772015，zhiliang@tup.tsinghua.edu.cn
印 装 者：大厂回族自治县彩虹印刷有限公司
经　　销：全国新华书店
开　　本：185mm×260mm　　印　张：15　　字　数：348 千字
版　　次：2024 年 3 月第 1 版　　印　次：2024 年 8 月第 2 次印刷
定　　价：59.80 元

产品编号：096056-01

普通高等院校航空服务类专业重点教材编委会

顾　问　刘　永（北京中航未来科技集团有限公司　董事长）
主　任　高　宏（沈航航空航天大学　教授）　　　　杨　静（中原工学院　教授）
　　　　李广春（郑州航空工业管理学院　教授）　　李　勤（南昌航空大学　教授）
　　　　安　萍（沈阳师范大学　副教授）　　　　　郑大莉（郑州经贸学院　副教授）
副主任　刘岩松（沈阳航空航天大学）　　　　　　　迟　岩（新疆工程学院）
　　　　王焱源（郑州航空工业管理学院）　　　　　王昌沛（曲阜师范大学）
　　　　姚晓鸣（中原工学院）　　　　　　　　　　李　姝（沈阳师范大学）
　　　　何蔓莉（常德学院）　　　　　　　　　　　李艳伟（沈阳航空航天大学）
　　　　陈文华（上海民航职业技术学院）　　　　　陈　卓（长沙航空职业技术学院）
　　　　黄　晨（天津交通职业学院）　　　　　　　兰　琳（长沙商贸旅游职业技术学院）
委　员　（按姓氏笔画排序）
　　　　于海亮（沈阳师范大学）　　　　　　　　　王　帅（北京华航航空服务有限公司）
　　　　王丽虹（张家口职业技术学院）　　　　　　王爱娥（长沙航空职业技术学院）
　　　　王晨宇（郑州航空工业管理学院）　　　　　王清琦（郑州航空工业管理学院）
　　　　王　静（郑州经贸学院）　　　　　　　　　王鑫豪（郑州经贸学院）
　　　　尤文静（浙江传媒学院）　　　　　　　　　卢俊兵（广州新华学院）
　　　　朱茫茫（潍坊职业学院）　　　　　　　　　刘　舒（江西青年职业学院）
　　　　闫法威（北京大兴国际机场）　　　　　　　祁文文（郑州航空工业管理学院）
　　　　李巧娜（郑州经贸学院）　　　　　　　　　李向民（中原工学院）
　　　　李雪琪（郑州丽水外国语学校）　　　　　　李琴凤（郑州航空工业管理学院）
　　　　李璇璇（中国南方航空公司）　　　　　　　杨志慧（长沙航空职业技术学院）
　　　　杨　柳（南昌航空大学）　　　　　　　　　时燕子（中原工学院）
　　　　吴立杰（沈阳航空航天大学）　　　　　　　吴隆基（郑州航空工业管理学院）
　　　　邹　昊（江西师范大学）　　　　　　　　　宋晓晨（沈阳航空航天大学）
　　　　张　驰（沈阳航空航天大学）　　　　　　　张　利（北京中航未来科技集团有限公司）
　　　　张　晓（西安航空职业技术学院）　　　　　张　硕（沈阳航空航天大学）
　　　　张婉玥（深圳市龙岗区横岗街道梧桐学校）　张　喆（辽宁省机场管理集团）
　　　　张　晶（郑州航空工业管理学院）　　　　　张程垚（湖南石油化工职业技术学院）
　　　　陈　妍（沈阳师范大学）　　　　　　　　　陈烜华（上海民航职业技术学院）
　　　　陈端峰（郑州航空工业管理学院）　　　　　罗文斌（湖南应用技术学院）
　　　　罗　洁（南昌航空大学）　　　　　　　　　罗娅晴（长沙航空职业技术学院）
　　　　金　沐（沈阳师范大学）　　　　　　　　　周茗慧（山东外事职业大学）
　　　　庞　敏（上海民航职业技术学院）　　　　　郑　绚（南昌航空大学）
　　　　郑菲菲（南京旅游职业学院）　　　　　　　贺红艳（中原工学院）
　　　　秦　洪（中原工学院）　　　　　　　　　　高　婷（沈阳航空航天大学）
　　　　郭雅萌（江西青年职业学院）　　　　　　　唐　珉（桂林航天工业学院）
　　　　黄春新（沈阳航空航天大学）　　　　　　　黄　婧（江西工业贸易职业技术学院）
　　　　焦于歌（郑州经贸学院）　　　　　　　　　游婷婷（广州民航职业技术学院）
　　　　楚　喆（郑州航空工业管理学院）　　　　　路　鹏（郑州航空工业管理学院）
　　　　路　攀（郑州航空工业管理学院）　　　　　熊慧茹（重庆公共运输职业学院）
　　　　潘万东（河南交通职业技术学院）　　　　　魏丽娜（沈阳航空航天大学）

序　言

  我国航空运输业高速持续发展，民航强国的战略意义不言而喻。特别是国产大飞机C919投入商业运营，必将推动我国民航业步入新的历史发展时期，也必将对高质量人才培养提出新的标准。现阶段，我国航空服务类专业发展呈现良好态势，专业开发水平得到迅猛提升，而人才培养过程不仅需要科学化、精细化的人才培养目标，更需要贯穿始终且不断创新的教育教学改革。教材作为人才培养的基础，不仅仅是体现教学内容和教学方法的知识载体，是开展教学活动不可缺少的基本工具，还是深化教育教学改革，全面推进素质教育，培养创新人才的重要保证。简言之，高质量的人才培养需要高水平的教材支撑，开发高质量的教材是新时代专业教育及人才培养之所需，是推动教育模式转变与创新的助力器，更是高等学校教师、行业人士，乃至出版社应有的责任担当。

  优秀的教材至少需要具备传承、引领及可读性三个特征。传承就是把学科与专业建设中的优秀成果保留下来；引领就是密切结合专业的发展趋势，通过创新，对专业的发展具有导向作用；可读性就是教材易于学习，能更好地为教师服务、为学生服务、为教学服务。不可否认的是，教材往往滞后于专业与行业发展，因此，需要业界共同努力来改变这种状况，顺势而上，不断为教材增添新的内涵。为此，清华大学出版社经过精心准备，在充分调研、论证的基础上，力求打造出更具特色的航空服务类专业重点教材，发挥清华大学出版社在航空服务类专业教材建设方面的引领作用，为航空服务类专业建设与人才培养贡献力量。

  为突出本系列教材的特色，我们着力于重点教材的深度开发，挖掘其潜力，在细节上做足功课，也在呈现形式上下足功夫，其开发思想体现在以下几方面：

  第一，回归专业的本质属性。2018年教育部把本科层次的航空服务类专业规范为"航空服务艺术与管理"，学科归属为艺术类，但其内涵并非属于艺术。航空服务与管理是一种高端服务和管理，是一项系统的人与人接触的具有管理属性的技能型工作，在服务品质上有服务的艺术性体现，但不是表演性质的艺术。在之前的专业沿革中，表演艺术属性偏重，影响了人们对航空服务类专业的正确认知。为此，本次重点教材开发试图在此方面做努力。

第二，重视服务的自然属性。服务是社会文明程度的重要标志，特别是在满足人们对幸福生活追求的过程中，服务意识或行为发挥着不可替代的作用。培养航空服务人才，一方面是满足行业的需要，另一方面，航空服务人员作为具有青春活力的群体，既代表着个人形象，更代表着航空公司形象，在一定意义上、一定环境中还代表着国家形象，体现着整个社会的服务水平。因此，不能把航空服务类专业的人才培养狭义地理解为航空运输发展的要求，其实也是社会文明与进步不可缺少的要素。

第三，突出多学科交叉融合。航空服务艺术与管理专业属高等教育本科层次，隶属于新文科。结合新文科的发展需求，本专业更需要学科支撑，即多学科交叉融合促其发展，努力架构航空服务专业的学科体系，使服务技能建立在扎实的理论基础上，使所培养的人才更具职业发展潜质、更具开放性，不仅具有航空服务类专业技能的功底，更需要把技能掌握建立在更宽广的知识沃土上，知其然，更知其所以然。

第四，加强课程思政的植入。牢记"为党育人，为国育才"的初心使命，落实立德树人的根本任务，培养学生的爱国情怀与高尚人格，强化"民航人"品质的塑造，突出教材不但传授文化知识，更是塑造民族精神，增强文化自信的载体。

我们力求本次航空服务类专业重点教材的开发具备以下特色：

第一，充分体现专业属性，强化服务意识和国际化能力。实现本土人才国际化将极大地增强国际竞争力，航空服务人才国际化是一种过程。这种过程是各种文化交流碰撞的过程，是相互学习，相互渗透，互通有无。基于此，本系列教材注重思政育人，把思想政治教育贯穿在教材编写和人才培养的全过程。

第二，创新教材结构，打破传统教材壁垒。本系列教材均为新形态教材，根据教材内容，增加二维码（形式多样：文字、图片、录音、录像、自测客观题等）。

第三，重视学科交叉，突出学科归属与体现。尝试走出过度强调技能而忽视理论的倾向，使专业建设能更好地建立在学科发展的基础上。

第四，加强顶层系统定位，建立科学的课程门类。避免过度交叉与重叠，使教材简洁、清晰，既体现教材各自的功能，又体现教材之间的有机联系。

优秀教材的诞生需要编写团队千辛万苦的不懈努力和编辑人员一丝不苟的工作态度，我们相信，此次的付出定会开拓航空服务类专业教材的新局面。

普通高等院校航空服务类专业重点教材编委会
2023 年 6 月

前　言

　　客舱安全管理是客舱管理的重要领域，其管理范围广泛，既包括客舱服务过程的安全性，还包括客舱本身的安全环境，主要是客舱资源管理。客舱乘务人员在长期飞行工作中积累了丰富的经验，体现在对各项安全程序、规章制度的理解和贯彻执行上。大量的事故教训告诉我们：在航班安全生产中，人为因素往往是决定性的因素。如何将人的安全管理引入安全生产管理，用企业文化来激发人的智慧，充分发挥和利用全体机上人员，包括机组人员、乘务组人员和全体乘客的主观能动性和丰富的经验，不断巩固客舱安全的基础，尽量降低事故造成的安全成本，是值得我们探讨的。

　　此外，越来越多的数据表明，多起事故的发生与客舱的服务与管理有密切关系，因此一旦客舱安全失去保障，势必危及飞行安全。也就是说，没有客舱安全就没有飞行安全。客舱安全管理涉及方方面面，大到空防安全、紧急撤离、应对火灾、爆炸品处置，小到座位调整、行李安放、安抚乘客、消除隐患等。

　　本书依据《中华人民共和国民用航空法》、《大型飞机公共航空运输承运人运行合格审定规则》（CCAR-121-R5）、《国际民用航空公约》、国际航协及中航协的要求，立足空中乘务员岗位能力需求，对照民航乘务员（安全员）国家职业标准，结合国内外航空公司的先进经验，介绍了客舱安全管理相关规定、应急设备的使用方法，围绕应急撤离、客舱释压、烟雾/火灾处置、爆炸物处置、野外生存、安全特情等典型工作任务，详尽讲授处置原则、处置程序及处置要领。

　　本书的编写特点如下：

　　一、为全面贯彻党的教育方针，落实立德树人的根本任务，落实"三教"改革，贯彻"岗课赛证"综合育人理念，培养"德智体美劳"全面发展的高质量空中乘务专业人才，本书以课程思政为教育导向，挖掘工匠精神、民航精神，将思政元素融入教材，为每个项目设置了素养目标，培养学生的社会主义核心价值观；本书以岗位能力为教学需求，结合客舱安全管理的业务重点设置知识目标，结合应急处置的技能难点设置能力目标，注重培养学生的职业素养和职业技能，帮助学生快速走上空中乘务职业岗位；本书以技能考证为能力提升评价标准，对照《1+X 空中乘务职业技能等级标准》和中航协空中乘务技能大赛考核标准，为每个项目设置专业技能强化训练任务，以切实提升学生的技能竞赛核心能力和乘务安全岗位专业技能。

二、为服务"科教兴国"战略，优化职业教育类型定位，2019 年中国大学 MOOC 平台开设了配套线上精品课程（课程路径为 https://www.icourse163.org/，搜索课程名为"客舱安全与应急处置"，所属单位为长沙航空职业技术学院，课程主持人陈卓），开发构建了包含配套思政素材、重点精读课件、微课精讲视频、VR 立体教材、学习动画等多种在线教学资源的一整套精品在线课程资源，定期更新，免费供广大师生及学习者参考使用。

三、为深入推进科教融汇，打破客舱安全实训教学高投入、高损耗、高风险的窘境，本书为课程教学注入科技"灵魂"。编写组与湖南流通创软科技有限公司联合开发了与本书配套的移动端 VR 全景视频，读者按照本书"智学 VR 全景视频索引"，使用手机等移动设备扫描书中标有"智学 VR 全景视频"的二维码，即可使用 VR/AR 设备，也可直接观看呈现灭火、撤离、释压、颠簸等难实施、难观摩、难再现的任务场景，身临其境地学习技能。

本书能够顺利出版，离不开编写组成员的集体努力。编写组成员均具备一线客舱管理经验和多年教学经验，主要编写人员具备航空乘务教员资质和 1+X 空中乘务职业技能等级资质。长沙航空职业技术学院陈卓具有国际航协空乘教员资质、中航协航空乘务教员资质，为 1+X 空中乘务职业技能等级证书专家委员会委员、湖南省高职空乘专业技能题库开发专家，长沙商贸旅游职业技术学院兰琳具有中航协航空乘务教员资质，曾获行指委"教学成果一等奖"，两位主编主要负责本书内容结构、编写原则的制定和全书统稿。参与本书编写工作的还有长沙航空职业技术学院罗娅晴、湖南石油化工职业学院张程垚、北京华航航空服务有限公司中国航空运输协会王帅、江西青年职业学院郭雅萌、西安航空职业技术学院张晓、潍坊职业学院朱茫茫。编写分工如下：陈卓负责编写项目一、五、六，兰琳负责编写项目二，郭雅萌负责编写项目三，罗娅晴、王帅负责编写项目四、十，张程垚负责编写项目七，朱茫茫负责编写项目八，张晓负责编写项目九，陈卓整理了技能强化训练任务单及附录。本书在编写过程中，参考了众多前辈编著的专著及相关文献，在此表达敬意和感谢。

最后，在本书付梓之际，我们要特别感谢深圳航空公司客舱部资深乘务专家卢净石为本书审稿，并给予我们大量有前瞻性、针对性的意见和建议。由于编写时间紧迫，疏漏和不足之处在所难免，谨恳请各位专家、院校教师和读者不吝赐教，我们将及时修正，不断完善。

编　者
2023 年 9 月

目 录

模块一　客舱安全管理

项目一　乘务员安全管理 2

任务一　乘务员安全职责 3
一、主任乘务长/乘务长职责 3
二、区域乘务长职责 3
三、客舱乘务员职责 4
四、兼职消防员职责 4
五、客舱乘务带飞教员职责 4
六、客舱乘务检查员职责 4
七、机上指挥权的交替 4
八、机组失能的处置程序 5

任务二　乘务员自我安全管理 5
一、航前酒精自测 5
二、空勤人员飞行纪律监督制度 6
三、各阶段乘务员的注意事项 7
四、个人护理 10

任务三　客舱设备安全操作 10
一、抬放行李物品及饮料格子 10
二、打开及关闭行李架 11
三、打开储物柜 12
四、使用热水器 13

　　　　五、使用烧水杯 13
　　　　六、使用烤箱 14
　　　　七、餐车摆放、进出、移动及推拉 15
　　　　八、冷冻食品的处理 18
　　任务四　客舱安全质量控制 18
　　　　一、对行李和舱门监控到位 19
　　　　二、紧急出口座位介绍全面及时 19
　　　　三、安全广播和录像清晰，安全演示动作规范 19
　　　　四、安全检查严格、仔细 20
　　　　五、起飞前对客舱动态的关注仔细 20
　　　　六、飞行中安全提示及时 20
　　　　七、飞行中驾驶舱门监控到位 21
　　　　八、热饮热食提示及发放规范 21
　　　　九、着落前安全检查全面、仔细 22
　　　　十、滑行时安全提示到位 22
　　　　十一、对乘客的不安全行为处置快速、有效 22
　　　　十二、飞行各阶段安全意识 22
　　　　十三、舱门关闭操作规范 23
　　　　十四、开舱门操作标准 23
　　　　十五、可预知颠簸处置及时、措施得当 23
　　　　十六、中度及严重突发性颠簸反应迅速、措施得当 23
　　　　十七、颠簸过后，飞机恢复平稳后应采取措施 23
　　　　十八、飞行中协助空警并监控警具 24
　　　　十九、航食车对接准确 24
　　知识巩固 24
　　技能强化 24
　　拓展思考 26

项目二　乘务服务四阶段安全管理 27

　　任务一　预先准备阶段 28
　　　　一、预先准备阶段的定义 28
　　　　二、主任乘务长/乘务长的职责 28
　　　　三、预先准备内容 29
　　任务二　直接准备阶段 30
　　　　一、机上设备检查 30
　　　　二、飞行前清舱检查 31

任务三　飞行实施阶段 32
　　　　一、乘客行李及物品的管理 32
　　　　二、机上设备的使用管理 35
　　　　三、飞行过程中的安全管理 36
　　任务四　航后阶段 41
　　　　一、应急医疗事件报告 41
　　　　二、机上紧急事件报告 41
　　知识巩固 41
　　技能强化 41
　　拓展思考 43

项目三　乘客安全管理 44

　　任务一　非法干扰行为 45
　　　　一、非法干扰行为和扰乱行为 45
　　　　二、反劫/炸机 46
　　任务二　特殊/限制性乘客安全管理 48
　　　　一、特殊/限制性乘客 48
　　　　二、偷渡者 54
　　　　三、遣返乘客 54
　　　　四、犯罪嫌疑人 55
　　任务三　其他特殊情况 55
　　　　一、拒绝运输 55
　　　　二、无签证过境 56
　　　　三、醉酒 57
　　　　四、机上动物运输 57
　　　　五、要求冷藏药品 58
　　　　六、更换座位 58
　　　　七、警卫人员携带枪支 58
　　知识巩固 59
　　技能强化 60
　　拓展思考 60

模块二　应 急 处 置

项目四　应急设备 64

　　任务一　常规应急设备 65

一、应急出口..65
　　二、安全带..68
　　三、应急照明..69
　　四、麦克风..70
　任务二　灭火设备..71
　　一、手提式海伦灭火瓶..71
　　二、水灭火瓶..73
　　三、16 磅海伦灭火瓶..74
　　四、防护式呼吸装置（PBE）..75
　　五、卫生间灭火系统..78
　任务三　氧气设备..79
　　一、氧气面罩..79
　　二、手提式氧气瓶..82
　任务四　撤离救生设备..83
　　一、应急撤离滑梯..83
　　二、救生船..84
　　三、救生衣..89
　　四、应急定位发射机（emergency locator transmitter）...............91
　任务五　医疗设备..96
　　一、急救箱..96
　　二、应急医疗箱..97
　　三、卫生防疫包..99
　知识巩固... 101
　技能强化... 101
　拓展思考... 102

项目五　应急撤离处置　104

　任务一　应急撤离处置概述... 105
　　一、应急撤离处置的基本原则... 105
　　二、应急撤离处置的基本知识... 107
　任务二　应急撤离程序... 117
　　一、有准备的应急撤离... 117
　　二、有限时间准备的应急撤离... 121
　　三、无准备的应急撤离... 121
　任务三　应急广播与指挥... 122
　　一、应急广播... 122
　　二、指挥口令... 125

知识巩固 126
 　　技能强化 126
 　　拓展思考 129

项目六　机上烟雾/火灾处置 130

 　　任务一　烟雾/火灾基本知识 131
 　　　　一、烟雾 131
 　　　　二、火灾 131
 　　　　三、烟雾/火灾的主要隐患 132
 　　　　四、烟雾/火灾的分类 132
 　　任务二　灭烟/灭火程序 133
 　　　　一、灭烟/灭火程序简介 133
 　　　　二、对乘客的保护 135
 　　　　三、灭烟/灭火要点 136
 　　任务三　典型烟雾/火灾处置 136
 　　　　一、卫生间冒烟/失火 137
 　　　　二、衣帽间冒烟/失火 139
 　　　　三、厨房设备冒烟/失火 140
 　　　　四、"隐蔽区域"冒烟/失火 140
 　　　　五、荧光灯整流器冒烟/失火 141
 　　　　六、空中娱乐设备（IFE）/座椅中电源冒烟/失火 141
 　　　　七、行李架冒烟/失火 141
 　　任务四　锂电池失火处置 141
 　　　　一、锂电池分类 143
 　　　　二、导致锂电池火灾隐患的潜在风险 143
 　　　　三、锂电池失火预防 143
 　　　　四、锂电池失火处置原则 143
 　　　　五、锂电池失火处置程序 143
 　　知识巩固 144
 　　技能强化 145
 　　拓展思考 147

项目七　释压处置 148

 　　任务一　释压判断 149
 　　　　一、释压的分类 149
 　　　　二、释压征兆 150
 　　　　三、缺氧症状 150

四、有效知觉时间 151
　任务二　释压处置 151
　　一、驾驶舱机组人员对释压做出的直接处置 151
　　二、客舱乘务员对释压做出的直接处置 152
　　三、客舱释压处置的原则 155
　知识巩固 156
　技能强化 156
　拓展思考 157

项目八　爆炸物处置 158

　任务一　爆炸物处置程序 159
　　一、爆炸物 159
　　二、飞机上爆炸物可疑装置处置程序 160
　　三、飞机在地面发现或被警告有爆炸物 163
　　四、在登机前声称劫机、有爆炸物 163
　　五、在客舱内声称劫机或有爆炸物 164
　　六、处理爆炸装置的应急措施 164
　任务二　爆炸物清舱检查 165
　　一、清舱分类 165
　　二、清舱分工 166
　　三、客舱清舱 166
　　四、货舱清舱 167
　　五、爆炸物清舱检查区域 167
　知识巩固 168
　技能强化 168
　拓展思考 170

项目九　野外生存 171

　任务一　陆地求生 172
　　一、撤离后的组织 172
　　二、建立避难所 173
　　三、信号与联络 173
　　四、饮水 175
　　五、食品 176
　　六、野外取火 177
　　七、陆地生存要点 178

任务二　水上求生 179
　　　　一、海上生存特点 179
　　　　二、水中保暖 179
　　　　三、饮水 180
　　　　四、食品 181
　　　　五、发现陆地 181
　　任务三　其他环境求生 182
　　　　一、森林求生 182
　　　　二、极地/冬季求生 182
　　　　三、沙漠求生 183
　知识巩固 183
　技能强化 184
　拓展思考 184

项目十　安全特情处置　186

　　任务一　防意外伤害 187
　　　　一、颠簸 187
　　　　二、烫伤 190
　　　　三、夹伤 192
　　　　四、机上常见乘客原因造成其他乘客受伤或损失的情况 192
　　任务二　防不安全行为 193
　　　　一、飞行关键阶段乘客需要服务或进行不安全行为提示 193
　　　　二、紧急出口座位资格确认 195
　　　　三、安全检查 195
　　　　四、电子设备使用 196
　　　　五、机上吸烟（使用电子香烟、质疑机上烟灰缸） 197
　　　　六、无病乘客要求吸氧 197
　　　　七、乘客之间发生争执 198
　　任务三　防飞行突发事件 198
　　　　一、冲击驾驶舱情况处置、询问机长姓名、进驾驶舱参观等 198
　　　　二、丢失物品或机上盗窃 199
　　　　三、突发医学事件 200
　知识巩固 207
　技能强化 207
　拓展思考 208

参考文献 209

技能强化训练任务单索引 210

智学 VR 全景视频索引 211

附录 A　B737-800 陆地/水上应急撤离区域划分及乘务员职责 212

附录 B　B737-800 应急撤离检查单 217

附录 C　应急相关广播词 218

模块一　客舱安全管理

项目一　乘务员安全管理

【学习目标】

知识目标：了解客舱各岗位乘务员的安全职责，提高安全意识。

能力目标：提高安全敏感度，能时刻关注服务过程中的关键安全要点，能有效防范设备操作差错，避免安全事故和受伤受损事件。

素养目标：学习自我安全管理知识，养成良好的安全习惯；树立质量控制意识，加强客舱安全质量监控，消除飞行安全隐患。

【思政导读】

1956年4月，中缅航线开通。在运营1年多后，1957年8月28日，民航局局长邝任农同志向国务院第六办公室主任王首道同志呈送了中缅通航一周年的总结报告，并请转呈周恩来总理。9月7日，王首道同志将民航局的报告并附上亲笔说明呈报总理。10月5日，周恩来总理对总结报告做出了"保证安全第一，改善服务工作，争取飞行正常"（见图1-1）的重要批示。

民航安全工作涉及人、飞机、环境等多种要素，是一个关联度非常强的复杂系统。飞机在天上飞，对安全极端灵敏，发生问题可供处理的时间、空间非常有限，必须"保证"把安全放在第一位。民航服务是随主客观情况的变化而变化的动态发展过程，服务标准要不断提高，服务工作

图1-1　周总理的批示

要不断"改善"。民航运输最重要的价值在于高速性，正点起飞、准点到达是普遍的要求，但保证运输时效涉及面很广，有些因素如气候变化等不以人的意志为转移，要尽可能"争取"飞行正常。这三句话，从此成为我国民航行业基础工作的指导方针。

客舱乘务员是保障飞行运行安全的人员之一，其主要职责是保证客舱安全。客舱乘务员是受过专业训练、能够在危急时刻协助乘客逃生的专业随机人员。涉及客舱安全的因素很多，有来自飞机和设备的，有来自乘客的，有来自机组的，还有来自乘务员自身的。作为一名合格的乘务员，应杜绝一切不良习惯，增强自身的安全意识。在飞行中乘务员应保持一定的安全敏感，通过正确处置和协同合作来保证飞行安全。

（资料来源：中国民用航空局官网）

任务一　乘务员安全职责

一、主任乘务长/乘务长职责

（1）主任乘务长/乘务长应维护公司利益，在机长的领导下，有权处理机上服务及客舱安全方面的各种事宜。

（2）在执行航班任务过程中，主任乘务长/乘务长应认真执行《中华人民共和国民用航空法》和公司手册中的有关规定，全程监控服务工作和客舱安全，确保国家财产和乘客的安全。

（3）在每次航班飞行的始终，主任乘务长/乘务长隶属机长领导，协助机长保证乘客、客舱、货物在正常和紧急情况下的安全管理与应急处置。

（4）飞行中遇有紧急情况主任乘务长/乘务长应及时报告机长，在机长的指示下，指挥客舱乘务员充分利用机上应急设备沉着、冷静地进行处理，尽最大努力保证乘客安全。紧急情况下，负责广播。

（5）主任乘务长/乘务长就客舱乘务组的监督、客舱管理和客舱安全以及服务质量向机长负责。

（6）在客舱中发生与安全有关的事件后，主任乘务长/乘务长填写《公司机上紧急事件报告单》，并向所在单位报告。

二、区域乘务长职责

（1）区域乘务长在主任乘务长的领导下开展工作，协助主任乘务长处理客舱服务与客舱安全的有关事宜。

（2）在服务工作中，除承担本区域所规定的工作职责外，区域乘务长还应对所管辖区域的服务工作及客舱安全进行全面管理。

（3）遇有紧急情况区域乘务长应及时报告主任乘务长、机长，在机长/主任乘务长的指挥下，沉着、冷静地尽最大努力保证乘客安全。

（4）区域乘务长检查落实本区域紧急设备处于待用状态。

（5）区域乘务长就客舱乘务组的监督、客舱管理和客舱安全及服务质量向主任乘务长负责。

三、客舱乘务员职责

（1）客舱乘务员按照分工负责本区域的服务工作和客舱安全，严格执行各项安全规章。

（2）遇有紧急情况客舱乘务员应及时报告机长、乘务长，检查落实本区域紧急设备处于待用状态。

（3）客舱乘务员按照规定操作管理服务设备和应急设备。

（4）客舱乘务员应对机上乘客的安全、健康和舒适负责。

四、兼职消防员职责

（1）除执行本区域乘务工作职责之外，兼职消防员还要在机长、主任乘务长的领导下担负消防工作，及时消除火情隐患。

（2）兼职消防员熟悉机内货舱灭火设备、内话系统、应急设备的位置及操作方法，负责管理机内货舱门的钥匙。

（3）起飞前，兼职消防员应检查机内货舱的应急设备及行李，如不符合要求，应立即报告机长并及时纠正。

（4）飞行中，兼职消防员至少每 30 分钟对机内货舱区域的应急设备和安全情况进行检查。长航线兼职消防员轮休时，由该区域的值班乘务员承担此项职责。

（5）发现烟或火后，兼职消防员要立即按灭火程序实施灭火，并报告机长、主任乘务长/乘务长。

（6）如火已经被扑灭，客舱或机内货舱有烟，兼职消防员应在机长、主任乘务长/乘务长的指挥下进行排烟。

五、客舱乘务带飞教员职责

客舱乘务带飞教员在执行带飞任务时，除履行本区域的工作职责之外，还要对学员的违章操作负责。

六、客舱乘务检查员职责

（1）客舱乘务检查员负责对客舱乘务员的资格进行审定。

（2）客舱乘务检查员应依据《客舱乘务员手册》，对客舱乘务组的客舱安全管理进行持续监督检查。

（3）客舱乘务检查员在工作中有权制止违章行为，且有责任提出处理意见。

七、机上指挥权的交替

（1）机组成员的姓名和他们在飞行中所担当的职位，按签发飞行任务书的次序排列，机长栏内第一位是该次航班的机长,需三名(含)以上驾驶员的飞行组,机长后面一位为第二机长或副驾驶。

(2)在飞行期间,机长对飞行的运行拥有完全的控制权和管理权,这种权利没有限制。当机长由于生病、生理或其他原因丧失管理和指挥能力时,接替指挥、管理权的次序是第二机长/副驾驶→飞行机械员→飞行通信员→主任乘务长/乘务长→区域乘务长→乘务员,按飞行任务书上的次序排列。

八、机组失能的处置程序

1. 驾驶员丧失能力的处置程序

为了更好地与驾驶舱进行沟通,客舱乘务员在飞行中每隔 20~30 分钟应与驾驶舱进行联络。当得知其中一个驾驶员失能时,客舱乘务员应立即广播寻找医务人员,将丧失能力的驾驶员搬运出驾驶舱进行急救。如不能搬运出,乘务员可采取以下措施:

(1)如果驾驶员在飞行中失能,乘务员协助将其双臂交叉放在安全带下,拉紧并锁住安全带固定在座椅上,以防止其碰撞控制系统。

(2)乘务员将失能驾驶员座椅向后拉至最大限度,让其后倾,把驾驶员双腿后拉。

(3)失能驾驶员如需要氧气,乘务员可用拇指和食指抓紧面罩氧气释放夹口,助其戴好面罩后松开夹口。

(4)乘务员将机组使用的快速伸缩式氧气调节器选择开关调至 100%,打开应急供氧开关旋钮,并按顺时针方向旋转。

当只有一名飞行驾驶员操纵飞机时,乘务长须指派一名乘务员进入驾驶舱,按照机长或接替机长的要求提供必要的协助,包括必要时可求得乘客中可能有的驾驶员或其他空勤人员的协助。

2. 客舱乘务员丧失能力的处置程序

如有客舱乘务员丧失能力,乘务长应使用内话系统通知机长并与驾驶舱保持联系。在机上广播寻找医务人员,在医务人员未到之前或无医务人员时,乘务长应按乘务员手册急救程序进行操作,确认其他乘务员完成失能乘务员的安全职责。

任务二 乘务员自我安全管理

一、航前酒精自测

所有空勤人员必须严格遵守局方规定,不得在执勤航班前 8 小时饮酒。禁止使用含酒精制品或执勤时仍处于酒精作用状态。

(一)酒精自测的目的

主动申报:鼓励乘务员在酒测前主动向航医申报饮酒情况或可能误食了含有酒精成分

食品的情况，乘务员将在航医安排下接受酒测，对于酒测前主动申报的乘务员，其检测结果进行减免。

（二）酒精自测的要求

空勤人员执勤期以手册规定的签到时间为起始时间计算。另要求乘务员在签到前，至少提前5分钟进行酒精自测。自测完之后再进行签到和正式酒测。

（三）酒精自测流程

酒精自测→签到和酒测→航前准备会→航前协同。

（四）酒测异常的处理方法

在食用含酒精的食物或药品后，酒测就会显示异常，一旦发生此类情况，乘务员需立即通报乘务值班员，由值班员通报值班航医，航医会监控当事人进行复检，在酒测仪器前摄像头会有当事人酒测时的记录和照片，复检后航医会将具体情况备案和上报。如当事人并未饮酒，但在酒测时发生异常，可用清水漱口，待5~10分钟口腔内酒精挥发后，酒测会恢复正常。

 知识链接

易导致酒测异常的食品及物品

在航前1小时内应避免食用以下物品或其他可能产生酒测异常的食品。

（1）食物类：豆腐乳、醉海鲜（蟹、螺、虾）、啤酒鸭、酒酿圆子、糟鸡（肉、鱼）、蛋黄派、欧式蛋糕、豆馅面包（馒头）、提拉米苏、酒心巧克力、烹调过程中加入大量料酒的食物等。

（2）饮料类：格瓦斯饮料、果啤（配料里有啤酒花）等。

（3）水果类：榴梿等。含糖量高的水果（如苹果、香蕉、梨、金橘、橙子、荔枝、葡萄、甘蔗等）在相对密闭缺氧的环境下会产生酒精。

（4）药品类：藿香正气水、正骨水、十滴水、消咳喘糖浆等口服液；寄生追风液、十全大补酒、舒筋活络酒、胡蜂酒、国公酒、风湿跌打酒、三两半药酒等酒剂；云香祛风止痛酊、姜酊、颠茄酊、远志酊等酊剂（不包括外用的酊剂、搽剂、喷雾）；氢化可的松注射液、尼莫地平注射液、血栓通注射液、尼麦角林注射液、多西他赛注射液等。

（5）含酒精成分的口腔清新剂、复方氯己定含漱液（漱口水）。

二、空勤人员飞行纪律监督制度

（一）监督人

全体乘务员。

（二）被监督人

飞行员、空中保卫人员、乘务组之间需要互相监督，如有违纪情况，按照公司规定处罚。

（三）监督范围

飞行员、空中保卫人员、乘务员，是否按照要求坚守岗位、履行职责。

（四）空勤人员违反工作纪律的情况

（1）飞行员在飞行时间内违反下列驾驶舱规定：

① 允许不符合局方及公司手册规定的其他人员进入驾驶舱；

② 除生理需求之外，因个人原因违规离开驾驶舱；

③ 在飞行关键阶段违规出驾驶舱；

④ 打开舱门前未按规定以预先明确的沟通方式进行确认，或未等空中保卫人员到达监控位置出入驾驶舱。

（2）飞行员在平飞阶段擅自离开工作岗位或者在工作岗位不履行工作职责（如非轮休阶段睡觉、聊天、用餐等）。

（3）飞行员在飞行时间内，使用个人用途的电子设备。

（4）空中保卫人员在执勤时，有睡觉、玩电子产品、不按时巡舱等违反《航空安全员工作手册》规定的行为；或因个人原因未到指定位置对驾驶舱进行保护和监控。

（5）乘务员打开舱门前，未按规定用餐车阻挡乘客通往驾驶舱的通道，或未安排一名客舱机组成员（安全员优先）监护。

（6）乘务员在执行飞行任务前8小时内从事娱乐、游戏、聚会等影响正常休息的活动，或者以严重疲劳状态上岗工作。

（7）乘务员在执行任务前8小时内或在执行任务期间饮用或使用酒类饮料、毒品、麻醉药物或其他损及工作能力的药物，或者以严重疲劳状态上岗工作，或执行任务期间酒精检测浓度超标（注：酒精浓度限制标准为其呼出气体中酒精浓度达到或者超过 0.04 克/210 升）。

三、各阶段乘务员的注意事项

（一）地面阶段

1. 乘务员的航前准备

（1）航前要确保充足的睡眠休息。

（2）保持适当的体育锻炼，提高飞行的耐受性。

（3）保持心情舒畅。

（4）养成良好的卫生习惯，勤换衣服和被褥。

（5）合理营养与饮食是各种热能和营养的基础，要平衡各种营养，避免营养过剩或缺乏。

（6）禁止空腹飞行，在高空缺氧的环境下，要注意防止饮食性胀气，减少不易消化及含纤维素高或容易胀气食物的摄入。

（7）适当控制体重，保持良好身材，确保制服合身，制服太紧或太短都可能导致无法采用正确的姿势。

（8）派驻交流或国际驻外航班要注意温度的变化，要带合适的衣服。

（9）驻外时行李不宜过重，应便于提拿和存放。

（10）在执行任务前8小时内或执行任务期间不饮用酒类饮料或不使用毒品、麻醉药物或其他损及工作能力的药物。

2. 乘务员登机

（1）上下廊桥、客梯车和机组车时要格外谨慎，尤其是在冰雪天气和光线较暗的环境下，迈步的距离和高度要根据实际情况进行调整。

（2）上下扶梯和阶梯时，一定要手扶扶手保持稳定。

（3）在客舱中行走要注意地面的障碍物（如吸尘器电线）。

（4）行李过重时，要寻求同事的帮助。

3. 乘务员的地面准备工作

（1）地面准备阶段，要留意机上人员的整个活动（如航食装机员、机务员、清洁人员等），留出供安全走动的通道。

（2）未经允许，客舱乘务员不能进入高架航食车；如果缺少配备物品，则由航机员补充。

（3）发现客舱故障要尽快通报维修，说明客舱故障状况和影响，如果没有现场的机务人员，则报告乘务长。

（二）滑行和起飞

（1）飞机平飞但安全灯还未熄灭，由乘务长评估组员开展服务工作是否安全。

（2）当飞机起飞爬升或接近降落时，改变有些乘务员不系安全带的不良习惯，以避免此类超重的环境下对乘务员的腰、颈椎造成一定程度的压迫。

（三）飞行中

1. 客舱乘务员在走动时

（1）工作区域要确保有充足的照明，安全地进行各项工作，较黑暗的门区可以开启工作照明灯。

（2）当从亮处环境移动至暗处环境或相反操作时（如从厨房到较暗的客舱），应稍事停留让眼睛适应调整。

（3）上下任何楼梯时都应手扶扶手，在机组休息区楼体上下时要面向楼梯。

（4）当心突出金属，例如，卫生间门上的烟灰缸应始终保持关闭状态。

（5）确保乘务员座椅安全带和肩带正确地折叠入座椅中，椅子内不要夹带任何物品（如托盘或水瓶）。

（6）在客舱走动或履行工作职责时不要着急，应集中精力，了解客舱环境。

（7）客舱内一定不能跑动。

（8）穿越隔帘的区域时一定要谨慎慢行（如厨房、客舱之间），要当心隔帘另一侧的人员或物体。

（9）在进行下一项工作之前要始终围绕现有的工作任务并完成（如在拿取其他物品前关闭储物柜门）。

2. 乘务员整理内务时

（1）在拿取所需物品后，应及时关闭所有柜门（如餐车、储物柜等）。

（2）厨房台面要及时清理（尤其是油渍），在没有乘务员的情况下，尽量不要摆放物品。

（3）茶杯和玻璃杯要及时放进车内，不要将留有饮品的茶杯和玻璃杯遗留在厨房台面上。

（4）时刻保持厨房、客舱和洗手间的工作台面清洁。

（5）保持客舱通道、厨房和卫生间地板清洁干燥，没有杂物绊脚的危险。

（6）处理碎玻璃/瓷器时必须有防护措施，应戴上手套（棉织或塑料），用小毛巾清理破碎的玻璃，在处理碎玻璃入垃圾桶前用报纸包裹好，以避免对清洁人员造成伤害。

3. 乘务员要防止绊倒或滑倒

（1）随时擦净泼洒在客舱、厨房和过道地板上的液体，尤其是油渍。

（2）在过道行走时要注意脚下，避免被乘客伸出的腿或露出座椅外的安全带绊倒，尤其在客舱昏暗时要格外小心。

（3）看到地板上的塑料袋或垃圾时要随时拾起，切忌视而不见走过。

4. 乘务员要防止割伤或剐蹭

（1）注意客舱内突出金属（如洗手间门上的烟灰缸）的刮伤，应随时保持关闭状态。

（2）有破碎的玻璃，在处理前用厚报纸包裹碎片，提醒机组其他人员小心玻璃。

（3）确保乘客及乘务员座位的安全带收好，避免剐蹭伤人。

（4）乘务员座椅坐下时要小心，确保坐下时坐垫放下。

5. 乘务员的良好习惯

（1）自觉保持对客舱及厨房环境的警觉意识，并主动管理。

（2）团队成员之间要养成良好的沟通意识。

（3）让乘客，尤其是儿童，在任何时候都远离厨房区域。

（4）一旦发生烫伤或出现伤口，应及时处理，以免感染。

（四）下降前乘务员的准备工作

（1）厨房和客舱要尽早在下降广播前做好准备，移除客舱地板上的绊脚隐患。

（2）储存和锁闭所有储物柜和服务车。

（3）谨防在下降时飞机的突然晃动。

（4）注意弹簧折叠乘务员座椅，确保在坐下前椅垫放下。

（五）落地后乘务员的注意事项

滑行期间，乘务员要留在座位上保持安全带和肩带扣好，直到飞机停稳和安全带灯关闭，执行紧急安全职责时除外。

四、个人护理

为了自身健康，客舱乘务员应做到：

（1）喝大量的水，在整个飞行过程中保持充足的水分。

（2）定期做运动。

（3）尽可能进行非负重运动（航前、飞行中、航后）。

（4）执行洲际航线的乘务员应注意，饮食宜为高碳水化合物，以及低脂肪、适量蛋白质和含丰富的维生素，食物必须容易消化，并及时补充水分。

（5）清洁洗手间和地面卫生时要戴手套，养成勤洗手的好习惯。

任务三　客舱设备安全操作

一、抬放行李物品及饮料格子

（一）抬放行李要始终采用正确的用力技巧

（1）注意查看锋利的边缘、湿滑点和手柄的位置。

（2）确定搬运路线上没有障碍物，并且放置点要牢固安全。

（3）将物体尽可能靠近身体；稳固地抓住物体，向前方看；保持手腕抓住物体的中间位置，缓缓移动，以防范移动路线上有障碍物。

（二）从地板上抬起物品时

（1）两脚一前一后，前脚靠近要搬运的物品；屈膝并保持后背挺直，在整个搬运过程中不要弓腰；抓住物品时起身时双膝挺直，如果在抬起过程中转换方向，要依靠脚步移动，不要扭动身体。

（2）抬高物品时的起平点，为身体下巴的高度，双脚前后站立，身体靠近承载物；紧抓住承载物上的把手，另一只较有力的手托住承载物的底部，抬起承载物更多的是依靠强壮的腿部肌肉，为了避免弓背，身体重心转移至后脚或者向后退步；移动身体前倾，将承载物稳定地平行入位。

（三）合作提升动作

（1）充分了解所要搬运的物品（如重量、接触点和形状），提前达成共识。

（2）搬运前提前协商好物品搬运放置的地点、如何移动及移动方向。

（3）保持协调一致，提醒自己的同事，两人要步调一致以保持物体稳定移动，一种方式是发口令"1、2、3、起",最后"起"时开始同时用力抬起,提醒对方不能松手,直到将物体安全放置到指定位置(见图 1-2)。

(四)放落动作

身体下降过程中也采用类似提升方法,在物体所放置的位置评估各项条件;保持脊背状态,在双臂托住物体前,头向前并收紧下颌;让物体位置下沉时要紧紧抓住,屈膝的同时身体跟着下沉;物体被放置低位后,身体的后背要始终保持挺直,靠双腿直立起身。

图 1-2　抬放物品

(五)抬放饮料格子

(1)将饮料格子从储物格中取出,轻轻地抬起储物格,动作不要过快,以免伤及腰部。

(2)如果饮料格子摆放在地上,在抬起饮料格子时宜先蹲下,再用腿部和手臂的力量将饮料格子抬起,不可直腿弯腰去抬饮料格子(见图 1-3)。

(3)将饮料格子抬至餐车上并调整所放位置的正确位置。

二、打开及关闭行李架

(一)打开行李架

(1)面向行李架并尽可能地靠近。
(2)双脚前后站立。
(3)收下巴,抬双臂(见图 1-4)。

图 1-3　抬放饮料格子　　图 1-4　打开行李架

- 普通飞机行李架:一只手开行李架锁,另一只手扶住盖板边缘;慢慢地完全打开,松开前确保没有物体掉落。

- 天空内饰飞机行李架：一只手打开行李架锁，另一只手放在行李舱边缘附近作为辅助支撑；打开行李箱后双手支撑箱体，慢慢地完全放下；双手离开盖板前确保没有物体掉落。

注意事项：打开行李架时，当心坐在下方的乘客，慢慢开启行李架盖板，注意有无物体坠落。

（二）关闭行李架

（1）面向行李架并尽可能靠近站立，如果需要，可站进乘客座椅区域内。

（2）双脚前后站立。

（3）收下颌，抬双手扶住盖板边缘。

- 普通飞机行李架：双手等距放在盖板两侧，确保手腕不要弯曲过度，如果感觉不适，则及时调整。
- 站立的位置：双臂向下合盖板，当心手指被盖板压住，移开双手前确定盖板完全锁闭。
- 天空内饰飞机行李架：双手掌心向上，放置在打开的盖板曲面盖锁两侧；伸直双肘，向上推，以关闭盖板，如果需要，则可踮起脚尖，松开双手前确保听到或感觉到盖锁已牢固关闭（见图1-5）。

图1-5 关闭行李架

三、打开储物柜

（一）储物柜分类

（1）固定式储物柜。

（2）可移动式储物柜。

（二）正确使用储物柜的方法

（1）要注意储物柜限重提示，切勿超载。

（2）储物柜内物品要存放稳妥，将较重的物品放置在底部，避免打开后掉落。

（3）储物柜的门使用后要立即锁闭并扣好，避免人离开柜门后其处于开启状态，尤其是柜子下面有人的情况下。

（4）拉出储物柜时要托住柜子和抽屉底部，防止其跌落。

（5）拿取较重的储物柜时，一定要寻求同事的帮忙，面对过高的储物柜，可利用厨房支架，但要拉住扶手以确保安全。

四、使用热水器

（一）使用方法

先打开水龙头放水至水流顺畅（如无水流出，需检查水表是否欠费和水阀是否关闭），再打开通电开关（打开热水器电源开关，当"READY"指示灯亮起后即可使用，此时热水器内的水温可达到85℃），这样做是因为水流正常后，导水管不会因受通电加热的影响而导致管内空气膨胀发生喷气烫伤。

（二）打开热水器时的注意事项

（1）确认热水器内水箱已满。

（2）确认厨房电源已接通，开启热水器的开关进行加热，如顺序颠倒，易导致热水器内部电流保护装置跳开，这时热水器不能正常工作，热水器面板上的电源指示灯全部熄灭。

（3）当热水器上的"NO WATER"指示灯亮起时，需立即关闭电源，否则将造成空烧，存在失火隐患，待水流均匀持续流出后方可开启电源。

（4）如果热水器位置较高，接热水时必须要抬高水壶或烧水杯紧挨水龙头，以防止溅洒（见图1-6）。

图1-6 使用热水器和烧水杯

五、使用烧水杯

（一）烧水杯的使用方法

（1）打开烧水杯的计时开关，旁边有显示灯亮。

（2）一般情况下，5~10分钟即可烧开，如果没有烧开，可继续打开计时器。

（3）如果水烧开了计时没有结束，可关闭计时器再拔下烧水杯（见图1-6）。

(二)注意事项

(1)在地面检查时,需倒入三分之一的水后再打开电源开关,绝对不能空杯测试。

(2)当心热蒸汽,不要将手放置在烧水杯口上部。

(3)必须确认电源关闭才能拿出烧水杯,拿取时要小心。

(4)移开挡杆(钢丝锁)后再从插座上取下烧水杯;烧水杯内的水不要过满,以避免水烧开后溢出,造成插座污染损坏或者拿取时烫伤。

(5)确保烧水杯插上后扣好安全支架。

(6)使用烧水杯时要时刻关注,绝不能对烧水杯失去管控,避免因过度沸腾或烧干引起电路短路。

(7)不要在烧水杯底部垫衬,以免其吸附液体,从而引发触电危险。

六、使用烤箱

(一)烤箱检查

(1)上机后查看CLB(客舱记录本),如有烤箱故障,不可使用故障中的烤箱;在使用曾经有过故障的烤箱时,一定要加大监督力度。

(2)乘务员需查看烤箱架子与箧子,如有变形或装载不符的情况,需拍照反馈给客舱供应管理中心相关保障室;若箧子未按标准装载,厨房乘务员应要求航食人员按照标准重新装载,如无航食人员在场,厨房乘务员应将箧子及餐食调整至标准装载位置后再烤餐。

(3)各厨房乘务员应检查烤箱内是否有污渍,如发现问题,应及时联系清洁队人员进行清洁。将烤箱内部及烤箱门周边及加热条上的油渍清理干净后,再装餐食;若烤箱内已放满餐食,应将烤箱内目测到的油渍,如烤箱门周边、餐食箧子上及餐食相互挤压出的油渍等,清理干净后,再烤餐。

(4)在航食摆餐时,如有餐食相互挤压出油脂或箧子摆放不合理的情况时,乘务员应及时予以纠正。

(5)如发现烤箱的后壁板处有污渍,要及时填写CLB反馈情况;如发现未配备烤架及箧子时,应及时报告乘务长,由乘务长通知所属基地客舱生产保障室及时配备并在"乘务日志"中反馈情况。

(二)烤箱操作

(1)未放单飞的乘务员不能单独操作烤箱烤餐,但发生烤箱失火时所有乘务员都有责任第一时间按照机上烤箱失火时的处置程序进行处置。

(2)乘务员上机后应检查烤箱是否清洁,烤餐前确认烤箱内的物品必须是可以用来加热的;为了防止起火,在加热前必须确认烤箱内无任何纸片、纸制品、服务用具以及干冰,不允许用餐巾布包着烤头等舱毛巾和头等舱餐具。

(3)不能将没有扣盖的热食放进烤炉,仅放可以加热的食物器皿,如热瓷器、锡箔纸、面包袋、铝箔盒等;不能在烤炉中加热牛奶或液体,除非有器皿包装,如粥或调味汁等。

(4)烤箱不可空烤或错烤,烤箱内无餐食最多空烤3分钟,以保证餐食口感。

（5）通常情况将加热温度设定在 MID 档（中温），且不可用高于各类餐食烘烤的标准进行烤餐。由于季节及地域变化，当标准烤餐温度无法加热餐食时，应在标准温度烤完餐并检查餐食的温度后，再按照实际情况加温烤餐。

（6）乘务员无论是在客舱服务还是在厨房，都要关注正在工作中的烤箱有无任何异常。

（7）飞机起飞、下降及过站加油期间不得使用烤箱。

（8）飞机落地前，乘务组需提前清理烤箱中剩余的餐食，避免落地时剩余餐食汤汁流出积成油污。

（9）过站期间，厨房乘务员应去除架子和篦子，由清洁人员（或厨房乘务员）对烤箱内部，尤其是加热条部位再次清理后装新的餐食，以避免油汁堆积、产生起火隐患。

（三）打开和关闭蒸汽烤箱

（1）为防止烫伤，从烤炉里拿取热食、篦子或加热后的物品时一定要使用手套。

（2）打开烤箱门前要确认电源在关闭状态，所有人都处在安全距离。

（3）加热结束后不能立刻打开烤箱门。

（4）转动开关从"锁"到"安全"位，让内部的蒸汽释放 5 秒，退后防止蒸汽灼伤，同时防止餐食滑落。

（5）蒸汽被释放后，戴好棉织手套，转动开关至"开"位，将烤箱开启一条小缝，确保烤箱内的物品或烤炉篦子不会掉出。

（6）如果烤炉篦子发生卡阻，移出上面的篦子，然后分别取出热食；避免强行拉拽；在取出热食后，烤炉篦子必须立即放回烤炉内。

（7）将餐食按照种类摆放在大托盘上，再将托盘放置到餐车内以便发放。

（四）烤箱加热面包

（1）加热面包前要确认装面包的塑料袋是否可以加热，如不能加热，则应把面包拿出放在烤炉篦子上进行加热。

（2）处理烤箱里的加热面包袋时，小心热蒸汽。

（3）打开加热后的热面包袋时，不要用尖锐物品刺破袋子，应先开小口释放热气。

（4）烘烤面包时，对有蒸汽模式的烤箱，应先湿烤 5 分钟，再干烤 3 分钟。

七、餐车摆放、进出、移动及推拉

（一）打开餐车门注意事项

（1）将锁扣挂钩抬至"开"位。

（2）拉开餐车门的把手。

（3）当餐车内放有餐食时，需用一只手进行保护，防止餐食滑落，造成不必要的损失。

（4）不要用脚踢关车门，始终要轻轻地关闭车门，并当心手指被车门挤伤；如果车门不能锁闭，要及时检查是否有突出物或阻碍物。

（二）从餐车位中拉出餐车

（1）面向服务车，双脚前后站立，屈膝后背挺直，退步后蹬；双手抓住服务车把手和车门把手，将车轻拉出车位，踩刹车固定（见图1-7）。

图1-7　拉出餐车及固定

（2）餐车在服务间内必须横向放置。

（3）如果服务车被卡在车位，要寻求其他组员帮助；如果还是无法挪动，要避免强拉，踩刹车固定；将故障记录在《客舱记录本》上并将损坏的服务车做好标记，提示后续航班不能继续使用。

（三）存入餐车位

（1）保持后背挺直，稍微屈膝。

（2）餐车归位时将固定锁扣横向放置，轻缓地将餐车推至餐车位并将固定锁扣纵向扣好（见图1-8），并轻踩刹车。

图1-8　餐车固定

（3）小心手指被手柄和厨房台面下之间的缝隙挤伤。

（四）转动餐车

（1）保持背部挺直。
（2）移动餐车时使用腿部肌肉发力，身体重心随之变换。
（3）在移动或转动沉重餐车时，一定要请其他组员帮忙。

（五）从车中取物品

（1）保持背部挺直。
（2）屈膝身体下蹲拿取物品，而不是弯腰（见图1-9）。

图1-9　从餐车中取物品

（3）从餐食车拿取物品时要稳步抽出。
（4）站起身时依靠腿部肌肉发力。
（5）从蹲姿站起时要注意周围环境和其他障碍物。

（六）餐车顶部摆放指南

（1）餐车上的饮料一定要用饮料架摆放，茶壶、咖啡壶放在最易拿取的地方，使把手向外并盖紧壶盖，并确保摆放稳妥（见图1-10）。

图1-10　餐车饮料摆放

（2）如果需要在车内携带备份饮料，要摆放稳妥，如果有条件，最好使用饮料架盛装。

（3）在餐车顶部传递热饮或水壶时要小心，热饮不要倒得过满，避免泼洒，如有可能，要使用小托盘。

（七）推拉餐车

（1）推车乘务员需要双手紧握餐车扶手，身体稍前倾，推餐车时注意面带微笑并语言提示临靠过道的乘客。

（2）拉餐车的乘务员需双手拉车，适当地提醒乘客小心。

（3）两名乘务员一起推一部餐车，需要步调一致（见图1-11）。如果有一人需要离开，要通报给对方乘务员知晓并确认踩好刹车，如对方正在下蹲拿取餐车底部的物品时更要留意。

图1-11　合作推拉餐车（智学VR全景视频）

（4）客舱内推拉餐车要缓慢，要留意过道中的障碍（如毛毯、座位下面的包带等）。

（5）餐车不移动时，始终要踩住刹车，不能让餐车在无人看管的情况下留在客舱中。

八、冷冻食品的处理

处理干冰时必须戴上防护棉织手套（塑胶手套不具有阻隔效果），切勿直接用手接触干冰或入口（如果肌肤长时间直接触碰干冰，就可能会造成细胞冷冻和类似轻微或极度严重的烫伤伤害）；如果没有棉织手套，可用报纸或者毛巾包裹后进行处理；干冰只能放在餐车上部的抽屉内，如存放在饮料架内，要存放在餐车上部才能起到餐食保鲜的作用，切记不能直接放在餐食或者水果上；可用毛巾擦去冰激凌等冷冻食品外部的干冰，擦拭时要戴上防护手套。

任务四　客舱安全质量控制

根据国际民航组织（ICAO）安全管理体系（SMS）对安全的定义，安全是一种状态，即通过持续的危险识别和风险管理过程，将人员伤害或财产损失的风险降至最低或保持在可接受的水平。

乘务员从地面准备到上机服务，再到降落后，包括经停过站期间，要对乘客的生命财产安全负责，随时关注可预见风险，并且要有提前防范意识。具体从以下十九个方面进行安全质量监控，及时消除隐患。

一、对行李和舱门监控到位

（1）截查超规行李，并及时通过地面人员处理。

（2）对于满载行李的行李架，乘务员须检查好行李的摆放情况，确认所有行李按照规定放置后再将行李架关好并锁定。

（3）对于未载满行李的行李架，乘务员引导乘客合理摆放行李，及时对行李架进行整理。

（4）携带拐杖登机的乘客，乘务员须暂时替其保管拐杖至前舱衣帽间或距离乘客有一定距离的封闭空间内，在落地后再予以归还。

（5）对于散放在行李架上的空水杯、衣物等小件物品和敞口的行李袋，乘务员须及时提醒乘客整理和固定，防止开启行李架时掉落砸伤乘客。

（6）飞行全程，如需开启行李架，应缓慢将行李架盖板开启小部分，确认行李架内无易滑落的物品后再打开。

（7）迎客阶段，每个舱门区域及紧急出口处均设有人监控。

二、紧急出口座位介绍全面及时

（1）迎客期间，第一时间向就座的乘客介绍紧急出口座位，并强调正常情况下不要触碰紧急出口手柄。

（2）向乘客讲解该座位为紧急出口旁的座位，并请乘客全程协助监控紧急出口区域。

（3）拿起《安全须知卡》递给乘客，并请乘客仔细阅读。

（4）询问乘客是否已理解紧急出口要求。

（5）询问乘客是否愿意就座于紧急出口，并得到乘客的确认。

（6）坚守在紧急出口直至所有的紧急出口的乘客介绍及确认工作已完成。

（7）如需离开时，请就座于紧急出口的乘客协助监控。

（8）监控期间，如有乘客提出服务要求，委婉解释或请其他乘务员协助。

（9）如关舱前由于安排乘客座位、行李架等客观原因无法完成出口座位确认工作，则在起飞前务必完成。

三、安全广播和录像清晰，安全演示动作规范

（1）进行安全广播。

（2）关舱后，通过演示或录像向乘客介绍客舱安全相关规定。

（3）安全示范（录像、人工）期间，乘务员不做与安全无关的工作（提供毛毯、饮料、毛巾等）。

（4）录像播放安全示范时，各个舱位、各个通道各有一名乘务员监控乘客观看情况。

（5）落地前40分钟进行下降前客舱准备广播（下降期间不再为乘客提供任何与安全无关的服务）。

四、安全检查严格、仔细

（1）确认每位乘客已就座并系好安全带，无人就座的座位的安全带和肩带已扣好。

（2）确认椅背竖直、脚踏板收起、座椅扶手平放、小桌板已扣好。

（3）确认每个乘客的食品和饮料盘及每个椅背餐桌已被固定在其收藏位置。

（4）确认所有帘子已拉开系紧、遮光板已拉开。

（5）确认衣帽间、储物柜等储藏空间已锁闭，行李架扣紧。

（6）确认紧急出口、走廊过道及机门旁已无任何手提行李。

（7）出口座位符合乘坐规定。

（8）确认乘客座椅处除散落的衣服类物品外没有在着陆期间不允许携带的物品。

（9）每个电视屏幕已被收藏好。

（10）儿童用儿童安全带固定或由成人抱好。

（11）确认所有移动电话、便携式电脑等电子设备已关闭并存放好。

（12）确认洗手间已无人占用并上锁。

（13）乘务员安检完成后迅速就座，不做与安全无关的事宜。

（14）乘务员安检结束后，乘务长进行安全检查复查工作。

五、起飞前对客舱动态的关注仔细

（1）除为了完成保障飞机和机上人员安全的工作外，在规定座位上坐好并系好安全带及肩带。

（2）在飞机起飞期间对客舱动态进行观察。

（3）及时进行"起飞前再次确认"和"乘务员立即就座，做好客舱安全监控"的广播。

六、飞行中安全提示及时

（1）起飞后，提示乘客就座时需系好安全带，首次提示确认对未系好安全带的乘客要求马上系好，督促其落实；再次提示，如不配合，再次劝说，讲明利害，再次确认系好；乘务员对未系安全带的乘客，至少两次提示并确认，才能离开。

（2）在飞行全程中保持门区和出口区域畅通。

（3）发现乘客使用主动发射电子信号的电子设备（如移动电话、对讲机、遥控玩具等）时要进行劝阻。

七、飞行中驾驶舱门监控到位

（一）飞行机组进出驾驶舱的要求

（1）飞行人员离开驾驶舱前，首先与前舱乘务员内话系统联系。

（2）前舱乘务员立即通知空中保卫人员（空警、专职安全员或兼职安全员）到前舱保护驾驶舱，监控全过程；同时，前舱乘务员关闭服务间与客舱的隔帘，将餐车横向挡住客舱与服务间的通道并踩好刹车。

（3）乘务组在完成上述程序后必须通过内话系统通知驾驶舱"门已封好"，驾驶舱内机组在获得口头通知后经过驾驶舱门猫眼观察确认，方可打开驾驶舱门。

（4）空中保卫人员（空警、专职安全员或兼职安全员）自机组出驾驶舱前到返回驾驶舱后的整个过程期间停留在L1门前区域，保持警惕。

（二）乘务员进出驾驶舱的要求

（1）乘务员在进出驾驶舱时，须通知空中保卫人员（空警、专职安全员或兼职安全员）到前舱保护驾驶舱，监控全过程；同时，关闭服务间与客舱的隔帘，将餐车横向挡住客舱与服务间的通道并踩好刹车。

（2）乘务员进入驾驶舱前内话系统通知飞行组，再使用航前确定的暗号进行联络；飞行机组通过监控摄像头和门镜观察确认后，方可打开驾驶舱，准其进入。

（3）乘务员进入驾驶舱后须立即将驾驶舱门锁闭，防止他人尾随进入。

（4）乘务员离开驾驶舱前，首先与实施监控的空中保卫人员（空警、专职安全员或兼职安全员）内话系统联系，得到"门已封好"的口令，并通过监控摄像头和门镜观察确认其在位，方可打开驾驶舱门，返回客舱。

（5）当驾驶舱门安全关闭后，空中保卫人员（空警、专职安全员或兼职安全员）方可解除监控状态。

（三）注意事项

（1）进出驾驶舱时将餐车横向挡住客舱与服务间的通道并踩好刹车，如对于前舱只有1/2餐车的航班，乘务员须用两辆1/2餐车来阻挡。

（2）除局方和公司手册允许的人员外，其他人员禁止进入驾驶舱。

（3）进入驾驶舱后及时填写《驾驶舱进出情况统计表》，由乘务长和空中保卫人员（空警、专职安全员或兼职安全员）签字确认。

（4）全程监控驾驶舱门区、机上紧急出口及客舱洗手间的安全，对进入服务间的乘客进行监控和劝阻。

八、热饮热食提示及发放规范

（1）热饮是否烫手。

(2) 给乘客递送热饮时,必须用语言提示乘客小心烫伤,同时确认乘客已经拿稳后再松手,禁止出现无语言交接现象。

(3) 在给乘客提供茶水、咖啡时,须将水壶拿至餐车水平位置的下方,避免过高导致水渍溅到乘客身上。

(4) 在为乘客提供茶、咖啡、牛奶等热饮或开水时,以提供不超过三分之二杯为宜。

(5) 不得出现将餐车单独留在客舱或在乘客头顶传递物品的现象。

九、着落前安全检查全面、仔细

(1) 确认每位乘客系好安全带。
(2) 确认椅背竖直、脚踏板收起、座椅扶手放好、小桌板扣好。
(3) 确认无人座椅上的安全带和肩带已扣好。
(4) 确认帘子拉开系紧、遮光板拉开。
(5) 确认衣帽间、储物柜等储藏空间已锁闭,行李架扣紧。
(6) 确认紧急出口、走廊过道及机门近旁无任何手提行李。
(7) 确认所有移动电话、便携式电脑等电子设备已关闭并存放好。
(8) 确认洗手间已无人占用并上锁。
(9) 乘务员回到座位坐好,并系好安全带和肩带。
(10) 如着陆前有乘客未按照规定就座,乘务员应责令其坐好。

十、滑行时安全提示到位

在飞机未达到预定的停机位时,确认每一位乘客均坐在座位上,系好安全带,不得使用电子设备,不得开启行李架。

十一、对乘客的不安全行为处置快速、有效

(1) 在滑行、起飞、降落等关键阶段或遇到颠簸时,对乘客的不安全行为立即采取广播、口头提醒或上前制止等快速、有效的处置措施。

(2) 在通过广播、口头提醒或上前劝阻、制止等措施均无效时,向违规乘客说明有关规定并请安全员予以协助。

(3) 当进行服务类广播时,如突然发生乘客违反客舱安全的行为时,应立即终止服务类广播并及时提醒劝阻乘客。

十二、飞行各阶段安全意识

(1) 起飞后安全带灯熄灭 5 分钟后才可以进行客舱服务。
(2) 民航局印发的《关于加强客舱安全管理工作的意见》(民航发〔2012〕96号)规定,在飞机起飞后 20 分钟和落地前 30 分钟客舱乘务员不得从事与客舱安全无关的工作,只能履行安全职责;飞机进入下降阶段后不应再为旅客提供餐食。

十三、舱门关闭操作规范

（1）滑梯预位时，乘务长发布口令"各号位乘务员滑梯预位，做交叉检查"。

（2）完成滑梯预位后，乘务员交叉互检，并报告"××门预位完毕"。

十四、开舱门操作标准

（1）飞机完全停稳，系好安全带灯熄灭后，乘务长使用广播器下达所有舱门解除滑梯/分离器预位的口令。

（2）客舱乘务员解除滑梯/分离器预位并进行交叉检查后，使用内话报告乘务长。

十五、可预知颠簸处置及时、措施得当

（1）询问可能发生颠簸的时间、颠簸的预期强度和持续时间、颠簸结束信号以及其他任何具体的信息／说明，这样的询问要通过飞行机组了解。

（2）及时对客舱进行颠簸广播提示，并检查乘客安全带是否系好。

（3）整理并固定厨房物品，先处理大件设备，如餐车等。

（4）在继续服务时，不提供热饮，以防止烫伤乘客。

十六、中度及严重突发性颠簸反应迅速、措施得当

（1）立即就近坐好，并系紧安全带，若无法就座时，立即蹲下以降低重心、稳住自身，并用手臂环扣座椅扶手或抓紧座椅下方坚固部位，以免身体被抛起而受伤。

（2）及时对客舱进行颠簸广播提示或大声提示乘客坐下，并系紧安全带。

（3）靠近洗手间的乘务员敲门要求乘客抓紧扶手，或立刻离开洗手间就近坐下，并系紧安全带。

（4）如正在进行餐饮服务，应立刻踩下刹车固定，并将热饮壶、酒瓶等物品放到地上或餐车内，如需要可以用毛毯覆盖。

（5）要求附近的乘客系紧安全带，并稳住手中的餐盘或水杯。

（6）餐饮车、垃圾车、免税品销售车等尽可能推回厨房固定好，并将厨房内散放的物品收妥固定。

十七、颠簸过后，飞机恢复平稳后应采取措施

（1）乘务组应做好应急预案及机上急救准备，检查洗手间内有无受伤乘客，确保乘客、机组成员受伤后可以及时得到医疗护理及救治。

（2）主动联络飞行机组，请示继续进行服务工作是否安全。

（3）如遇有强烈颠簸时，乘务员根据机上受伤人员的状况，有责任向机长提出改航、返航和地面医疗急救的类型和要求。

十八、飞行中协助空警并监控警具

(1) 空中保卫人员下机工作期间,客舱乘务员要留意存放的警具包,防止无关人员触及。

(2) 对于安放的警具包,乘务员原则上不能移动位置,如有特殊情况需要移动警具包时,务必向空中保卫人员及其他组员说明存放位置,且不得被其他行李物品覆盖遮挡,以确保紧急情况时空中保卫人员能及时取用。

十九、航食车对接准确

(1) 飞机落地停稳后先开启舱门,再停靠航食车。

(2) 后舱负责人在飞机落地停稳、滑梯解除完毕后,应向乘务长请示开启后舱门以对接航食车,得到乘务长同意后立即开启舱门。

(3) 舱门开启前应做好滑梯和红带子的互检和确认,开门时需一人操作一人监控。

(4) 舱门开启后立即挂好阻拦绳。

(5) 乘务员无故不能进入航食配餐车。

 知识巩固

 技能强化

技能强化训练任务单 1-1　机组失能处置(舱外)

1. 任务描述

航线:长沙—上海。机型:B737-800。巡航阶段乘务长接机长通知,副驾驶昏迷失能晕厥,请全体乘务组按照失能机组成员能抬出驾驶舱的判断结论,协同开展失能处置与救治。

2. 任务要求

以 4~6 人为乘务组单元,根据任务描述情况进行协同处置,有效提升乘务组安全职责、机组失能处置要领、心肺复苏急救程序等重点技能。

3. 训练标准

任　务	乘务员分工	动作步骤	标　　准	备　注
机组成员突然失去反应能力	SS2	呼叫乘务组	任何乘务组成员接到有机组驾驶舱失能的信息,立即报告乘务长	通过打电话、报个人姓名的方式进入驾驶舱
			乘务长获知后立即进入驾驶舱	
		进入驾驶舱	向接替机组询问具体情况	
			轻拍、呼唤失能机组,查看生命体征	

续表

任　务	乘务员分工	动作步骤	标　准	备　注
将失能机组抬出驾驶舱	SS2	召唤人协助	打电话召唤安全员或其他乘务员进入驾驶舱协助	依照接替机组的要求处置，将失能机组抬出至避开乘客、可平躺的地方
		后移座椅	将失能机组座椅后移	
		抱住上身，抬腿	与前来协助的乘务员一起将失能驾驶员抬出驾驶舱，避免撞到驾驶台仪表、操作杆等设备	
有医生	SS3	广播找医生	广播时暂时不说明机组失能	协助医生施救
		听从医生指令	提供机上急救箱和应急医疗药箱，并记录事发时间、救护地点、医务人员姓名、救护措施等	
无医生情况下，对失能机组开展救治	SS6	呼唤机组	判断意识	按照CPR（心肺复苏）程序
		扣拍或摇晃肩部	如果没有反应，则立即开通气道	
		检查呼吸反应	看有无胸腹部起伏运动	
		听呼吸音	听有无呼吸音	
		感觉气流	感觉口鼻部有无气流	
		按压胸外心脏	（1）按压的中心部位：成年人是胸骨中下1/3交界部 （2）对成年人采用双手掌根重叠法：伸直肘关节，利用上身重量和肩臂力量使手臂与地面垂直下压 （3）下压的速度：成年人100次/分钟 （4）下压力量：成年人应使胸骨下陷 4～5cm	
		开通气道	方法：使病人仰卧于硬板或地面上，头后仰、下颌抬起，使下颌角与耳垂连线与地面垂直	
		实施人工呼吸	采用简单有效的口对口吹气方法：在保持呼吸道通畅的基础上以一手捏紧病人鼻孔，吸气后张口包牢病人口部向内吹气（有效的吹气应使病人胸腹部鼓起），以每分钟12～16次的速度连续吹两次，如果气吹不进，应再次确认气道是否开通，或口鼻咽腔内有无异物。如发现有异物应清理干净后再行吹气	
		重复心肺复苏	直到病人恢复自主呼吸和循环，或者医生诊断病人死亡	

注：1. 本任务单参照《1+X 空中乘务职业技能等级标准》制定，非考签，仅供训练参考。
　　2. 乘务员分工可按实际号位分配调整，表内仅供参考。

技能强化训练任务单 1-2　机组失能处置（舱内）

1. **任务描述**

航线：长沙—上海。机型：B737-800。巡航阶段乘务长接机长通知，副驾驶昏迷失能晕厥，请全体乘务组按照失能机组成员不能抬出驾驶舱的判断结论，协同开展失能处置与救治。

2. 任务要求

以 4~6 人为乘务组单元,根据任务描述情况进行协同处置,有效提升乘务组安全职责、机组失能处置要领、心肺复苏急救程序等重点技能。

3. 训练标准

任　　务	乘务员分工	动作步骤	标　　准	备　　注
机组成员突然失去反应能力	SS2	呼叫乘务组	任何乘务组成员接到有机组驾驶舱失能的信息,立即报告乘务长	通过打电话、报个人姓名的方式进入驾驶舱
			乘务长获知后立即进入驾驶舱	
		进入驾驶舱	向接替机组询问具体情况	
			轻拍、呼唤失能机组,查看生命体征	
判断后不能将失能机组抬出驾驶舱	SS6	双臂交叉放在安全带下	协助将其双臂交叉放在安全带下,拉紧并锁住安全带以将其固定在座椅上,防止其碰撞控制系统	参照驾驶舱氧气设备操作要求
		向后拉座椅	将丧失能力的驾驶员座椅向后拉到最大限度并使其后倾,然后把驾驶员双腿后拉	
		戴上氧气面罩	如果需要氧气,用拇指和食指抓紧面罩的氧气释放夹口,戴好面罩后松开夹口	
		打开供氧开关	将机组使用的快速伸缩式氧气调节器选择开关调至 100%,打开应急供氧开关旋钮,并按顺时针旋转	
完成施救	SS2	向接替机组汇报	按照接替操纵飞机的驾驶员的指示提供帮助	

注：1. 本任务单参照《1+X 空中乘务职业技能等级标准》制定,非考签,仅供训练参考。
　　2. 乘务员分工可按实际号位分配调整,表内仅供参考。

 拓展思考

《黄帝内经·灵枢》中有一句医学名言:"上工治未病,不治已病,此之谓也。"这句话强调在疾病发作之先或进一步发展之际,把握时机,予以治疗,从而达到"治未病"的目的。

对于航空安全来说也是如此,一个航班的飞行过程是精密而复杂的,如何提前准备显得尤为重要。我们常常思考,如何使 SMS 体系功能达到最大化?这就需要建设更好更大的安全体系风险管理功能,让公司安全管理更多一些"韧"性。

能预防疾病发生的医生就是"上工"。民航安全事关个人安危、企业安全、国家安全,我们需要从"治未病"的思想出发,严格履行乘务员安全职责,切实做好飞行风险防控,成为飞行"上工"。

项目二 乘务服务四阶段安全管理

【学习目标】

知识目标:掌握在各个飞行阶段,尤其是飞行关键阶段的客舱安全管理规则,包括乘客行李物品的管理、机上设备的使用、飞行过程中的安全操作等;了解应急医疗事件、机上紧急事件的报告程序。

能力目标:熟悉预先准备阶段的检查项目,能对照检查项目进行自身检查和主持航前准备会;熟悉直接准备阶段的检查项目,能完成客舱设备的检查和清舱检查的操作;熟悉飞行实施阶段的安全检查项目,能完成飞行过程中的客舱安全管理。

素养目标:培养航前准备细致认真的工作作风,培养飞行中严格按程序和规则完成各项操作的工匠精神。

【思政导读】

海航的"明星检查员"来了

客舱乘务检查员作为一支专业素质过硬、业务技能精湛的优秀队伍,在一线队伍中树标杆、做表率,以实际行动竖起"风向标"、当好职业"领路人"。他们"以标准为尺",扎实履职尽责,助力乘务员"提素"。为打造积极向上、不断进取的乘务检查员团队,海航客舱管理部定期选拔业务标杆"明星检查员",积极弘扬当代民航精神。

汤××,海口乘务队高级客舱经理,飞行时间22年,有着11年乘务教员经历,更加懂得学员们从零开始,到建立情景意识,再到独立承担号位职责这整个过程的不易。所以从理解出发,换位思考,手把手教学,公平公正地做好检查工作,是她一直以来的初心与坚守。客舱检查员是学员"放单飞"的最后一道关,无论是新乘务员检查、重新获取资格还是转机型检查，她都要求学员要掌握机型最基础的舱门 SOP（标准作业程序）与各类应急设备的使用，以及自我严格落实安全标准。发掘学员的闪光点，增强学员信心，对薄弱的地方再次加以引导学习，将个人的飞行经验分享给学员，为学员以后的工作打下坚实的基础。

王××，海口乘务队乘务检查员，飞行时间24年。客舱乘务员是守护旅客生命财产安全的安全从业人员，守护大家的安全也是客舱机组最初的使命。王××始终奉行生命至上、安全第一的理念，当一切与安全冲突时，安全永远排在第一。作为客舱管理部的乘务检查员，他深知自己担负着部门安全服务质量的重要任务。每个环节都需要认真检查复核，不留一丝隐患。在每次执行检查任务前，他都会事先与学员沟通，说明检查的要求及重点关注内容，缓解学员的紧张情绪。检查工作中，准确到位的示范和严格认真的要求对于每位乘务员来说都是快速成长的机会。对于检查出的问题，他会非常耐心地为乘务员指导，竭尽全力地帮助乘务员及时整改，真正帮助乘务员成长。

客舱乘务检查员是民航局认定的最高级别的乘务人员，在检查工作中，他们是一杆秤、一把尺，塑造出一位又一位专业、合格的乘务员，他们认真严谨、尽职尽责、兢兢业业，在日常的点滴中默默践行着自己的使命，为飞行安全和真情服务保驾护航！

（资料来源：海航乐话 HU 客舱服务公众号）

任务一 预先准备阶段

一、预先准备阶段的定义

预先准备阶段是乘务组执行航班任务的第一个步骤，由主任乘务长/乘务长召集航班乘务员对航班生产的各项工作进行准备，主要包括空防安全、客舱安全、服务程序、服务细节、航班航线特点等。主任乘务长/乘务长必须通过提问方式对乘务员的相关业务知识及业务技能情况进行了解，初步掌握组员的业务素质和能力，以便在航班生产中对组员的工作进行有针对性的安排和监控，确保航班生产顺利开展。乘务组组员在预先准备任务阶段进行相互沟通和了解，也可促进乘务组在航班生产中相互配合。

二、主任乘务长/乘务长的职责

主任乘务长/乘务长组织准备会，检查客舱乘务员着装、仪容仪表，提醒个人必备的装备，包括走时准确的手表、现行有效的个人证件。

主任乘务长/乘务长通报近期空防、安全形势，掌握所飞航班的各种相关业务知识，包括航班号、机型、机长姓名、停机位、航线地标、中途站、终点站、起降时间和所飞目的地的出入境检验检疫局（CIQ）相关规定等。

主任乘务长/乘务长对客舱服务工作提出要求，进行客舱乘务员的职责分工，客舱乘务员掌握所负责区域的应急设备数量、位置和应急处置程序。

主任乘务长/乘务长制定空防预案和颠簸预案，并对客舱安全工作提出要求。

在有外籍乘务员参加飞行的航班上，应用英语与外籍乘务员沟通和下达任务。与经过汉语测试合格的外籍乘务员沟通或向其下达任务时，可使用汉语。官方标准用语使用中文。

三、预先准备内容

预先准备会由主任乘务长/乘务长负责召开，时间控制在 10~15 分钟，主任乘务长/乘务长对当天所执飞航班的客舱工作做出全面部署与分工，包括证件管理、航班信息通报、明确应急程序各自职责、安全规章标准与执行、客舱服务类相关要求、近期重要文件要求的回顾、危险品和不安全事件的机上处置、客舱安保联合准备、iPad 的使用等项目（见表 2-1）。

表 2-1 预先准备参照表

准备板块	序号	准备项目 项目	准备要点
证件管理	1	所有组员（包括安全员）证件	登机证、健康证、乘务员训练合格证、安全员执照等
	2	过夜航班组员证件	身份证
	3	戴镜飞行组员证件	隐形眼镜及备份眼镜
	4	所有乘务员证件	《客舱乘务员手册》、危险品速查手册、简令纸
航班信息通报	5	任务书简介	航班号、机号、客舱机组人员介绍并分号位、机长介绍、起降时间、预报人数、餐食配发标准
明确应急程序各自职责	6	紧急情况下各号位乘务员职责	各号位分别阐述
	7	紧急撤离时乘务员应携带的物品	手电筒、扩音器、应急医疗箱、ELT（紧急定位发射机）等
	8	静默 30 秒（STS）的内容	B.P.J.C.E.（防冲击姿势、情绪控制、判断情况、协作配合、组织撤离）
安全规章标准与执行	9	机门操作规定	双人制操作、不可替代
	10	出口座位评估	松散物品的处理、动态评估
	11	应急设备使用、分布	灭火设备、氧气设备等
客舱服务相关要求	12	服务类相关要求	登机、行李安排、服务等
	13	各类特殊情况处置预案的准备	颠簸处置预案、延误航班机上处置等
	14	特殊乘客服务提示	VIP、轮椅、无陪乘客等
近期重要文件要求的回顾	15	回顾文件要求	结合案例提出要求
危险品、不安全事件机上处置	16	机上危险品业务知识	锂电池使用规定、锂电池起火处置程序
	17	机上乘客使用手机提示	结合服务提出要求
	18	长期进入洗手间乘客的注意与处置	结合服务提出要求

续表

准备板块	准备项目		准备要点
	序号	项目	
与客舱安保联合准备	19	最新安全通告,明确暗号,重要信息通报,空防预案准备	确认劫机暗号、颠簸联络方式、天气情况、组员介绍、进出驾驶舱规定、航班中机组要求等
iPad的使用	20	联网了解乘客信息,进行服务准备	VIP、金银卡乘客、生日乘客等

任务二　直接准备阶段

一、机上设备检查

客舱乘务员应在每次登机时或再次登机后检查核实自己负责区域的应急设备和服务设备,确认设备处于待用良好状态,确认没有任何异物阻挡或遮盖设备,检查完毕后向主任乘务长/乘务长报告。

(一)应急设备检查

应急设备检查包括以下项目(应急设备的使用和检查方法详见本书项目四):

(1)急救箱/应急医疗箱/卫生防疫包。

(2)灭火瓶。

(3)氧气瓶。

(4)卫生间烟雾探测器/卫生间灭火系统。

(5)手电筒。

(6)安全演示用具包。

(7)《安全须知卡》《出口座位须知卡》。

(8)救生衣。

(9)出口舱门状况。

(10)麦克风。

(11)防护式呼吸装置。

(12)广播/内话系统。

(13)客舱灯光。

(14)应急灯(连续2~3盏应急灯不亮,不能运行)。

(15)应急撤离指示荧光条有无脱落和覆盖现象。

(16)座椅安全带。

(17)婴儿安全带、加长安全带。

(18)应急撤离报警系统。

(二)服务设备检查

主任乘务长/乘务长应检查现行有效的机载《客舱乘务员手册》并将其放在CF包(经

典翻盖包）内，告知所有乘务员手册的位置。

客舱乘务员应检查所有服务车辆的刹车装置有效，如发现故障车辆或刹车失效，应贴上故障标签报修。

断路器"跳开"或被"拔出"，可以迅速切断故障部件与其他电气设备的连接，从而保护与其相关的部件的电路。断路器"跳开"后，客舱乘务员绝对不允许重新按下被"拔出"或者自动"跳开"的断路器。

【报告用词参考】

报告乘务长/主任乘务长，××门区状况良好，客舱服务设备、应急设备处于待命状态；本航段乘客餐食××份，包括××清××素、可乐××瓶、矿泉水××瓶、橙汁××瓶、桃汁××瓶、咖啡××包、茶××包、报纸××种××份、毛毯××条，供应品齐全；洗手间及客舱卫生状况良好（后舱门已关），无外来人外来物，报告完毕。

二、飞行前清舱检查

乘客登机前，客舱乘务员应协助航空安全员对客舱进行清舱检查（检查项目见表 2-2）。在对客舱、厨房、厕所的检查中发现有任何可疑物品或不能开启的容器、餐具时，不要随意触动，应及时报告主任乘务长/乘务长、机长。

表 2-2　清舱检查项目表

检 查 区 域	检 查 项 目
客舱	储物柜、衣帽间
	紧急救生物品放置区域
	行李架
	机组休息区
	座位后口袋
	其他可存放物品的地方
	乘客座位下面的救生衣*
	座位后面口袋内的报纸杂志*
	小枕头和毛毯*
厨房	储物柜、餐饮车
	垃圾箱
卫生间	水斗下的储物柜
	纸巾存放架
	婴儿尿片存放架
	热水器区域
	废纸箱
	马桶周围
	其他角落

注：标*的项目需视不同情况而定。

航班过站停留期间，由主任乘务长/乘务长指定乘务员监控客舱，机场内所有箱、柜门应保持关闭，不下机的乘客和行李通常不需要再次检查，但在下一航段起飞前，乘务员应对厨房、卫生间等位置进行必要的安全检查。

任务三　飞行实施阶段

一、乘客行李及物品的管理

（一）手提行李、占座行李

乘客登机时，乘务员应协助乘客将行李摆放稳妥，如果手提行李超出规定范围（见图2-1），应通知地面值机人员办理托运。如行李超出托运标准，该乘客超标的行李将被拒绝登机。乘客手提行李的储藏位置也有相应要求（见图2-2）。

图 2-1　手提行李限制规定　　　　　　图 2-2　手提行李放置

航空公司一般不允许在客舱内装载行李，只限装运易碎物品、贵重物品和机要外交信袋。乘客在定座时提出并经航空公司同意，占座行李要有带座位号码的登机牌，占座行李额高度不允许超过客舱窗口的高度，不得遮挡乘客告示和出口标志。占座行李的尺寸和重量要符合相关规定（见图2-3）。

图 2-3　占座行李限制规定

（二）手（拐）杖、自备折叠式轮椅

乘客的手杖或拐杖可以纵向沿机身舱壁，放在非靠应急出口的窗口座位下，也可平放在任何两个非应急出口（窗口）座位的地面，但不能延伸到通道，或者放在一个许可的储藏空间内（见图2-4）。自备折叠式轮椅应办理交运。

图 2-4　手（拐）杖放置

（三）儿童限制装置、婴儿车、婴儿摇篮

2岁以上儿童使用的儿童限制装置（见图2-5）应当固定在经批准的靠近窗口的前向座椅（非应急出口或应急出口前、后一排），且在飞机起飞、着陆和地面移动期间不能使用助力式、马甲式、背带式或抱膝式儿童限制装置。由于儿童限制装置需要放置的座位，成年人应为儿童购票。如果成年人旁边有空余座位又符合相关规定，那么该座位可以放置，如果没有空余座位又未购票，儿童限制装置要放置在符合尺寸要求的储藏区域内或者托运。2岁以下的儿童无座位，或装置无法放置，该婴儿应由成年人抱着，装置应收藏或托运。来自同一家庭或团体的多名儿童的固定装置应按规定固定在同一排。

图 2-5　儿童限制装置

婴儿车必须交运，伞式婴儿车可以带入客舱，挂在封闭式的衣帽间内或其他许可的储藏间（见图2-6）。

图 2-6　伞式婴儿车放置

乘务员应向乘客说明，为确保过道通畅，飞机在滑行、起飞、下降、"系好安全带"灯亮时禁止使用婴儿摇篮。飞机起飞后，"系好安全带"灯灭后，乘务员再协助乘客挂好摇篮，检查插销固定，将盖布锁扣扣紧或拉锁拉紧，并提醒乘客盖布锁扣或拉锁要全程拉紧。如遇有中度以上颠簸，广播提醒乘客将婴儿从摇篮中抱起并扣好加长婴儿安全带。飞机落地前30分钟将摇篮回收。

（四）便携式电子设备

当飞机关闭舱门后，机上人员不得开启和使用与飞机正常飞行无关的主动无线发射电信号的便携式电子设备（见图2-7），直至飞机着陆后打开舱门。

图 2-7　机上禁用电子设备

关闭舱门后乘务员进行禁止使用电子设备的广播，并对乘客逐一检查，发现乘客违规使用电子设备时，应及时制止、耐心解释，如乘客仍不配合，可向乘客说明法律法规有关规定，按非法干扰处置程序进行处置，填写《机上紧急事件报告单》，上报客舱服务部门。

二、机上设备的使用管理

（一）客舱服务用品

所有食品和供应品都应放置在规定区域内，食品配备人员有责任将乘务员整理出的废弃物品卸下飞机，烤箱、行李箱、衣帽间和乘客座椅下都不得存放餐饮用具、设备和其他供应品。

（二）用氧设备

乘客不得自行携带氧气或供氧设备乘机，如乘客在飞机期间需要用氧，应在航班起飞前72小时内向售票处办理手续，由维修管理部将供氧设备配备上机，当班（接班）主任乘务长/乘务长与机务维修人员进行交接和回收。原则上用氧服务只在直达航班上提供。

乘务组接到《特殊服务乘客通知单》确认用氧乘客后报告机长，确认乘客姓名和相关信息。将用氧设备放置在非紧急出口（窗口）座位下，也可放置在该乘客同排的相邻空座位上固定。

乘务员要求乘客在使用用氧设备前阅读使用说明书，并提供帮助，告知乘客相关注意事项。使用完毕后，请乘客/监护人在用氧设备交接单上签字。

用氧设备应避免油脂类或液体物质污染及摔碰损坏，如设备发生故障不能正常使用，或为乘客提供的氧气耗尽而乘客仍需继续吸氧，允许使用机载手提式氧气瓶，使用后填写《客舱记录本》。

（三）出口座位

1. 定义

出口座位是指乘客从该座位可以不绕过障碍物直接到达出口的座位，和乘客从离出口最近的过道到出口必经的成排座位中的每个座位（窗口出口前的座位不能倾斜）（见图2-8）。

图2-8　出口座位（以波音B737-800为例）

2. 出口座位确认

客舱乘务员在乘客登机时要确认出口座位处的乘客，在舱门关闭前，必须对坐在应急出口座位的乘客所承担的协助者义务进行确认,对不愿意承担协助者义务的乘客要做相应的座位调整。不符合规定的乘客不能安排在出口座位,要做相应的座位调整。障碍性乘客应尽可能地靠近出口座位附近就座。

(四)安全告示

1. "系好安全带"告示

当"系好安全带"灯亮起时,每位乘客应当系好安全带,乘务员也应随时提醒乘客系好安全带,遇到中度以上颠簸时,机长应闪烁信号灯以告知乘务组和乘客颠簸加剧。

2. "禁止吸烟"告示

中国民用航空局规定,所有航线航班实施禁烟。机上人员不得损害和毁坏机上烟雾探测器,乘务长也应使用广播告知乘客客舱内全程禁烟。

3. "安全须知"告示

飞机上装备与机型相符的乘客告示和标牌,并配备带有图示的"安全须知"卡、"出口座位乘客须知"卡,乘务员应告知乘客在起飞前尽早阅读。

(五)安全带

乘务员在以下情况应检查或广播通知乘客系好安全带:
- 飞机滑行、起飞和着陆前。
- "系好安全带"信号灯亮时。
- 遇有颠簸。
- 夜间飞行。
- 遇有劫机。
- 紧急下降。

机上"系好安全带"灯提示乘客在座位时系好安全带,信号灯熄灭时,为防止突然颠簸,乘务员应通过广播提醒乘客继续系好。在滑行、起飞和着陆过程中,除完成安全保障任务外,乘务员应坐在值勤位置,系好安全带和肩带。

乘务员在进行客舱安全检查时,应确认空座位上的安全带在固定位置(包括乘务员座席),机上有腰围较大的乘客时,应提供加长安全带;有带婴儿的乘客,应提供婴儿安全带。

(六)担架

一般情况下,担架乘客应安置在客舱后部,发生应急撤离时,担架乘客和障碍性乘客不能先于其他乘客下机。

三、飞行过程中的安全管理

(一)舱门关闭前

关闭舱门前,主任乘务长/乘务长确认全体组员完成地面工作并已登机,确认所有文件到齐，确认《客舱记录本》已放回机上，与地面值班人员核对乘客人数，确认坐在出口座位乘客资格，确认客舱所有行李按规定储藏、所有乘客已坐好，向机长报告客舱准备情况，请示机长关门，得到允许后再关闭舱门。如客舱安全准备工作未完成，应及时向机长汇报并说明预计关门时间。关闭舱门前，与地面工作人员确认机舱外状况，相互确认后关闭舱门。

（二）舱门关闭后

主任乘务长/乘务长观察外部廊桥/客梯已撤离飞机，广播下达滑梯预位指令，各区域乘务员依照指令操作滑梯预位并做互检，通过内话系统向主任乘务长/乘务长报告滑梯预位及互检状况。主任乘务长/乘务长确认滑梯预位完毕及推出前客舱准备完成后，通过内话系统报告飞行机组。机长决定飞机推出前必须确认以上沟通已完成。与此同时，广播员对客舱广播关闭电子设备，客舱乘务员确认所有便携式电子设备已关闭。

（三）舱门再次开启

在起飞前舱门如需再次开启，主任乘务长/乘务长应报告机长，获得机长许可（或机长指令）再开门。主任乘务长/乘务长使用内话系统通知所有区域乘务员解除滑梯预位并做互检，乘务员应在另一乘务员现场监控下开启舱门，再次关闭舱门时，执行舱门关闭程序。

（四）飞机推出前

完成滑梯预位及互检后，广播员再次广播"客舱乘务员进行安全检查"（检查项目见表2-3），乘务员进行安全演示（如再次开启舱门前已做过安全演示则无须重复再做），调暗客舱灯光，听到起飞信号后，回到乘务员值勤位并系好安全带和肩带，坐在位置上默想应急处置程序（见图2-9）。如发生危及飞行安全的情况，乘务员应立即报告主任乘务长/乘务长，主任乘务长/乘务长迅速通知驾驶舱。

表2-3 客舱安全检查项目表

检查对象	检查要求
乘客座位	全部坐好，系好安全带、调直椅背、收起脚垫、扣好小桌板，行李箱关闭，遮光板打开，便携式电子设备关闭
电器设备	全部关闭
出口及过道	应急出口、机舱门近旁未堆放物品，过道通畅，所有门帘拉开、扣紧
空座椅	安全带全部固定
厨房	电源关闭，设备及机供品固定
洗手间	无人，马桶盖关闭，洗手间门关闭
电视屏幕	归位、固定
儿童及婴儿	系好安全带，婴儿由成人抱好并系好婴儿安全带

图 2-9 客舱乘务员在做起飞前客舱安全检查（智学 VR 全景视频）

（五）飞机起飞前

乘务组尽快完成"安全须知"录像播放和客舱安全检查，之后主任乘务长/乘务长通过内话系统通知飞行机组"客舱准备完毕"，机长决定起飞前必须确认上述信息沟通完成，并给客舱起飞信息。

（六）飞行中

"系好安全带"灯灭后，仍要广播提醒乘客在座位上时继续系好安全带，客舱乘务员全程监控驾驶舱门、客舱洗手间、应急出口、B747-400COMBI 机内货舱门的安全，停放餐车时应刹车固定，按照规定程序操作机上设备，发生紧急情况时按机长指令执行应急程序，关闭、锁住行李箱和柜门。

飞机在地面移动前，所有餐车必须放在规定的位置并固定好，在客舱内的餐饮车必须有人监管，使用完毕的餐饮车必须收回固定。

厨房和洗手间的垃圾箱要检查完好，垃圾箱不用时要盖好，洗手间及应急出口处不得堆放杂物和垃圾。

在飞行中，发生劫机等异常事件或听到异响、闻到异味、看到不明物，乘务员应立即向主任乘务长/乘务长报告，请示机长后做出相应处置。

（七）飞行关键阶段

1. 爬升离开飞行关键阶段

飞机爬升到 10 000 英尺时，机长使用内话系统通知客舱乘务组"飞机离开飞行关键阶段"，或通过关闭"系好安全带"灯的方式通知乘务组"飞机离开飞行关键阶段"。

2. 下降进入飞行关键阶段

飞机下降到 10 000 英尺时，机长使用内话系统通知客舱乘务组"飞机进入飞行关键阶段"，或使用两遍"系好安全带"铃声的方式通知乘务组"飞机进入飞行关键阶段"。乘务长获取信息后，应尽快确认客舱安全检查，完成后通过内话系统通知飞行机组"客舱准备完毕"。以上程序至少在飞机着陆前 8 分钟内完成。机长决定飞机着陆前必须确认上述信息沟通完成,并给客舱着陆信息。

(八)特殊情况时

1. 飞机颠簸

在飞行中,飞机随时可能遭遇颠簸。颠簸分为可预知颠簸和突发性颠簸。颠簸的信息由机组随时通知乘务组,颠簸程度原则上由机长确定并通知乘务组。表 2-4 是不同颠簸程度下的客舱表现和服务提供。

表 2-4　三种颠簸程度的客舱表现和服务提供

颠簸程度	客舱表现	服务提供
轻度颠簸	液体晃动,但没有从水杯中溢出; 餐车操纵不困难	可继续进行服务,但不能提供热饮,以防烫伤; 广播通知乘客系好安全带
中度颠簸	液体从盛满大约七成水的水杯中溢出; 餐车操纵困难; 在客舱中难以行走; 不抓紧物体站立困难	立即停止服务,收起热水壶,将餐车、饮料车推回厨房扣好。乘务组回座位坐好,系好安全带; 广播通知乘客系好安全带
严重颠簸	物体掉落或飞起; 没有固定的物体来回滑动; 不能在客舱站立或行走	立即停止服务,原地踩刹餐车,客舱乘务员就近入座并系好安全带,或原地抓紧附近固定物体,将自己固定; 广播通知乘客系好安全带

2. 客舱设备故障

(1) 客舱乘务员折叠式座椅故障。

当客舱乘务员座位有故障,应由主任乘务长/乘务长报告机长,损坏的座位不得使用,没有座位的客舱乘务员应在其负责的应急出口最近的可用的乘客座位就座,此时该客舱乘务员的职责不变,供该客舱乘务员就座的乘客座位必须注明"机组专用",及时填写《客舱记录本》。

(2) 舱门故障。

如舱门在地面发生故障,主任乘务长/乘务长必须报告机长,根据最低设备放行清单限制乘客数量,乘客登机时不能使用有故障的舱门,在舱门的明显处标明"此舱门故障",告知此舱门附近乘客使用其他舱门,如发生紧急情况时,客舱乘务员必须封住此门,指挥乘客使用其他舱门撤离。

如舱门在飞行中发生故障,最近乘务员将舱门异常情况报告主任乘务长/乘务长、机长,根据机长的指示进行处理,如用湿的毛巾或针织物塞住门缝,不得用干的毛巾或针织物和清洁袋等纸张物品塞门缝,以免被吸出舱外。

(3) 客舱广播系统/内话系统故障。

如客舱广播系统出现故障,乘务员可以使用麦克风进行广播,或与乘客口头交流。

如客舱与驾驶舱的内话系统出现故障,主任乘务长/乘务长必须立即通知机长,并制定另一种通信联络的途径,主任乘务长/乘务长立即将新的联络方式通知所有客舱乘务员;如某一区域内话系统出现故障,应使用就近有效的内话,或口头传递信息。

(九)着陆

着陆前客舱乘务员进行落地前的客舱安全检查(检查项目见表2-3),调暗客舱灯光,回到值勤位并系好安全带和肩带,安全检查后,主任乘务长/乘务长应复查一遍,通过内话系统通知飞行机组"客舱准备完毕"。

着陆后飞机到达停机位,"系好安全带"灯灭,主任乘务长/乘务长通过客舱广播下达解除滑梯预位指令,乘务员依照指令解除滑梯预位并做互检,通过内话系统报告解除滑梯预位情况,主任乘务长/乘务长再向机长报告解除滑梯预位情况,调亮客舱灯光,得到地面人员的开门许可后,方可开门,乘务员在开启舱门时,必须有另一乘务员现场监控,确认客梯/车廊桥安全后,乘客方可下机。

乘客下机后,乘务组检查客舱、洗手间有无滞留乘客,检查客舱有无乘客遗留物品,关闭除照明外的一切电源,完成一切交接工作。

(十)短暂停留

1. 经停站乘客不下飞机

经停站乘客不下飞机,应在飞机上留有符合完成该飞机应急撤离程序的最低编制人员。如果在经停站,该飞机上只有一名客舱乘务员或其他合格人员,则该客舱乘务员或其他合格人员应在打开的主登机舱门处,并且放置明显标志,易于乘客识别。如果在飞机上保留一名以上客舱乘务员或其他合格人员,这些乘务员和其他合格人员应均匀分布在客舱内,以便有效协助乘客撤离。

2. 机上有乘客时飞机加油

当飞机在机上有乘客时进行加油,机长应通知主任乘务长/乘务长,"禁止吸烟"信号灯亮。根据加油口位置,机长决定将离加油口位置最远一侧撤离口确定为主撤离口,其余撤离口为次撤离口,并通知主任乘务长/乘务长,主任乘务长/乘务长及时将此信息告知乘务员和地面保障人员,地面保障人员应确保主疏散通道和逃生滑梯区域没有停放地面支持设备和其他障碍物。

客舱乘务员广播通知乘客飞机正在加油,请乘客在原位就座,解开安全带,不得使用任何电子设备。

在有乘客的客舱区域的每一个应急出口,至少有一名客舱乘务员负责。

客舱通道、应急出口确保无障碍物。

当有上、下飞机的乘客时应保持走廊通道的通畅。

当乘务组发现客舱秩序不能保证应急撤离的实施时,立即通知飞行机组人员停止加油。

在整个过程中,飞行机组与地面机务人员必须使用内话系统保持双向通信,遇有特殊情况无法使用内话系统沟通时,飞行机组应及时告知主任乘务长/乘务长,指派专人在机舱门口负责信息传递工作,确保信息及时、准确、通畅。

任务四　航后阶段

一、应急医疗事件报告

当发生使用机上应急医疗箱、由于人员伤病造成的飞机改航备降、机上人员死亡等应急医疗事件,主任乘务长/乘务长应将这些事件填写在《机上紧急事件报告单》上,待飞行结束后向客舱服务部门进行报告。客舱服务部门应保存应急医疗事件记录24个月,包括使用应急医疗箱的情况、使用人和应急医疗事件的结果。

二、机上紧急事件报告

飞行中发生的紧急事件都要以书面形式报告给本单位业务主管部门,主要包括以下情况:

- 机上人员中毒、受伤、烫伤、死亡。
- 乘客不遵守安全规定、非法干扰。
- 乘客威胁劫机、损坏机载设备、吸烟、拒绝服从机组指令。
- 紧急撤离、烟雾/火警、释压、滑梯展开。

主任乘务长/乘务长应及时向客舱管理部门上报《机上紧急事件报告单》,在报告中客观、准确、完整地陈述事件过程,导致事件的原因和采取措施,事件发生的时间和地点,乘客姓名和地址,目击者姓名和地址,客舱乘务员和乘客受伤情况。填写报告单时,主任乘务长/乘务长将情况报告机长,并由机长签字。

 知识巩固

 技能强化

技能强化训练任务单2-1　航前检查

1. 任务描述

航线:北京—昆明。机型:B737-800。全体乘务组按照航前准备会分工,协同进行航前检查与清舱,了解航班航前检查的重要性,清楚航班上应急设备的位置及各个区域的检查项目。

2. 任务要求

以4～6人为乘务组单元,根据任务描述情况进行协同检查,熟悉分工,检查门区适航状态，清楚应急设备的位置和应急设备的检查要求，严格清舱。

3. 训练标准

号位	SS2	SS3	SS6	SS11
门区	L1门厨房	R1门客舱	L4门客舱	R4门厨房
航前检查	门区检查： ① 门区无夹杂物； ② 乘务员座席：座椅状况良好，安全带状况良好； ③ 乘务员座椅下方储物柜：手电在位，LED灯每3~4秒闪烁一次，测试可用； ④ 机组救生衣在位，包装完好； ⑤ 人工释放工具在位； ⑥ 海伦灭火器在指定位置，铅封完好，压力指针在绿色区域，在有效期内。 座椅与门中间的储物柜：防护式呼吸装置（PBE）在指定位置，包装完好，捆扎带完好。 厨房检查： 烟雾探测器无覆盖物，自动灭火装置压力指针在绿色区域。 L1门储物柜检查： ① 扩音器在指定位置，测试可用； ② ELT（应急定位发射机）在位； ③ 急救箱*2在指定位置，铅封完好。 客舱检查： 出口座位须知卡在位	门区检查： ① 门区无夹杂物，门锁指示器在lock位，滑梯预位系统在disarmed位； ② 滑梯充气气瓶压力指针在绿色区域； ③ 舱门助力气瓶压力指针在绿色区域； ④ 乘务员座席：乘务员座椅状况良好，测试安全带状况良好； ⑤ 乘务员座椅下方储物柜：手电在位，LED灯每3~4秒闪烁一次，测试可用； ⑥ 机组救生衣在位，包装完好； ⑦ 人工释放工具在位。 R1门储物柜侧壁板检查： 氧气瓶在指定位置，压力指针在红色区域，阀门处于关闭位，有与之相配的氧气面罩。 客舱检查： 出口座位须知卡在位	门区检查： ① 门区无夹杂物，门锁指示器在lock位，滑梯预位系统在disarmed位； ② 滑梯充气气瓶压力指针在绿色区域； ③ 舱门助力气瓶压力指针在绿色区域； ④ 乘务员座席：乘务员座椅状况良好，测试安全带状况良好。 座椅下方储物柜检查： 手电、机组救生衣、人工释放工具、海伦灭火器在位。 L4门、储物柜检查： PBE、氧气瓶在位。 客舱检查： 出口座位须知卡在位	门区检查： ① 门区无夹杂物，门锁指示器在lock位，滑梯预位系统在disarmed位； ② 滑梯充气气瓶压力指针在绿色区域； ③ 舱门助力气瓶压力指针在绿色区域； ④ 乘务员座席：乘务员座椅状况良好，测试安全带状况良好。 座椅下方储物柜检查： 手电、机组救生衣、人工释放工具、海伦灭火器在位。 座椅与门中间的储物柜检查： 扩音器在位，测试可用。 厨房检查： 厨房电源开启，断路器未跳开。 厕所检查： 烟雾探测器无覆盖物，自动灭火装置压力指针在绿色区域。 壁板前方的储物柜检查： 机组救生衣在位，包装完好。 客舱检查： 出口座位须知卡在位
应急灯检查	出口标志灯亮，出口指示灯亮，撤离路径指示灯连续亮			

续表

号 位	SS2	SS3	SS6	SS11
门 区	L1 门厨房	R1 门客舱	L4 门客舱	R4 门厨房
应急撤离警告系统检查	AIP（航空信息发布）显示正常（EVA 字条），红灯闪亮			
清舱	① 乘务员座椅清舱：乘务员座椅下方与乘务员座椅门中间的储物柜； ② L1 门应急设备储物柜清舱； ③ 厨房清舱：厨房设备已固定，Z 字形检查，从上到下，储物柜、备份箱、餐车、垃圾箱里无外来物； ④ 厕所清舱：厕所无外来人、外来物，镜子后面的储物柜、垃圾箱、马桶无外来物，锁闭； ⑤ 客舱清舱：客舱无外来人，座椅上、座椅下、座椅口袋、行李架无外来物	① 乘务员座椅清舱：乘务员座椅下方； ② R1 门应急设备储物柜清舱：R1 门侧壁板应急设备储物柜； ③ 客舱清舱：客舱无外来人，座椅上、座椅下、座椅口袋、行李架无外来物	① 乘务员座椅清舱：乘务员座椅下方； ② L4 门应急设备储物柜清舱：L4 门侧壁板应急设备储物柜； ③ 厕所清舱：厕所无外来人、外来物，镜子后面的储物柜、垃圾箱、马桶无外来物，锁闭； ④ 客舱清舱：客舱无外来人，座椅上、座椅下、座椅口袋、行李架无外来物	① 乘务员座椅清舱：乘务员座椅下方与乘务员座椅门中间的储物柜； ② R4 门应急设备储物柜清舱； ③ 厕所清舱：厕所无外来人、外来物，镜子后面的储物柜、垃圾箱、马桶无外来物，锁闭； ④ 客舱清舱：客舱无外来人，座椅上、座椅下、座椅口袋、行李架无外来物

注：1. 本任务单参照《1+X 空中乘务职业技能等级标准》制定，非考签，仅供训练参考。

2. 乘务员分工可按实际号位分配调整，表内仅供参考。

 拓展思考

客舱是一间特别的办公室，它是距离天空最近的地方；客舱就像一座灯塔，指引每一位旅客回家。客舱是"美"与"责"的融合。

安全是民航的基石，安全红线不容触碰，一名客舱乘务检查员应牢记客舱各类服务及安全标准，真正学懂、弄通、悟透各项程序。检查员在航班中要以身作则，心怀红线，安不忘危，牢记"敬畏生命，敬畏规章，敬畏职责"，将"红线意识"切实落实到工作中。

项目三　乘客安全管理

【学习目标】

知识目标：掌握非法干扰行为和扰乱行为的定义，掌握反劫机处置原则；掌握特殊/限制性乘客、偷渡者、遣返乘客、犯罪嫌疑人的管理规则；掌握机上动物运输、药品冷藏、更换座位、警卫人员携带枪支等相关规定。

能力目标：能做好特殊/限制性乘客、偷渡者、遣返乘客、犯罪嫌疑人的安全服务；能按客舱安全管理规定处置拒绝运输、无签证过境（TMOV）、乘客醉酒等特殊情况。

素养目标：培养精益求精的客舱安全管理意识、责任意识；培养"以人为本""人民至上"的服务理念。

【思政导读】

不能打开的"门"

2023年5月26日，在从济州前往大邱的韩亚航空客机上，李某在飞机降落之前的中午12时37分左右，擅自打开应急舱门，还损坏飞机外部的应急滑梯。事发时飞机上载有197名乘客，其中9人出现呼吸困难症状被送医。韩亚航空方面估算，该事故造成的飞机维修费用将超过6亿韩元。经调查，李某在飞机降落前感到焦虑不安，想要快点下机，于是在冲动之下打开了应急舱门。

同年6月19日，在从菲律宾宿务飞往韩国仁川的济州航空航班上，另一名19岁的男子试图打开舱门未果，后被仁川国际机场警察局拘留。据报道，机上约有180名乘客，事件中无人受伤。

擅自开启应急舱门严重危害飞行安全，将面临什么法律后果呢？

乘客擅自打开飞机应急舱门是一种违法（非法干扰）行为。《中华人民共和国民用航空安全保卫条例》第25条第（四）项规定，航空器内禁止下列行为，盗窃、故意损坏或者擅自移动救生物品和设备。

擅自打开应急舱门的法律后果是什么呢？根据《中华人民共和国民用航空安全保卫条例》和《中华人民共和国治安管理处罚法》的相关规定，擅自启动应急舱门的乘客需要承担行政责任，公安机关可依法对责任人进行行政拘留10~15天的处罚。

擅自启动应急舱门是否需要赔偿呢？答案是肯定的，擅自启动应急舱门的乘客应赔偿航空公司因此造成的经济损失，这是有明确法律依据的。飞机的应急舱门被打开后，滑梯包一旦触发充气，恢复的过程非常复杂，且成本极高，如空客A319飞机主舱门的紧急出口滑梯维修费用为5万元，如果是双通道大型飞机，维修费用更加昂贵。这个损失应该由擅自开启应急舱门的乘客承担。

越来越多的法学专家也建议加大对此类行为的处罚力度，对于乘客擅自开启正在飞行中的飞机应急舱门，严重危害其他乘客安全并造成公私财产巨大损失的，建议按照"以危险方法危害公共安全罪"定罪量刑，追究刑事责任。

（资料来源：中国新闻网）

任务一　非法干扰行为

一、非法干扰行为和扰乱行为

（一）定义

根据《民用航空运输机场航空安全保卫规则》（CCAR-329，中国民用航空局令第218号）的相关规定，非法干扰行为是指危害民用航空安全的行为或未遂行为，包括但不限于：

（1）非法劫持航空器。

（2）毁坏使用中的航空器。

（3）在航空器上或机场扣留人质。

（4）强行闯入航空器、机场或航空设施场所。

（5）为犯罪目的而将武器或危险装置、材料带入航空器或机场。

（6）利用使用中的航空器造成死亡、严重人身伤害，或对财产或环境的严重破坏。

（7）散播危害飞行中或地面上的航空器、机场或民航设施场所内的旅客、机组、地面人员或大众安全的虚假信息。

扰乱行为是指在民用机场或在航空器上不遵守规定，或不听从机场工作人员或机组人员指示，从而扰乱机场或航空器上良好秩序的行为。诸如寻衅滋事、殴打乘客、酗酒滋事、性骚扰、破坏公共秩序、未经允许使用电子设备、偷盗机上物品和设备、在禁烟区吸烟等行为都会扰乱民航运输秩序，危害飞行安全。

（二）处置原则

（1）保证飞行安全，争取飞行正常。
（2）确定性质，区别处置。
（3）及时控制事态，防止矛盾激化。
（4）教育与处罚相结合。
（5）机上控制，机下处置。
（6）空地配合，相互协作。

（三）处置职责

依据《中华人民共和国民用航空安全保卫条例》、《航空安全员管理规定》(CCAR-68SB，中国民用航空总局令第72号)，航空器遭遇非法干扰时，机组和航空安全员及公安机关、安检部门、现场指挥部门、空管部门职责如下：

（1）机长对机上发生的非法干扰事件处置负全责。

（2）航空安全员在机长领导下，具体承担落实机长的指令，在紧急情况下，航空安全员为了保证航空器及其所载人员生命财产安全，有权采取必要措施先行处置后报告机长。

（3）航空器飞行中发生非法干扰时，航空安全员（乘务员）应及时将情况报告机长，机长应立刻将情况报告地面有关与局，并随时通报事态发展情况。

（4）在飞行中，对非法干扰航空安全的行为，机长可视情节予以劝阻、警告，并决定对行为人采取管束措施、中途令其下机等必要措施；管束措施是指机长指令航空安全员及其他机组人员（必要时可请求旅客配合）对非法干扰行为人实行看管、强制约束以使其不能继续实施非法干扰行为。

（5）航空器在飞行中遇到特殊情况时，机长对航空器有最后处置权。

（6）如需移交地面处理的，要及时收集证据。

（7）公安机关职责：及时按处警、调查取证、依法处理、反馈处理情况。

（8）安检部门职责：分别情况，必要时重新进行安检；配合有关部门进行清舱。

（9）现场（地面）指挥部门：指挥公安保卫部门进行处置；协调航空本单位、空管与机场关系；确定是否放飞。

（10）空管部门：及时传递、沟通空地信息。

（11）空地配合互相协助：机长、航空安全员在航空器落地后，应将非法干扰行为人及时移交与地面机场公安机关，开办好交接手续。

二、反劫/炸机

劫机即以暴力、胁迫或其他方法劫持飞行中的飞机，危害乘客和飞机安全的犯罪行为。劫持者多扣押人质，向有关组织或政府提出要求，要求得不到满足就可能杀害人质或炸毁飞机，酿成惨剧。

炸机是指使用爆炸品对民用航空器直接实施对航空器或航空器内人员造成损害的犯罪行为。炸机并不包括威胁炸机，因为威胁炸机属于劫机中比较常见的一种行为，只有在犯罪分子实施爆炸后，才能将事件定性为炸机事件。

（一）国内外民航重大劫炸机事件

人类历史上首次记录在案的航空器被劫持事件发生在 1931 年 2 月 11 日。当时一架航邮机在秘鲁被反政府分子劫持，目的是利用航空器派发反政府小册子。自 1948 年全球首宗空中劫机并导致坠机事件后，人类历史上关于劫机的噩梦就正式开启了。20 世纪 60 年代中后期，劫机活动日趋频繁。70 年代，由于反劫机装备、航空安全规定制度不完善，以及复杂的国际形势和政治矛盾，全球劫机活动一度达到高潮。许多劫机事件以悲剧告终，但在付出一次次惨痛代价后，人们也锲而不舍地反思灾难，并极力避免类似悲剧重演。

震惊世界的"9·11"

2001 年 9 月 11 日，"基地"组织恐怖分子挟持美国联合航空 93 号班机、175 号班机及美国航空 11 号班机、77 号班机对世界贸易中心、五角大楼进行恐怖攻击。其中 11 号及 175 号班机先后撞上世贸大楼，77 号班机则撞上五角大楼。93 号班机则因机上乘客及机组人员的奋勇抵抗而在宾夕法尼亚州郊区坠毁，据说机上恐怖分子的目标是美国国会山庄或白宫。此次事件导致逾 3000 人死亡。"9·11"恐怖袭击事件使得防止劫机再次成为世界性课题，各国机场开始强化安全检查，采取实施行李检查、乘客名单提交公安当局、严禁随身携带包括指甲刀在内的任何带刃金属物品、机内餐具全部塑料制等措施预防劫机。

20 世纪 90 年代初，中国曾经是劫机的重灾区，几乎每个月都会发生一起劫机事件。虽然大部分得以和平解决，但是仍造成过伤亡。

新疆和田劫机 化险为夷

2012 年 6 月 29 日，一架天津航空 EMB190/B3171 号飞机在由新疆和田飞往乌鲁木齐途中遭遇歹徒劫持，歹徒以伪装的拐杖为武器，意图砸开驾驶舱的门，企图要进行劫机，随即不法分子被机组与机上乘客共同制服，飞机返航和田机场并安全着陆，6 名歹徒被公安机关抓获。在事件处置过程中，机组临危不惧、果断处置，2 名安全员、2 名乘务员光荣负伤；飞行人员沉着冷静、妥善应对，驾驶飞机安全返航。多名乘客见义勇为，挺身而出，体现了公民的正义感和责任感。中国民航局研究决定，授予该机组"中国民航反劫机英雄机组"荣誉称号，对英勇搏斗并光荣负伤的机组成员给予记功表彰，对积极协助处置的乘客表示感谢和慰问，并给予奖励表彰。

现在安检技术越来越先进，带炸弹上飞机似乎是不可能实现的任务。但历史上，就有好几起在客机上放炸弹的案件，置放地点从包裹到打印机，从鞋底到内裤，犯罪分子手法越来越隐蔽，挑战着安保标准与人道主义。

"爆炸节奏"录音机

1988 年 12 月 21 日，美国泛美航空公司的一架波音 747 客机正在执飞法兰克福—伦敦—纽约—底特律航线。机上大部分是准备回家的美国人，他们归心似箭，因为再过几天就是圣诞节了。可从伦敦起飞 42 分钟后，就在苏格兰小镇洛克比上空 9100 米的高度，飞机突然发生爆炸。猛然间，传来一声骇人的巨响。顷刻间，浓密的烟雾像一团团偌大的黑纱，阴冷地向大地压了下来。飞机化作一团巨大的火球，机身分裂成5大块和数以千计的碎块，向夜幕下的洛克比镇袭来，撞毁了40幢房屋，留下了一个深15米、长27米的大坑。镇上的11名居民被飞来横祸夺去了生命，机上的259名乘客，包括机组人员，全部遇难。洛克比几乎成为空中灾难的代名词。该事件是由两名利比亚特工将爆炸装置放入托运行李内造成，炸弹是被藏在一个磁带录音机（日本生产的东芝SF-16型，名为"爆炸节奏"）里送上飞机的，还有包裹在外头的一些婴儿服装作为伪装。而此次事件后，直到2006年1月1日才有了"行李确认"。

新奇特炸弹

随着安检的升级，犯罪分子的手段越来越奇特，有人千方百计地设计出新型炸弹，实施犯罪。2001年12月，来自英国的理查德·里德曾将100克塑胶炸药藏在自己的工作靴中，试图炸毁当时从巴黎飞往迈阿密的航班。但炸弹并未能引爆成功，据分析，有可能是因为里德的脚汗导致爆炸物失效。最终，在同机乘客及机组人员的帮助下，里德被捕且获判终身监禁。

（二）反劫机乘务组处置

（1）最先接到飞机遇劫信息（劫炸机陈述、书写或打印匿名纸条的威胁恐吓）的客舱乘务员，应立即报告机长/主任乘务长/乘务长、其他客舱乘务员和空警、安全员。
- 报告方式：通过机上内话系统、按应急呼叫键，使用预案约定的暗号。
- 报告内容：劫机者座位号、姓名、年龄、性别、特征、职业、身体状况，所持凶器、危险品种类，爆炸物的类别、起爆装置。

（2）在劫机者的情绪稳定后，应主动设法接近劫机者，与其谈判或交谈，尽量说服感化或答应其提出的条件，并从中进一步了解上述报告内容，摸清劫机者有无同伙、座位号及劫机目的。

（3）加强对客舱的巡视，注意发现其他乘客的可疑迹象或劫机者同伙。

（4）继续做好对乘客的服务，包括餐食的供应，中断酒类或含酒精饮料的供应，不能使用餐车和饮料车。

（5）一般情况下不要通知机上乘客，以免引起恐慌或混乱。

（6）保护好驾驶舱不被劫机者闯入或侵害。

（7）听从机长指挥，配合空警或安全员，在保证人机安全条件下，实施反劫机。

任务二 特殊/限制性乘客安全管理

一、特殊/限制性乘客

（一）特殊乘客定义

特殊乘客是指因为身份特殊，在旅途中需特殊礼遇和保护的乘客，包括重要乘客、机要交通人员、外交信使、保密乘客。限制性乘客是指因行为、年龄和身体状况，在旅途中需特殊照料并符合一定条件才能运输的乘客，包括有成人陪伴的儿童/婴儿、无成人陪伴的儿童、孕妇、盲人乘客、聋哑乘客、病残乘客、醉酒乘客、犯人、额外占座乘客、自理行李占座乘客。

（二）限制性乘客的接受规定

（1）限制性乘客应按公司要求办理定座和购票。

（2）凡接受需要与其他承运人联程运输的限制性乘客，必须事先取得各有关承运人的同意，并遵照其要求办理。

（3）《特殊乘（旅）客服务需求单》（见表3-1）是客舱乘务员对特殊/限制性乘客实施机上服务的依据，由机场地面服务部门填写，在航班离站前递交主任乘务长/乘务长。

（4）限制性乘客不能安排在出口座位。

表3-1　特殊乘（旅）客服务需求单（海航）

特殊旅客服务需求单（C类）（正面）

　　航空运输作为病患旅客运输最为快捷方便的方式，在旅程的舒适和平稳上有着相当的优越性。但是，病患旅客的身体状况有可能因长时间的航空飞行、海拔高度及客舱环境而恶化。有鉴于此，并非每位病患旅客都适宜乘机旅行。

　　民航客机在通常状况下是以每小时 900 公里（560 英里/小时）近音速的速度在 9000～12000 米（30000～40000 英尺）的高空中飞行。在大气压强与地面落差极大的高空环境中，飞机客舱内只能在航行时进行机械增压。航行过程中，飞机客舱内气压维持在等同于 1500～2100 米（5000～7000 英尺）高度山顶的气压水平。但是，客舱气压在起飞和降落的 15～30 分钟间起伏极大。

　　飞机客舱内的气压： 当气压降低时，人体内的气体膨胀。在飞行途中，人体内积聚的气体压力无法释放，将挤压旅客身体受伤部位及身体器官，甚至会引起疼痛和/或呼吸困难。

　　氧气密度： 高空中氧气密度逐渐降低，患有呼吸系统、心脏、脑血管疾病以及重度贫血的旅客会因此而导致病情恶化。处于临产期的孕妇及出生不久的婴儿亦会受到不良影响。

　　鉴于以上原因，有下述（1）～（7）项之一的旅客适用此《特殊旅客服务需求单（C类）》，并在订票时须提交《医疗诊断证明书》。此《医疗诊断证明书》将作为航空公司判断病患旅客适航性的依据，并据此决定旅客是否适宜乘机。

　　（1）需要提供飞机上医疗氧气的旅客。
　　（2）飞行途中携带并使用医疗辅助器械以及需要额外治疗服务的旅客。
　　（3）在机上需要担架的旅客。
　　（4）身患严重疾病或身体受伤的旅客。
　　（5）因近期身体状况不稳定、患病、接受过治疗或做过外科手术，从而对自身状况是否适合航空旅行存疑的旅客。
　　（6）怀孕期在 32～36 周的孕妇。
　　（7）承运人及其代理人怀疑在飞机上需要额外医疗服务的情况下，才能够完成所需航程运输的旅客。

　　《医疗诊断证明书》在航班离站前 48 小时内填开，由县、市级或者相当于这一级（如国家二甲级）以上医疗单位医师签字和医疗单位盖章方为有效。《医疗诊断证明书》格式版本不限，可使用海航版本，但必须包含"适宜乘机"字样。

　　对于有以上（1）～（7）项之一的旅客，请您在订票和旅行之前务必告知海南航空公司，以便海南航空进行充分准备，为您提供周到的服务。如果您刻意隐瞒病情或告知海航信息不充分，由此所造成的后果，海航不承担责任。

　　以下病残旅客必须由旅客提供陪护人员：① 无自理能力轮椅旅客；② 担架旅客；③ 心理疾病并且对发出的安全指令不能理解或者做出必要反应；④ 严重受伤（或损伤）造成行动不便，不能够自己单独完成紧急撤离；⑤ 听力或者视力严重损伤旅客。陪护人员必须是成人且有自主能力，可协助病残旅客如厕、紧急撤离及登机、下机、进餐等，须熟悉病患病情并提供相关帮助，不可有其他任务（如照顾儿童），能够胜任处理病患旅客机上医疗需要。

　　特别提示： 请填写背面"特殊服务需求单"。然后请通读"旅客声明"并在填完表格后署上您的姓名。

续表

特殊旅客服务需求单（C类）（背面）

担架旅客、轮椅旅客（WCHC）、孕妇旅客（32周≤孕期<36周）、患病或肢体病伤的旅客、需要机上医疗氧气的旅客、押解犯罪嫌疑人、_____

尊敬的旅客朋友：
　　非常感谢您选乘海南航空公司航班，为了给您提供更好的服务，请您详细填写以下内容，在您需要选择的服务项目"□"内打"√"。

A	个人信息	姓名		性别		年龄	
		航班日期		航班号		电话	
		始发站		经停站		到达站	
		证件种类		证件号码			
		地址					
B	轮椅服务	（1）在机场是否需要轮椅服务？ 否□　是□		□完全无法行动，在客舱座位就座或离开时同样需要帮助（WCHC）			
		（2）是否携带自有轮椅旅行？ 否□　是□	□手动轮椅 □机械轴环式（WCMP）	□在值机柜台进行托运； □希望使用自有轮椅到达登机门，在登机门办理托运； □飞机到达后，希望飞机舱门口提取托运轮椅； □飞机到达后，希望在托运行李提取处提取托运轮椅； *目前客舱内无法放置旅客自有轮椅，敬请谅解。			
			□电动轮椅	□携带可溢出液体电池驱动轮椅（WCBW）； □携带密封式无溢出电池驱动轮椅（WCBD）； □飞机到达后，希望飞机舱门口提取托运轮椅； □飞机到达后，希望在行李转盘处提取托运轮椅； *电动轮椅装入货舱所需时间较长，因此请您于航班起飞90分钟前到值机柜台进行轮椅托运。			
		（3）目前海南航空公司无法提供客舱轮椅服务。					
C	引导服务	（1）海航在始发地服务人员引导您到达登机口。 （2）如您乘坐中转航班，海航地面服务人员将引导您到达中转航班登机区。请告知您中转航班号_____ 起飞时间_____ （3）目的地海航地面服务人员迎接您，协助您领取托运行李，引导您至到达厅出口。					
D	担架	是否需要机上担架？（需要陪护人员和医疗诊断证明书）否□　是□					
E	氧气设备	是否需要使用机上专用医疗氧气设备？否□　是□ 注：根据中国民航CCAR121.574条的规定，不允许旅客私自携带氧气袋乘机，需要时可使用机上专用医疗氧气设备。但目前海航飞机上没有配备专用医疗氧气设备。如您需要使用机上氧气瓶，应在定座购票时事先提出申请，须经海航同意并预先做出安排。					
F	救护车	海航目前没有救护车服务，请旅客自行联系准备救护车，请告知以下信息： （1）到达出发地机场。提供救护车的公司名称：_____ 联系电话：_____ （2）离开目的地机场。提供救护车的公司名称_____ 联系电话：_____					
G	陪护人员	无自理能力的旅客需要陪护随行(协助用餐及到达、使用洗手间)或押解犯罪嫌疑人监护人员 （1）姓名：_____ 年龄：_____ 性别：_____ □医生□护士□其他（_____） （2）姓名：_____ 年龄：_____ 性别：_____ □医生□护士□其他（_____） （3）姓名：_____ 年龄：_____ 性别：_____ □医生□护士□其他（_____）					
H	备注						

旅客声明：我即为签字者，保证以上内容真实、有效。旅客（监护人）签字：_____ 日期：_____
海南航空经办单位：_____ 售票处，售票处经办人签字：_____ 日期：_____
　　　　　　　　始发站地面服务单位，经办人签字：_____ 日期：_____

说明：此单一式三联，无碳式复写。第一联为出票联，由售票处留存；第二联为服务联，始发站地面服务人员接收到服务联后，确认承运条件和所有的服务安排，并将此服务联交至航班乘务长处，乘务长在航班到达后，将此服务联交目的地机场地面服务人员处归档；第三联为旅客联。

（三）限制性乘客数量的限制

为了保证限制性乘客在紧急情况下能迅速移到出口，不同机型承载的特殊乘客的数量有一定限制，每次航班不得超出标准承载量（见表3-2）。

表3-2 限制性乘客数量表

单位：人

机　型	婴　儿		无成人陪伴儿童	担架乘客	轮椅乘客	导盲/助听犬	无人陪伴盲人	押解嫌疑人
	跨水运行	陆地运行						
B737-700/800	4	18	5～8岁限制承运5人。8岁以上无数量限制	1	2	1	2	1
B747-400P	8	20						
B747-8	8	20						
B747-400CMB	9	16						
B777-200	8	16						
B777-300ER	11	16						
A319/A320	4	18						
A321	5	18						
A330-200/300	10	16						
A340-300	8	16						

注：1. 障碍性乘客代表团除外。
2. 有成人陪伴儿童数量无限制。
3. 盲人乘客：有成人陪伴的盲人乘客乘机的接受与运输条件同一般乘客；同一航班限有导盲犬的盲人乘客一名，或无陪伴的盲人乘客两名。
4. 聋哑乘客：已满16周岁的聋哑乘客乘机的接受与运输条件同一般乘客；未满16周岁的聋哑乘客单独乘机，一般不予承运，特殊情况下必须有自愿提供帮助的乘客陪伴。
5. 此数据仅供参考。

（四）限制性乘客的运输

携带婴儿的乘客、无成人陪伴儿童、孕妇（开具诊断证明，见表3-3）、残疾人、患病者或其他需要特殊服务的乘客，须事先向航空公司提出申请，满足运输条件，经承运人同意并做出相应安排后，方可予以承运。

年满2周岁且不满5周岁的儿童乘机，必须有年满18周岁且具有完全民事行为能力的成人陪同；有成人陪伴儿童乘机时，应购买与其陪伴人相同舱位服务等级的机票。

年满5周岁但不满12周岁的无成人陪伴儿童申请乘机，填写无陪伴儿童乘机申请表（见表3-4），经承运人事先同意后，应按规定支付机票费和服务费。

年满12周岁且未满18周岁的少年乘客单独旅行，可自愿申请无成人陪伴儿童服务。

表 3-3　乘机诊断证明

诊断证明书
Certificate of Diagnosis

1. 旅客姓名 Name of Passenger: _____　2. 年龄 Age: _____　3. 性别 Sex: _____
4. 住址及联系方式: _____
5. 航程 Routing: _____ 航班号 Flight No. _____ 日期 Date _____ 月 Month _____ 日 Day
   自 From _____ 至 To _____
   联程 Via: _____ 航班号 Flight No. _____ 日期 Date _____ 月 Month _____ 日 Day
   自 From _____ 至 To _____
6. 诊断结果 Result of diagnosis: _____
7. 症状、程度、预后（如系孕妇需注明预产期）Symptom, process, prognosis (indicate expected date of childbirthn, if pregnate woman): _____

[注]（1）上述第 7、8 两项内容填写，需简单、明确。
　　（2）下述表格中提供的内容，供机上服务人员在飞行途中为病残旅客提供必要的服务时作为参考。
[Note](1) The above described 6 and 7 items shall be filled shortly and clearly.
　　(2) The content described in the form under is for reference to cabin crew who offer necessary service to sick or injured passengers during flight.

程度 Degree 症状 Symptom	无 Normal	轻度 Mild	中等 Moderate	严重 Severe	备注 Remark
贫血 Anemia					
呼吸困难 Dyspnea					
疼痛 Pain					
血压 Blood Pressure					

8. 附注：（如有膀胱、直肠障碍或在飞行中需特殊餐及药物医疗处理情况等，请予以列明）
PS: (If suffering from bladder and recta, or needing special food and medecal treatment on the flight, please list it clear) _____

9. 需要何种坐姿（将下列使用的项目用○圈起）Which kind of seating position is needed
(Enclose the following applicable items with ○)

乘坐姿态 Seating Position　　　　　　　1.使用机上一般座椅 Taking common seat
　　　　　　　　　　　　　　　　　　　2.使用机上担架设备 Using supporting equipment
陪伴人员 Attendant　　　　　　　　　　医生 Doctor　　护士 Nurse　　其他人员（具体列明）
　　　　　　　　　　　　　　　　　　　Others (list in details)　　不需要 No Need
上下飞机时 Deplane or enplane　　　　　轮椅 Wheelchair　　要 Need　　不要 No Need
　　　　　　　　　　　　　　　　　　　担架 Stretcher　　　要 Need　　不要 No Need
救护车 Ambulance　　　　　　　　　　　　　　　　　　　要 Need　　不要 No Need

已参阅背面的参考资料，我院诊断认为：该旅客的健康条件在医学上能够适应上述航空飞行的要求，无传染病，也不致造成对其他旅客的不良影响。
After referring the under documents, we make a diagnosis: the health condition of this passenger meets the requirements of air travel, he/she hasn't communicable disease, and doesn't influence other passengers.

医师签字 Physician signature: _____　　电话 Tel: _____
医疗单位（盖章）Medical Unit (Seal) _____

日期（年月日）Date (Y./M./D)

表 3-4　无陪伴儿童乘机申请表

5-02a 附表　无成人陪伴儿童乘机申请书（正面）
Unaccompanied Minor Application forms

乘机人信息 Minor's information:			
姓名 Name:	年龄 Age:	性别 Sex:	母语 Languages spoken:
住址 Permanent address:			
电话号码 Telephone no.:			
其他联系方式 Other contacts:			

航班详细资料 Flight details Information			
航班号 Flight no.	日期 date	自 from	至 to
航班号 Flight no.	日期 date	自 from	至 to
航班号 Flight no.	日期 date	自 from	至 to

始发站旅客送机人员(旅客亲属)信息 Person（relatives of passengers）seeing off on departure
姓名 Name:　　　　　　电话号码 Telephone no.:
地址 Address:

经停/中转站接送人员(旅客亲属)信息 Person（relatives of passengers）meeting and seeing off at stopover point
姓名 Name:　　　　　　电话号码 Telephone no.:
地址 Address:

到达站接机人员(旅客亲属)信息 Person（relatives of passengers）meeting on arrival
姓名 Name:　　　　　　电话号码 Telephone no.:
地址 Address:

到达站旅客接机人员（旅客亲属）签字 Signature for release of minor from airlines' custody

监护人申明 Declaration of parent guardian
1.　I confirm that I have arranged for the above mentioned minor to be accompanied to the airport on departure and to be met at stopover point and on arrival by the persons named. These persons will remain at the airport until the flight has departed and/or be available at the airport at the scheduled time of arrival of the flight. 我确定我已经安排妥当以上所提及的事务，未成人在始发站、经停/中转站和到达站由我所确定的人员接送。接送人将保证留在机场，直至飞机起飞以后，以及按照航班时刻表所列的航班到达时间以前抵达到达站机场。
2.　Should the minor not be met at stopover point or designation, I authorize the carrier(s) to take whatever action they consider necessary to ensure the minor's safe custody including return of minor to the airport of original departure, and I agree to indemnify and reimburse the carrier(s) for the costs and expenses incurred by them in taking such action. 如果未成年在经停/中转站和到达站无人接应和陪护，我授权承运人可以采取任何必要的措施，以确保未成年人的安全，包括将未成年人运输返回始发站，我同意支付承运人在采取这些措施时所产生的费用。
3.　I certify that the minor is in possession of all travel documents (passport, visa, health certificate, etc.) required by applicable laws. 我保证未成年人已具备相关国家法律要求的所有旅行文件（护照、签证、健康证明等）。
4.　I the undersigned parent or guardian of the above mentioned minor agree to and minor named above and certify that the information provided is accurate. 我作为申请书所列未成年人的父母或监护人签字同意，并证明所提供的情况正确无误。
签名 Signature:
地址 Address:
电话 Telephone no.:
日期 Date:

关于限制性乘客的类型和运输条件如表 3-5 所示。

表 3-5　限制性乘客的运输条件

类　　型		代　　码	运 输 条 件
盲人	无导盲人、有导盲人	BLIND	导盲犬应具备动物检疫证，佩戴口套和牵引绳索
聋人、聋哑人		DEAF	如带助听犬，条件同导盲犬乘客
孕妇	正常，<32 周		按一般乘客
	正常，32～35 周		办理乘机医疗许可
	>35 周，或有流产/早产先兆		不予承运
轮椅乘客	乘客能够自行上下飞机，在客舱内能自己走到座位上去	WCHR（R：Ramp 停机坪）	乘客自用轮椅需托运；WCHS 和 WCHC 限运 2 名
	乘客不能自行上下飞机，但在客舱内能自己走到座位上去	WCHS（S：Steps 台阶）	
	乘客完全不能走动，需他人协助才能进入客舱座位	WCHC（C：Cabin Seat 客舱座位）	
担架乘客		STCR	安排在经济舱后排，必须要有陪伴人员

二、偷渡者

（一）定义

机组人员应当在该乘客成为一个偷渡者之前判断其意图。如果一个人隐藏在任何分隔舱内，如厕所、衣帽间、行李箱内，均可被认为是偷渡者。

（二）处置方法

（1）立即报告机长。
（2）飞行前，终止该乘客的旅行。

三、遣返乘客

（一）定义

遣返乘客是指由国外或境外以乘客身份乘坐公司班机被强制遣返原居住国家或始发地的人员。公司实施遣返的乘客主要包括本国公民、外国人或无国籍人。

（二）范围

（1）偷渡乘客。
（2）非法滞留人员。
（3）在国外或中国居住、旅行、公务期间因为触犯所在国家的法律，被执法当局强行遣返回国或原居住地的人员。

（4）因为涉嫌在国内违法犯罪，为逃避法律处罚而迁居国外的人员。

（三）处置方法

（1）遣返乘客登机前，要与当地警方或公司驻外办事处办理交接手续，了解被遣返人员的情况，被遣返的原因、性质，被遣返人员所携带的物品。

（2）无身份证明的遣返乘客应由当地使领馆为其出具身份证明。

（3）遣返乘客的座位，应安排在靠近飞机后部位置。要加强必要的防范措施，随时注意他们在飞机上的情绪和举动，发现问题及时处理。

（4）由空警/安全员或主任乘务长/乘务长妥善保管被遣返人员的证件、材料，不得在飞机上交予被遣返人员，待飞机落地后，与移民局或边防局办理交接手续。

（5）飞机上有被遣返人员的航班，在移民局或边防局人员到达之前，机上乘客不应下机。

（6）飞机上有警卫对象或要客乘机，应弄清楚被遣返人员的情况，具有危险性的可以拒绝接受被遣返人员乘机。

四、犯罪嫌疑人

押送犯罪嫌疑人不得与要客同乘一架飞机；在同一个航班上不能同时押解 2 名具有危险性的犯罪嫌疑人。

押解人员乘机时不得携带武器，实行早登机、晚下机，避免对同机乘客造成不便。

押解人员必须确保犯罪嫌疑人没有携带武器、致人身伤亡药品、火具或其他危险物品，并确保犯罪嫌疑人始终处于控制之下。

被押送的犯罪嫌疑人乘机座位，应安排在客舱的后部；犯罪嫌疑人不能在飞机前舱、应急出口、客舱门口处就座。

对押解人员和犯罪嫌疑人均不得供应各种酒类、含酒精的饮料。犯罪嫌疑人用餐时，不能提供金属刀叉，搪瓷、玻璃、钢制餐具。

任何情况下，都不得将犯罪嫌疑人铐在座位或其他固定物体及客舱设备上。

任务三　其他特殊情况

一、拒绝运输

（一）拒绝运输的权利

航空公司有权根据判断拒绝承运乘客或乘客的行李，乘客有权退票。航空公司可对下列情况实施拒绝运输的权利：

（1）无票登机者。

（2）可能登错飞机者。

（3）违反《中华人民共和国民用航空安全保卫条例》，对飞机、乘客、机组可能造成安全威胁的乘客。

（4）其他在《中国国际航空公司国内乘客、行李运输总条件》和《中国国际航空公司国际乘客、行李运输总条件》中规定的公司有权拒绝承运的乘客。

（5）承运乘客或乘客的行李，违反了国家适用的法律、法规或命令。

（6）承运乘客或乘客的行李，可能危及或者影响其他乘客或者机组人员的安全、健康、便利或舒适。

（7）陌生人要求由乘客为其携带的任何行李或物品。

（8）乘客的精神或身体状况，包括乘客受酒精或药物的影响，使乘客可能对乘客本人、乘客、机组人员或财产造成危险或危害。

（9）乘客以前在航空运输过程中有过不良行为，并且承运人有理由相信此种不良行为仍有可能再次发生。

（10）乘客拒绝接受安全检查。

（11）乘客没有支付相应的票价、税款或费用等。

（12）乘客未能出示有效身份证件；或者乘客出示的有效身份证件与乘客购买电子客票时使用的不是同一证件。

（13）乘客的客票不是合法获得的，或不是从由航空公司或其授权销售服务代理人购买的，或是已挂失或被盗的，或是伪造的，或乘客不能证明自己就是客票上载明姓名的人。

（14）乘客未能遵守关于客票按顺序使用的规定，或者乘客出示的客票不是由航空公司或其授权代理人填开或更改的，或者客票已被损毁。

（15）乘客没有遵守航空公司有关安全或安保方面的指令。

（16）乘客未能遵守机上禁烟或使用电子设备的规定。

（17）乘客未能或拒绝遵守机组人员的指示。

（二）处置方法

（1）如果所有劝其放弃旅行的方法均告失败，地面工作人员或机长可以要求当地强制执法部门（机场公安局）要求乘客下机。如果乘客仍拒绝下机，将被指控为非法侵入，并且由强制执法部门带走该乘客。

（2）如果在航班中出现乘客由于上述任何原因被拒绝运输的情况，航班结束后，主任乘务长/乘务长应当提交事件报告给客舱服务部门。

二、无签证过境

（一）定义

无签证过境不是犯罪，只是路过一个无签证的国家。
（1）可以无人陪伴旅行。
（2）除非要换飞机，可以在所路过城市不下飞机。

（二）交接责任

（1）离港时，由公司负责接收和转运无签证过境人员。

（2）空警/安全员或主任乘务长/乘务长保管无签证人员的相关材料。

（3）落地后空警、安全员、主任乘务长/乘务长应将他们的材料袋交给移民局工作人员。

三、醉酒

酒醉乘客会在一定程度上影响和威胁飞行安全，乘务组应视情况做好醉酒乘客的管理工作，防止其干扰飞行安全的行为（见图3-1）。

图3-1　醉酒乘客影响飞行安全（智学VR全景视频）

（1）如果一乘客登机时显示醉态或在麻醉品作用影响下，干扰了机组工作，危及乘客、机组人员的安全，应通知机长和地面值班人员。地面值班人员或机长应当协作并把握事态，采用任何认为是必要的措施，包括劝其下机。

（2）如果一乘客显示醉态或在麻醉品作用之下且发生在飞机推出之后，应立即通知机长，并由机长来决定是否滑回、劝其离机。如飞机返回登机口，通知地面值班人员处理该乘客的离机以及以后事宜。需开门时，执行舱门再次开启程序。

（3）如一乘客在起飞后显示醉态或在麻醉品作用下，应立即通知机长。用礼貌而坚决的态度处理，并特别注意避免身体冲突。主任乘务长要在机长的指示下采取措施。记录事件全过程，采集证据并将此事件报告机长。

（4）飞机到达目的地后，客舱乘务员应向公安人员或其他官员讲明该乘客的情况，如需要，提供相关证据材料。主任乘务长/乘务长应及时填写《机上紧急事件报告单》，并报请机长签字。

四、机上动物运输

（一）动物押运管理者进入主货舱

（1）动物押运管理者经机长、主任乘务长允许后，在客舱乘务员陪同下，方可进入主货舱。

(2) 进入主货舱的动物押运管理者最多 2 人。

(3) 动物押运管理者在起飞和着陆过程中不允许停留在主货舱。

(二) 勤务动物

勤务动物是指帮助障碍性乘客的犬、猴子、警犬或救援犬，这类动物是免费运输的（见图 3-2）。

图 3-2　勤务犬

(1) 障碍性乘客必须出示有效的文字证明材料。

(2) 勤务动物必须适当地系好绳索。

(3) 勤务动物应安排在窗口座位，不能安排在出口座位和走廊通道处。

五、要求冷藏药品

原则上乘客要求冷藏的药品应自行保管。

乘客在航班中要求冷藏药品，可将之放入盛有冰块的塑料袋内，但绝不能将药品冷藏于厨房区域，特别是冷藏柜、冰柜或餐车中。

六、更换座位

为了飞行安全，飞机起飞前客舱乘务员不得随意允许任何人调换座位，特别是大面积的调换，以避免飞机配平失调。

在飞行中如有空余座位，经客舱乘务员允许，乘客可以更换座位，但着陆前客舱乘务员应要求乘客回到原座位。

七、警卫人员携带枪支

执行国家保卫对象和重要外宾保卫任务的警卫人员及警卫人员为执行警卫任务单独往

返时，可由本人采取枪、弹分开的办法随身佩带枪支、弹药，乘坐民航班机。外方警卫人员在没有中方警卫人员陪同乘坐境内民航班机的，应当将枪、弹分离并交由机组保管。

在国内机场，佩带枪、弹乘机的警卫人员的信息由机场安检部门通过《携枪警卫人员乘机通知单》（见图3-3）通知机组，机长在通知单上签字，并将相关信息通知乘务长、空警、安全员，机组无须对警卫人员的证件或枪弹进行查验。

图3-3　携枪警卫人员乘机通知单

机组需在登机前告知警卫人员必须保管好其武器，不得将武器放在行李箱内，并自行做好枪、弹分离，除非机长请求他们的帮助，否则不得干涉飞行中的任何事件。

在安排好警卫人员的座位后，乘务长应将警卫人员的座位告知机长，乘务组严禁向警卫人员提供含酒精饮料。

知识巩固

技能强化

技能强化训练任务单 3-1　客舱系统航线检查（安全管理）

1. 任务描述

航线：北京—西安。机型：B737-800。全体乘务组按照客舱服务职责分工，协同进行安全检查和安全演示，并口头说明颠簸管理、锂电池管理、安全警示带使用和 96 号文件规定内容。

2. 任务要求

以 4～6 人为乘务组单元，根据任务描述情况进行安全演示，动作整齐一致，乘务员进行起飞前的安全检查，做到顺序正确、无遗漏。口头说明内容可分别说明。

3. 训练标准

任　务	内　容	标　准
安全检查	客舱安全检查内容无遗漏，检查遵循由下至上的顺序	顺序：脚踏板→安全带→小桌板→座椅靠背→遮阳板→行李架→电子设备→行李物品和浮动物品
	行李检查	旅客手提行李在行李架内，或推入带有防侧滑装置的座椅下面；放在旅客座位上的手提行李，必须经过固定并获得机组认可
颠簸管理	轻度颠簸	落实安全检查，当面向旅客提醒
	中、重度颠簸	立即停止服务程序，按安全规定进行客舱广播，颠簸停止后进行安全检查
安全演示	按照广播词进行安全演示	播放安全演示时不可做与安全无关的服务工作，进行出口指示前，乘务员应整齐就位，指示安全出口的位置一致，规范有力；人工做安全演示的动作整齐一致
锂电池管理	确保乘客和乘务组落实锂电池的管理规定	参照《关于加强旅客行李中锂电池安全航空运输的通知》
安全警示带	正确使用安全警示带	在地面延误和餐饮服务期间，且厨房区域无人监管时正确使用安全警示带
96 号文件落实	各航线严格按照 96 号文件规定的服务起止时间开展服务工作	在飞机起飞后 20 分钟和落地前 30 分钟，客舱乘务员不得从事与客舱安全无关的工作，只能履行安全职责

注：本任务单参照《1+X 空中乘务职业技能等级标准》制定，非考签，仅供训练参考。

 拓展思考

有的朋友会问："作为一名乘客，坐在狭小拥挤的客舱里，我能为飞行安全做什么？"

其实，航空安全涵盖了很多内容，而增加对飞行知识的了解和文明乘机，就是乘客对飞行安全最大的支持。在很多方面，乘客是飞行安全的亲历者和参与者。

在国外的航班上，有乘客发现飞机地图显示的航迹和目的地不符，于是通知了机组。原来是飞行员输错了航路，这位乘客帮助飞行员避免了一次飞机飞错目的地的事件。有乘客观察飞机发动机的火焰，看到飞机漏油，油点喷洒到了飞机客舱舷窗上；也有乘客观察到了飞机机翼缺失，听到了异常的起落架声响。他们将观察到的情况通知了机组，避免了多次飞机重大事故的发生。乘客的警惕和专业，让飞行安全又多了一层保障。

乘客参与飞行安全是隐形的。人们只看到机组和航空公司显性的飞行安全，但忽略了乘客对飞行安全的感受。航空服务行业现阶段过于关注乘客对服务的感受，而忽视了他们对安全的了解和掌握。所有乘客积极地参与飞行安全，是飞行机组保证飞行安全最强大的后盾。文明乘机、安全出行、保持警惕、相信机组，是乘客对飞行安全最大的支持。

模块二 应急处置

项目四 应急设备

【学习目标】

知识目标：了解客舱舱门、撤离滑梯、翼上紧急出口分布及操作方法；了解客舱应急设备的种类，掌握应急设备的位置、数量及原理。

能力目标：熟练掌握客舱应急设备的航前检查项目，能完成客舱应急设备的航前检查；熟练掌握客舱应急设备的使用方法，能正确使用灭火器、氧气设备、救生设备等。

素养目标：培养应急设备检查的风险管控意识；加强应急设备安全管理工作的责任心。

【思政导读】

飞机起飞时的安全演示是为了确保乘客在紧急情况下能够正确采取行动，最大限度地保证乘客的安全。在飞行过程中，飞机可能会遇到各种紧急情况，如失火、失去控制、机械故障等，因此乘客需要了解在这些情况下如何采取正确的行动，以最大限度地减少伤害和事故的发生。

埃塞俄比亚航空961号班机，是埃塞俄比亚航空从埃塞俄比亚首都亚的斯亚贝巴国际机场飞往肯尼亚首都内罗毕乔莫·肯尼亚塔国际机场的一班定期航班。1996年11月23日，该班机在飞行途中被三名寻求政治庇护的埃塞俄比亚人劫持，劫机者闯入驾驶室后先把副机长打伤，然后要求把飞机开到澳大利亚，机长则曾尝试向劫机者解释因为燃料不够，飞机会在中途坠毁，但劫机者显然并不相信。机长曾与航空管制中心联络，航管人员亦曾尝试告诉劫机者飞机会在海上坠毁，但劫机者拒绝谈判。所以机长没有向澳大利亚航行，只是一直沿非洲的海岸线航行。在接近科摩罗的印度洋时飞机因燃料耗尽坠毁，机长把飞机在水面急降前，曾以广播指示乘客穿上救生衣，并不要充气（在海中迫降时提前给救生衣中充气，会让乘客在水中自救时卡在出口），但前有劫机，后有迫降，乘客们太慌张了，很多人自顾自地给救生衣充了气。当时科摩罗群岛的游客目睹了埃塞俄比亚航空961号飞机坠毁的全过程。飞机以370千米/小时的速度撞击水面，并在第3次撞击时机身断成数截。飞机入水后，海水从裂口涌入机舱。此时很多预先给救生衣充了气的乘客，被迅速顶到尚未淹水的空间，导致他们无法接近逃生口。部分乘客则因没有及时解开安全带，被永远地困在了座位上。机上175名乘客和机组人员中，有125人遇难。

通过安全演示，乘务人员可以向乘客介绍安全设备的使用方法，如氧气面罩、救生衣、安全带等，并告诉他们在紧急情况下如何采取行动。这些演示动作有助于乘客了解在紧急情况下如何快速采取行动，并确保他们在飞行过程中保持警觉和准备。

任务一　常规应急设备

一、应急出口

B737飞机应急出口主要分为地板高度出口和应急窗。乘客上下飞机及客舱服务通常使用的舱门位于飞机的前部及后部，称为"A"形门。通常左侧舱门用于正常的乘客进出，右侧舱门作为厨房和服务门使用。客舱应急出口位于机翼后，仅用于应急撤离，称为"I"形门。

两种出口在结构和操作上是相似的，皆可由内手柄或外手柄开启。每扇门上的圆形窗可用于观察飞机外部。每个门配有相应的撤离逃生设备。在撤离时所有门都可用作应急出口。每个门附近有一个专用辅助空间，它位于乘务员位置和门槛之间。当应急撤离时，乘务员抓住辅助手柄将自己置于专用辅助空间内，以确保不会挡住出口。

（一）"A"形门

1. 结构与作用

"A"形门结构和作用如图4-1所示。其中序号1~9所对应结构如下：

（1）舱门门板。
（2）红色警示旗。
（3）辅助手柄：拉舱门之用。
（4）观察窗：可用于观察飞机外部情况。
（5）舱门操作手柄。
（6）滑梯气瓶压力表：舱门滑梯充气压力表必须指示绿色区域，如果压力指针在绿区外，系统将不能使用。
（7）滑梯包。
（8）滑梯挂钩。
（9）地板支架。

图 4-1　B737 门区结构

2. 手柄位置（见图 4-2）

地板支架
滑梯杆
人工充气手柄
快速释放手柄

图 4-2　手柄位置

人工充气手柄的位置：位于滑梯顶部右侧。其英文标示：Inflate Handle。
快速释放手柄的位置：位于滑梯顶部。其英文标示：Release Handle。

3. 舱门正常情况下操作方法（见图 4-3）

（1）开门操作如下：

- 确认滑梯杆在舱门挂钩上（解除预位）。
- 确认舱门外无障碍，将警示旗横放。
- 旋转操作手柄至其反方向 180°（逆时针旋转门把手）。
- 向外推至与机身平行，直至门被阵风锁锁住。
- 交叉复检。

图 4-3 舱门操作（智学 VR 全景视频）

（2）关门操作如下：
- 按下阵风锁。
- 将舱门往回拉至正确位置，确认舱门外无障碍。
- 旋转操作手柄至其反方向 180°（顺时针旋转门把手）。
- 确认滑梯杆在舱门挂钩上（预位）。
- 将警示旗斜放。
- 交叉复检。

（二）"I"形门

一架飞机有多个应急撤离出口，B737-800 除舱门外，机身两侧机翼上方各有 2 个紧急翼上出口（见图 4-4），每个出口配有一根逃离绳。翼上紧急出口由具有 28 瓦直流电的飞行锁系统锁住。

1. 操作方法

向下拉动翼上应急出口的红色手柄，即开启翼上出口装置，翼上出口会自动打开。

2. 逃生绳

逃生绳装在每个紧急出口门框的上方，绳子一端连在门框上，其余部分储藏在管中，管子延伸到客舱天花板上。翼上紧急出口必须打开，才能露出逃生绳。使用时，将绳子从管子中拉出，连接在机翼表面的圆环上。

图 4-4 翼上出口

二、安全带

安全带是安装在座椅上的一套安全设备。

（一）安全带分类

1. 成年人安全带

成年人安全带是指供正常的成年人使用的安全带。

2. 婴儿安全带

婴儿安全带是指两岁以内婴儿的安全带（见图 4-5）。其用法就是将婴儿安全带穿过成年人安全带上的环内并系好。

图 4-5 婴儿安全带

3. 加长安全带

加长安全带是为延长安全带长度而接在现在座椅安全带上的一条带子,专门供给标准座椅安全带长度不够用的乘客。

4. 客舱乘务员的安全带

客舱乘务员的安全带由安全带和肩带组成。飞机在起飞、滑行、落地及信号灯亮后期间,都应系好安全带和肩带。

(二) 安全带使用方法

当飞机起飞、着陆和飞行中遇到颠簸以及"系好安全带"指示灯亮时,应将安全带扣好系紧。解开时,先将锁口打开,然后拉出连接片(见图4-6)。

图4-6　安全带使用方法

三、应急照明

(一) 应急手电筒 (flash light)

应急手电筒(见图4-7)是在紧急情况下供机组人员指挥、搜索、发布求救信号时用的。应急手电筒可直接从储藏位置的支架上取下,灯自动发光,通常可以持续使用4.2小时以上。它在使用过程中无法关闭,除非将断路开关镶嵌入支架,使之复位,否则电池将被耗尽。

图 4-7　应急手电筒

1. 使用方法

从储藏位置取下后，它会自动发光。

2. 使用时间

使用约 4.2 小时。

3. 飞行前检查

确认应急手电筒在指定位置并固定好；确认检查灯光，电源显示灯 3～5 秒钟闪烁一次。如果时间间隔太长，超过 10 秒钟才闪烁一次，可能是没有电了，需要通知地面机务人员更换；应急手电筒只能在非正常情况下使用。

（二）应急灯（emergency light）

1. 使用方法

（1）自动方式。

当驾驶舱内应急灯开关放在"Armed"位置时，所有的应急灯在飞机电源失效后自动连接，可以使用 12～20 分钟。

（2）人工方式。

当驾驶舱内应急灯开关放在"ON"位置时，所有的应急灯都会亮；当客舱乘务员控制面板上的应急灯开关放在"ON"位置时，所有的应急灯都会亮，并可超控驾驶舱。通常情况下是放在"Normal"的位置。

2. 飞行前检查

测试所有应急灯在正常工作状态。

四、麦克风

麦克风为红色，内含一个贮存式电池（见图 4-8），用于在紧急情况下舱内和舱外的指挥。

应确保在飞机上装有便携式电池麦克风。60～100 乘客座椅的飞机应配有两个麦克风。多于 100 乘客座椅的飞机应配有两个以上麦克风。

项目四 应急设备

图 4-8 麦克风

使用方法：按下讲话开关；将麦克风靠近嘴部讲话；根据声音调节音量。注意：不要用喊话筒对着机身讲话，避免音量过大。

任务二 灭火设备

一、手提式海伦灭火瓶

（一）适用范围

手提式海伦灭火瓶（见图 4-9）适用任何类型（A、B、C、D 类）的火灾，最适用于油脂类、电器类的失火。

类型1

类型2

类型3

图 4-9 手提式海伦灭火瓶

（二）飞行前检查

1. 类型 1

（1）在指定位置并固定好。

71

(2）安全销是在穿过手柄和触发器的适当位置，并由铅封封好。

(3）压力表指针指向绿色区域。

2. 类型 2

(1）在指定位置并固定好。

(2）保险在固定位（显示红色圆点）。

(3）保险盖处于关闭位。

3. 类型 3

(1）在指定位置并固定好。

(2）黑色安全手柄在位，铅封完好。

(3）压力表指针指向绿色区域。

（三）使用方法

1. 类型 1

(1）垂直握住瓶体。

(2）快速拔下带环的安全销。

(3）握住手柄和触发器，将灭火瓶距离火源2～3米，喷嘴对准火源底部边缘。

(4）压下顶部，由外向里做圆圈状喷射。

(5）喷射时间：10秒。

2. 类型 2

(1）打开保险盖。

(2）喷嘴对准火源底部边缘，保持2～3米的距离。

(3）握住激发手柄，喷向火的底部边缘。

(4）喷射时间：7秒。

3. 类型 3

(1）按下黑色安全手柄。

(2）垂直握住瓶体。

(3）握住手柄和触发器，将灭火瓶距离火源2～3米，喷嘴对准火源底部边缘。

(4）移动灭火瓶喷向火的底部边缘。

(5）喷射时间：10秒。

（四）注意事项

(1）手提式海伦灭火瓶喷出的是雾（但很快被气化了），而这种气化物是一种惰性气体，可以隔绝空气使火源熄灭。当表层的火被扑灭后，里层仍有余火，应随后将火区用水浸透（电器失火则禁用）。

(2）瓶体不要横握或倒握。

(3）不能用于人身上的火灾，以免造成窒息。

二、水灭火瓶

水灭火瓶（见图 4-10）分为轻型手提式水灭火瓶和 16 磅重型水灭火瓶。

图 4-10　水灭火瓶

（一）适用范围

水灭火瓶适用于一般性火灾的处理（A 类），如纸、木、织物等。

（二）使用方法

（1）垂直握住瓶体。
（2）向右转动手柄。
（3）喷嘴对准火源底部边缘，保持离火源 2～3 米的距离，按下触发器。
（4）移动灭火瓶喷向火的底部边缘。
（5）喷射时间大约 40 秒钟。
16 磅灭火瓶的使用方法与手提式海伦灭火瓶类型 1 相同。

（三）注意事项

（1）不能用于电器和油类火灾。
（2）瓶体不要横握和倒握。
（3）瓶内装有防腐剂，不能饮用。

（四）飞行前检查

（1）在指定位置并固定好。
（2）铅封处于完好状态，无损坏。

16 磅灭火瓶的检查方法与手提式海伦灭火瓶类型 1 相同。

三、16 磅海伦灭火瓶

(一) 适用范围

16 磅海伦灭火瓶（见图 4-11）适用于任何类型（A、B、C、D 类）的火灾，最适用于电器和油脂类失火。

图 4-11　16 磅海伦灭火瓶

(二) 使用方法

（1）从固定架上取下灭火瓶。
（2）握住手柄，保持瓶体直立。
（3）拔下安全销。
（4）用力按下顶部触发器。
（5）喷嘴对准火源底部边缘，保持 2～3 米的距离。
（6）按下喷嘴触发器喷射。
（7）喷射时间大约 12 秒。

(三) 注意事项

（1）此类灭火瓶一般用于大面积失火和机内货仓失火。
（2）其他与手提式海伦灭火瓶相同。

(四) 飞行前检查

（1）在指定位置并固定好。
（2）安全销插好，铅封完整。

四、防护式呼吸装置（PBE）

防护式呼吸装置适用于排烟和封闭区域内的灭火，客舱乘务员可以戴防护式呼吸装置来保护眼睛和呼吸道。

防护式呼吸装置的氧气供给是靠防护式呼吸装置上的化学氧气发生器提供的，拉动触发拉绳后，发生器中的化学元素发生了化学反应并释放热量，产生氧气。

（一）使用时间

使用时间平均为 15 分钟（呼吸快时可能有灰尘感和咸味，时间相对要短一些）。

（二）防护式呼吸装置的特点

戴上面罩后可以通过面罩前部的送话器与外界联系。

当氧气充满面罩时，面罩应为饱满的状态，当氧气用完后，由于内部压力减小，面罩开始内吸，应学会辨别这种状况。

（三）防护式呼吸装置类型

（1）A 型防护式呼吸装置（见图 4-12）。

图 4-12　A 型防护式呼吸装置

（2）B 型防护式呼吸装置（见图 4-13）。

图 4-13　B 型防护式呼吸装置

(3）C 型防护式呼吸装置（见图 4-14）。

图 4-14　C 型防护式呼吸装置

(4）D 型防护式呼吸装置（见图 4-15）。

图 4-15　D 型防护式呼吸装置

（四）飞行前检查

（1）确认防烟面罩固定在指定的位置。
（2）确认包装盒未被打开。
（3）捆扎带完整。

（五）使用方法

上述四种防护式呼吸装置使用方法见表 4-1。

表 4-1 防护式呼吸装置使用方法

型号	操作及注意事项
A型	打开 PBE 储存盒，从盒内取出包装并撕去袋口封条； 从包装内取出 PBE。 掌心相对伸入橡胶护颈内用力向两边撑开，观察窗面向地面从头部套下。 将长头发或辫子放在头罩内，将袋子扣好。 向下拉氧气发生器，使 PBE 开始工作。 移动送话器，使面罩与口鼻完全吻合。 在远离火焰和烟雾的安全处才可以取下 PBE 面罩。 用双手将靠近观察窗下角的金属片向前推动，松下调节袋。 双手由颈下插入面部，向上拉起 PBE 取下
B型	拉塑料盒盖上的红色把手，去除塑料盖。 确定内包装上的红色标垫，用力撕掉，打开真空包装。 双手放入橡胶护颈，用力向两边撑开，观察窗应面向地面方向。 头向前倾，将 PBE 的护颈套入，用双手保护两侧脸颊及眼镜，使之完全遮挡面部。 双手向前，向外用力拉动调节袋，并使装置启动。 双手抓住带子头，用力向后拉带子，确保里面的面罩罩在口鼻处，且面颊被覆盖。 如需调整眼镜，可隔着外罩进行，不要将手伸入罩内调节。 确定衣领没有被夹在护颈内，头发已完全在护颈里面，放下 PBE 的后颈盖布，使它盖住衣领，并处于肩上部。 注意事项：当拉动调节带后若无氧气流出，再用力重复一次，否则取下面罩
C型	PEB 装在一个盒装的真空小袋子里，盒子打开后，从真空包装袋中取出 PEB。 戴上环形面罩，就释放出使用者所需的氧气，使用者能听到一点轻微噪声。 噪声停止时，面罩不应再被使用。 该设备工作期间显示器为绿色，变为红色时该设备不再工作，立即取下 PBE
D型	从储物盒中取出 PBE。 拉下红色带子并从袋子中取出 PBE。 拉下启动环，听到释放气声后开始使用。 低下头，用拇指抓住橡胶护颈的洞，将下巴送入洞内，然后将面罩罩在面部。 用力向下拉面罩直到额部头带与额头紧贴在一起，用手将颈部和橡胶护颈之间的所有头发和衣服移开，确保橡胶护颈完全紧贴颈部。 正常情况下面罩内产生气流声响，声响停止后，立即离开危险区，然后取下面罩

(六) 注意事项

(1) 必须在非烟区穿好。

(2) 头发必须全部放进去，衣领要离开密封胶圈。

(3) 当呼吸困难时，可能是氧气用完或穿戴不当。

(4) 当头部有热感，面罩开始内吸时，使用时间已到，离开火源，应迅速到安全区摘下面罩。

(5) 如果戴着眼镜使用，戴好后要在面罩外面整理眼镜位置。

(6) 当观察窗上有水汽和雾气时迅速取下防护式呼吸装置。

（7）取下面罩后，因为头发内残留有氧气，不要靠近有明火或火焰的地方，要充分抖散头发。

五、卫生间灭火系统

烟雾报警装置可以及早发现突发的火情并自动发出警报。卫生间灭火系统包括烟雾报警系统和自动灭火系统两部分。

（一）烟雾报警系统

烟雾报警系统（见图4-16）可以及早发现突发的火情并自动发出警告，它包括烟雾感应器和信号显示系统。烟雾感应器安装在卫生间内顶部，当卫生间内的烟达到一定浓度时，通过它的感应装置传给信号显示系统。

图4-16 烟雾报警系统

当洗手间内的烟达到一定浓度时，探测器将自动启动，洗手间内的报警扬声器会自动发出连续不断的"叮咚"报警声，同时洗手间门外壁板上的红色报警指示灯闪亮，在前乘务员控制面板及后乘务员显示面板处的"SMOKE LAV"灯亮，位于客舱天花板上的区域呼叫显示灯的黄色灯亮。当需要关断信号系统时，按下感应器侧面的按钮，即可截断声音、关闭指示灯，再次感应烟雾情况。主任乘务长登机时要检查主控板显示灯状态，各舱位负责洗手间的乘务员要检查烟雾报警器无任何覆盖物，待命状态良好。

烟雾报警器在正常工作时，有一个绿色的能量指示灯亮；如果此灯不亮，代表烟雾报警器不能正常使用。此时如果在地面，乘务员要填写《客舱记录本》，报告机长，通知维修人员进行维修；如果在空中，乘务员要检查洗手间垃圾箱有无火情，并锁上该洗手间，贴上"不能使用"标签，并填写《客舱记录本》。

（二）自动灭火系统

1. 位置

每个卫生间的盆池下面都有一个自动灭火装置（见图4-17），里面包括一个手提式海伦灭火瓶和两个指向废物箱的喷嘴,当达到很高的温度时,两个喷嘴向废物箱内喷射海伦灭火剂。

图 4-17　自动灭火装置

2. 工作原理

通常情况下温度显示器为白色,两个喷嘴用密封剂封死,当环境温度达到 77~79℃ 时,喷嘴的密封剂会自动溶化,灭火器开始喷射,当灭火剂释放完毕后,喷嘴尖端的颜色为白色。

（三）使用时间

喷射时间为 3~15 秒。

（四）飞行前检查

检查温度指示器是否为白色圆点,如果不是,报告机长和地面机务人员。

（五）飞机起飞前

乘务组尽快完成"安全须知"录像播放和客舱安全检查,之后主任乘务长/乘务长通过内话系统通知飞行机组"客舱准备完毕",机长决定起飞前必须确认上述信息沟通完成,并给客舱起飞信息。

任务三　氧气设备

一、氧气面罩

氧气面罩是在客舱释压紧急情况时为乘客及客舱乘务员提供氧气的工具,当座舱高度达到 14 000 英尺（约 4200 米）时,氧气面罩储藏箱的门自动打开,氧气面罩会自动脱落。

（一）位置分布

乘客氧气面罩位于每一排乘客座椅上方氧气面罩储藏箱内和洗手间马桶上方及客舱乘

务员座椅上方。如 B737-800 飞机，每一排的氧气面罩数量多于座椅数量 2 个；每个客舱乘务员座椅上方有 1 个；洗手间马桶上方有 2 个。

（二）供氧方式

氧气面罩的氧气由氧气面罩储藏箱内的化学氧气发生器提供。氧气面罩储藏箱的门可以通过三种方式打开。

1. 自动方式

当客舱释压后，氧气面罩储藏箱的门自动打开，氧气面罩自动脱落。

2. 电动方式

当自动方式失效，或在任何高度，由机组操作驾驶舱内的一个电门，氧气面罩储藏箱的门也可以打开，氧气面罩自动脱落。

3. 人工方式

当自动和电动方式都无法打开氧气面罩储藏箱的门时，可用人工方式，客舱乘务员可以使用尖细的物品，如笔尖、别针、发卡等，打开氧气面罩储藏箱的门，使氧气面罩自动脱落。

（三）氧气面罩结构（见图 4-18）

图 4-18　氧气面罩结构

（1）化学氧气发生器。
（2）化学氧气组件安装盒及盖子。

(3)系紧绳。
(4)供氧软管。
(5)氧气面罩。
(6)氧气储存袋。
(7)流动指示器。
(8)柔性供应软管。
(9)颜色指示器。

(四)使用方法(见图 4-19)

图 4-19 氧气面罩使用方法

(1)当氧气面罩脱落后,用力拉下面罩。
(2)将面罩罩在口鼻处。
(3)把带子套在头上。
(4)进行正常呼吸。

(五)注意事项

(1)每一排乘客的人数不得超过氧气面罩的数量。
(2)氧气面罩只有在拉动面罩后才开始工作,拉动一个面罩可使该氧气面罩储藏箱内所有的面罩都有氧气流出。
(3)化学氧气发生器工作时不要用手触摸,以免烫伤。
(4)氧气面罩不能做防烟面罩使用,不要将使用过的氧气面罩放回储藏箱内。

(六)使用时间

氧气流动时间为 12 分钟,不能关闭。

二、手提式氧气瓶

手提式氧气瓶主要在飞行中应急情况下使用，用于在飞机座舱内游动医疗救助，每一个氧气瓶都是一个独立的氧气系统。手提式氧气瓶多是高压氧气瓶，在 70 °F 时其充气压力可达到 1800 PSI（磅力/平方英寸）。

（一）手提式氧气瓶结构

手提式氧气瓶结构如图 4-20 所示。

图 4-20　手提式氧气瓶结构

氧气瓶上有压力表，显示氧气瓶的压力，同时也显示了氧气瓶内的氧气量。关断活门用于控制高压氧气瓶头部连接组件。氧气瓶头部连接组件内有压力调节器，可以调节供往氧气面罩的压力和流量。开关活门顺时针方向转动是关断，逆时针方向转动是打开。只有插入氧气面罩接头才会有氧气流到氧气面罩。

氧气瓶的使用时间受三个因素影响：氧气瓶的标定压力、氧气瓶的容量、供氧时高度。不同机型的手提氧气瓶容量是不一样的，氧气瓶容量分别为 311 升、310 升和 120 升三种。

（二）供氧方式及使用时间

（1）311 升的氧气瓶使用高流量出口（HI），流量为每分钟 4 升，使用时间 77 分钟；使用低流量出口（LO），流量为每分钟 2 升，使用时间 155 分钟。

（2）310 升的氧气瓶使用高流量出口（HI），流量为每分钟 4 升，使用时间 77 分钟；使用低流量出口（LO），流量为每分钟 2 升，使用时间 155 分钟。

（3）120 升的氧气瓶使用高流量出口（HI），流量为每分钟 4 升，使用时间 30 分钟；使用低流量出口（LO），流量为每分钟 2 升，使用时间 60 分钟。

（三）使用方法

（1）检查氧气瓶、压力表指针在 1800 PSI 为正常（红区）。
（2）插好面罩。

(3) 打开供氧开关。

（四）注意事项

(1) 氧气面罩要完好，使用前要进行消毒清洁。
(2) 避免氧气与油或脂肪接触，擦掉浓重的口红或润肤油。
(3) 开氧时速度要慢，边开边询问乘客的感觉，直到乘客感觉合适。
(4) 肺气肿患者要使用低（LO）流量。
(5) 氧气用到 500 PSI 时，应停止使用，便于紧急情况下机组、乘务员使用。

任务四　撤离救生设备

一、应急撤离滑梯

（一）应急撤离滑梯结构

应急撤离滑梯在紧急情况时提供乘客和机组人员快速撤离，由充气组件（滑梯体）、滑梯气瓶和充气系统组成。逃离滑梯为双气室构造，本体由涂有氯丁烯橡胶的卡布龙纤维制成，另外有一层铝涂层提供热辐射防护。表层材料为高强度尼龙纤维，在外表面涂有氨基甲酸乙酯涂层（见图 4-21）。

图 4-21　应急滑梯

滑梯气瓶充气压力为 3000 PSI，所充气体为二氧化碳和氮气的混合物。充气阀门和压力调节器安装在气瓶上。引射器装在滑梯上，通过气瓶高速气流的引射作用将外界空气大量吸入滑梯。在逃离滑梯末端有一串白炽灯泡，为夜间撤离时提供照明。照明系统由电瓶供电，在滑梯充气过程中自动激活点亮。

飞机起飞前，乘务员将系留杆（又称为束缚杆）从舱门上的存储挂钩中取出，并安装到地板挂钩上。飞机紧急着陆时，可像平常一样打开舱门并在完全打开前不要停顿。当打开舱门时，系留索组件使滑梯包从滑梯护盖中跌落。随着滑梯包的落下，它将启动滑梯充气。如果逃离滑梯不能自动充气，快速拉动充气手柄利用人工给其充气。要从飞机上拆下逃离滑梯，抬起护盖挡板后拉动系留索并松开手柄。逃离滑梯应定期检查充气压力，并且充气试验还应检查活门工作情况及有无切口撕裂、刺破等现象（见图4-22）。

图 4-22　滑梯结构

（二）滑梯操作

（1）陆地撤离时：
① 确认机门滑梯在待命状态。
② 打开机门，滑梯自动充气。
③ 充分拉出人工充气手柄。
④ 挡住可能涌来的乘客，滑梯充气需要5秒。
⑤ 充气完毕，开始撤离。

（2）水上撤离时：

滑梯与机体分离，掀开地板与滑梯连接处的盖布并拉出断开手柄；割断系留绳，使之与机体完全脱离。

二、救生船

救生船又称救生筏。当飞机在水上迫降时，机组人员和乘客撤离飞机后，可登上多人救生船进行生存自救，有效延长机组人员和乘客的水上生存时间。救生船由两个互相独立的充气囊构成。为了使目标明显、便于寻找，船体采用两层橙黄色涂胶绢绸制成（见图4-23）。充气系统由气瓶、充气活门、充气软管和引射泵构成。

图 4-23　橙黄色圆形救生船

（一）作用

在紧急情况下可能会出现滑梯救生筏不能全部释放，导致撤离人员数量大于实际滑梯救生筏载量的情况发生，因此在所有具备延伸跨水运行能力的飞机上配备救生船。

（二）性能

圆形救生船重量，每只 103 磅（1 磅=0.454 千克）；圆形救生船载量，每只船载容量 46~69 人；救生船主要包括充气救生船、充气组件、救生包和聚氨酯尼龙包装，救生包内叠放着天篷；救生船无须打开尼龙包装，但必须拉动充气手柄后救生船才开始充气。

（三）充气时间

B737 机型的可移动救生船的充气时间为 30 秒。

（四）操作方法

（1）从行李架上抬出圆形救生船，可 2 人一前一后抬走，也可抓住任意一端拖拽移动。

（2）搬动圆形救生船时，须将绳扣一侧向上，并小心红色把手，以防在客舱内充气。

（3）将圆形救生船搬至出口处，在救生船的一头，揭开红色盖布，拉出白色绳子。将系留绳另一端固定在客舱任一固定的部件上（如机门辅助把手、乘客座椅档杆等），在应急窗口使用时，可把圆形救生船的系留绳系在救生绳上，然后一手握住 D 形环充气手柄（见图 4-24），将救生船投入水中（救生船外包装不必卸下，直接把救生船投到水中）。

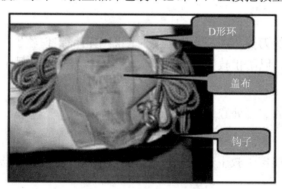

图 4-24　救生船充气手柄部分

（4）让圆形救生船漂离飞机一段距离，系留绳绷紧时，猛拉充气手柄使救生船充气。

（5）在应急出口使用时，须把圆形救生船掷离机翼前缘，以避免其被金属件和机翼划破。

（6）乘客上船完毕后，解开连接绳或用小刀割断连接绳。

（7）使救生船远离飞机。

（五）附件

救生船上包含多种附件，可供水上生存使用（见图 4-25）。

图 4-25 救生船附件

1. 说明书

说明书为防水、防腐设计，存放于救生筏前端右侧。

2. 刀具

存放于系留绳旁的刀具，用于水上迫降时割断系留绳，使救生筏与飞机脱离。该程序应在撤离完成后进行，以防止救生筏接触到尖锐的金属残片或被溅出的燃油侵蚀。

3. 登筏处

应从救生筏两端的登筏处登上救生筏。

4. 救生环

救生环使用缆绳连接于救生筏左侧的尾部。该救生环主要用于援救落水者并将各救生筏连接在一起。

注意：用布包裹缆绳以防筏身受损。

5. 救生索

位于救生筏外部两侧的红色绳索，用于提供落水者漂浮时攀牵用，直至由登筏处上筏。

注意：避免由筏两侧上筏，以防筏翻侧。

6. 海锚

海锚是小型伞状尼龙织物，用缆绳连接筏的左侧尾部，用于减少救生筏漂流与漂荡，将其停泊在迫降处附近，便于营救。

注意：抛海锚时应在救生筏逆风侧，用布包裹缆绳以防筏受损。

7. 发射器固定点

救生筏左、右侧前端的发射器固定点用于固定应急定位发射器,防止其随波逐流。

8. 定位灯

定位灯使用水驱动电池供电,安装于登筏处附近,可帮助营救人员在夜间或能见度很低的环境下识别救生筏。

9. 人工充气泵(充气阀门与接头)

人工充气泵用于救生筏气囊充气。使用时,打开充气阀门,将接头连接充气阀门与手泵。充气完成后,关闭充气阀门。

10. 帐篷支撑棒

位于救生筏两侧,通过 8 个支撑棒将帐篷覆盖住整个救生筏。

11. 救生(SK)包

一般每个救生筏都配备一个救生包,分别存放在相应的救生筏内。救生包可为紧急撤离后的生存提供帮助。水上撤离时,撤离到安全地带后再从水中捞出使用。救生包辅助设备包括如下几类。

(1) 救生手册。

救生手册是维护救生筏设备的使用手册和详细的求生说明。塑料纸印制(英文版),浸水后不易腐烂。

(2) 修补钳。

修补钳用来修补救生筏的破损面。使用时,应小心撕开或用刀具割开较小的破损口,将修补钳下部的垫片穿入并紧贴破损口,然后将上方的盖片压下封严,放下翼形螺帽,将钳的两部分垫片拧紧。

注意:操作时,修补钳上拴的绳子应系在手上,以防掉出筏外。

(3) 瓶装/袋装饮用水。

每个救生包内装有少量瓶装/袋装饮用水。应注意保存,必要时使用。

(4) 水净化药片。

水净化药片用于净化收集到的淡水。较清洁的 1 升淡水放入 1 片,用力摇晃,沉淀 3 分钟后可饮用;较污浊的 1 升淡水放入 2 片,用力摇晃,沉淀 10 分钟后可饮用;温度较低的 1 升淡水放入 2 片,用力摇晃,沉淀 20 分钟后可饮用。净化后的水应控制饮用量。

(5) 急救品。

烧伤药膏:用于烧伤、晒伤、灼伤。

氨吸入剂:用于苏醒昏迷者。使用时,直接由中间折断,放于昏迷者鼻下。

消毒剂:用于创伤部位的消毒。使用时,将盖子取下套在瓶身另一端,挤压瓶身至破裂。但应避免碰触到瓶塞,因瓶塞可用作棉签。同时远离眼睛周围。

绷带:用于包扎流血或擦伤的创面。

多用刀具:用于维护设备或切割食物。

（6）目视信号装置。

目视信号装置用于应急撤离后发射求援信号，存放于每个救生包内，独立真空包装。其两端分别具有昼/夜间使用功能。

说明：平滑的橘黄色盖子一端用于昼间，可发射橘红色烟雾信号。晴朗、无风的天气其目视距离可达 13 千米。烟雾持续时间为 20 秒钟。有突出圆点的橘红色盖子一端用于夜间，可喷射出明亮的红色火焰信号，晴空的夜晚其目视距离可达 6 千米。信号持续时间约 20 秒钟。

注意：确定救援飞机或船只进入视听范围时开始发射。

使用：确认应使用的部分；在救生筏的下风侧握住信号弹下端并伸出筏外，手臂与水面成 45°角（防止热的燃屑烧坏救生筏，并防止信号弹的烟雾吹向筏内的人员）；打开盖子，拉开环形扣，启动导线引燃信号弹；使用完毕，将燃过的一端浸入水中冷却，妥善保存信号弹未用的一部分并存放于救生包内。

（7）海水染色剂。

海水染色剂为化学试剂，用于定位及求救。昼间在较平静的水面，可将救生筏周围 300 米的水面染成荧光绿色，持续时间为 3 小时。使用时将短绳系在救生筏逆风的一方；撒放染色剂或将染色剂投入水中。

注意：确定救援飞机或船员进入视听范围后使用。

（8）手电筒。

有效可视距离为 15 千米的海域范围。该手电筒只用于夜间，不使用时应妥善保管并注意防潮。

（9）信号反射镜。

将太阳光反射到过往的飞机和船只上。镜面反射光视程可超过 37 千米（1 千米=0.54 海里）；反射镜可反复使用。连续使用时，让筏上的人员轮流使用。使用时，慢慢将镜子拿至眼睛高度，透过视孔观察；对准阳光后，成为一个引导指示器；将镜子靠近眼睛，不断变换角度直至阳光对准目标（太阳与目标在同一面）。

（10）舀水袋。

用于舀尽救生筏积水，也可用于储存淡水。

（11）脱水海绵。

用于吸干救生筏积水。

（12）口哨。

用于召唤幸存者、其他救生筏或水上最近区域的船只。

（13）帐篷与支撑杆。

帐篷的颜色可作为求救信号。帐篷可防止日晒雨淋，也可用于收集可供饮用的雨水和露水。救生包内配有 8 个支撑杆，其中 2 个有白色标志的为备用杆。使用时将其余 6 个支撑杆两两相接，按"之"字形排列，固定在筏沿上支撑帐篷。

三、救生衣

救生衣在水上撤离时使用（见图 4-26）。机组人员的救生衣是红色的，乘客的救生衣是黄色的，救生衣存放在每个乘客和乘务员的座椅下方。

图 4-26　成人救生衣

（一）救生衣结构

救生衣结构包括（见图 4-27）：

图 4-27　救生衣结构

(1) 救生衣衣体。
(2) 系留绳。
(3) 二氧化碳气瓶。

（4）充气手柄。

（二）成人救生衣使用方法

成人救生衣的使用方法按以下步骤（见图 4-28）：

图 4-28　救生衣使用方法

（1）取出救生衣，经头部穿好。
（2）将带子从后向前扣好系紧。
（3）使用时，拉两个充气阀门。
（4）充气不足时，可将救生衣上部的人工充气管拉出，用嘴向里充气。

使用时注意事项：
（1）当用手按住人工充气管的顶部，气会从内放出。
（2）除非救生船已坏，否则不要尝试穿救生衣游泳。
（3）不能自理及上肢残废的乘客，穿好后要立即充气。
（4）其他乘客的救生衣在离开飞机、上船前充气。

（三）未成年人救生衣

1周岁以下使用婴儿救生衣（在各个舱位的第一排婴儿摇篮的座位下方）；1周岁以上使用成人救生衣。

1. 儿童穿戴成人救生衣方法

（1）取出救生衣，经头部穿好。
（2）把带子放在两腿之间，扣好系紧。

（3）打开红色充气阀门。
（4）充气不足时，拉出人工充气管，用嘴向里充气。
（5）儿童离开座位后充一半气。

2. 婴儿救生衣使用方法

（1）结构。

婴儿救生衣有一个气囊，背部有 3 个对扣的扣子。救生衣上有 1 个水激发电池提供电源的定位灯和供成人拉住婴儿的短绳。

（2）适用范围。

体重小于 35 磅。

（3）使用方法（见图 4-29）。

① 拉动红色手柄，打开塑料包并取出救生衣。
② 确认红色环形辅助绳从救生衣中部的小孔内穿至婴儿救生衣外侧。
③ 把救生衣由前向后穿好。
④ 依次扣好领扣、裆扣和背扣。
⑤ 调节上部的两个扣子（下部的扣子不能调节），使救生衣适合婴儿身体。
⑥ 用钩子将成人与婴儿救生衣连接。
⑦ 离开飞机前，成人拉救生衣底部的充气阀门，使救生衣充气。
⑧ 如果救生衣充气不足，成人可用人工充气管吹气。

图 4-29　婴儿救生衣使用方法

四、应急定位发射机（emergency locator transmitter）

应急定位发射机是在飞机遇险后，向外界发出救生信号时使用的。应急定位发射机是自浮式三频率电台，电台发射频率为民用 121.5 MHz、军用 243 MHz 和卫星定位 406 MHz 的调频无线电信号。这些频率是国际民航组织通用遇难时发出求救信号的频率。紧急情况发生后，将发报机扔入海水或水里，它便自动开始工作，使用时间为 48～60 小时。应急定位发射机有以下 4 种类型。

（一）Rescu406 自动式应急定位发射机（Rescu406 emergency locator transmitter）

Rescu406 自动式应急定位发射机结构如图 4-30 所示。

图 4-30　Rescu406 自动式应急定位发射机结构图

1. 发射频率

民用 121.5 MHz，军用 243 MHz，卫星 406.025 MHz。

2. 使用时间

121.5 MHz 和 243 MHz 可用 48 小时，406.025 MHz 可用 24 小时。

3. 自动激活

（1）将绳索展开系在救生船上。

（2）将发射机缓慢放入水中。

（3）水溶带断开后，天线自动竖直。

（4）几秒钟之内发射机自动发射信号。

4. 人工激活

（1）割断水溶带使天线竖立。

（2）确认周围没有障碍物。

（3）将活性剂放入展开的塑料袋中。

（4）将塑料袋内灌入一半的水或淡茶、淡咖啡。

（5）将发射机缓慢放进装有混合溶液的塑料袋内。

（6）确保混合溶液液面始终高于发射机侧面的两个孔。

（7）垂直固定发射机，使天线呈竖直状态，以获得最大发射量。

（8）几秒钟之内发射机自动发射信号。

5. 注意事项

（1）不能放在油里。

（2）发射机工作时，天线必须保持在竖直状态，周围无障碍物。

（3）发射机在飞机上存储时必须远离液体，不得随意拆卸。

（4）一旦发射机被意外激活，立即关闭发射机并向最近的航空管制单位报告。

（5）每次只使用一个。

（二）Rescu406（SE）应急定位发射机[Rescu406（SE）emergency locator transmitter]

Rescu 406（SE）应急定位发射机实物如图 4-31 所示。

图 4-31　Rescu406（SE）应急定位发射机实物图

1. 发射频率

民用 121.5 MHz，军用 243 MHz，卫星 406.028 MHz。

2. 使用时间

121.5 MHz 和 243 MHz 可用 48 小时，406.028 MHz 可用 24 小时。

3. 自动激活

（1）确认发射机底部的旋钮开关处于"ARM"位。
（2）将绳索展开系在救生船上。
（3）将发射机缓慢放入水中。
（4）水溶带断开后，天线自动竖直。
（5）大约 10 秒后，发射机顶部的 LED 灯持续闪烁，发射机激活。

4. 人工激活

（1）割断水溶带使天线竖立。
（2）确认周围没有障碍物，天线呈竖直状态。
（3）旋转发射机底部的旋钮开关至"XMT"（发射）位。
（4）发射机顶部的 LED 灯持续闪烁，发射机激活。

5. 注意事项

（1）不能放在油里。
（2）发射机工作时，天线必须保持在竖直状态，周围无障碍物。
（3）发射机在飞机上存储时必须远离液体，不得随意拆卸。
（4）一旦发射机被意外激活，立即关闭发射机并向最近的航空管制单位报告。
（5）每次只使用一个。

（三）406 AS 应急定位发射机（406 AS emergency locator transmitter）

406 AS 应急定位发射机实物如图 4-32 所示。

图 4-32　406 AS 应急定位发射机实物图

1. 发射频率

普通定位频率 121.5 MHz 和 243 MHz，精确定位频率 406.028 MHz。

2. 使用时间

121.5 MHz 和 243 MHz 可用 48 小时，406.028 MHz 可用 24 小时。

3. 自动激活

（1）取下天线保护盖，天线自动竖直。
（2）确认发射机开关在"ARM"位。
（3）将绳索展开系在救生船上。
（4）将发射机缓慢浸入水中。
（5）水传感器激活发射机。
（6）指示灯亮，工作报警鸣响。

4. 人工激活

（1）取下天线保护盖，天线自动竖直。
（2）确认周围没有障碍物，天线呈竖直状态。
（3）将开关转换至"ON"位置。
（4）发射机开始自测程序。
（5）自测后 30 秒开始发射信号。
（6）信号发射期间，指示灯亮，工作报警鸣响。

5. 注意事项

（1）发射机工作时，天线必须保持在竖直状态，周围无障碍物。
（2）发射机在飞机上存储时必须远离液体，不得随意拆卸。
（3）一旦发射机被意外激活，应立即关闭发射机并向最近的航空管制单位报告。
（4）每次只使用一个。

（四）ADT 406S 便携式应急定位发射机（ADT 406S emergency locator transmitter）

ADT 406S 便携式应急定位发射机结构如图 4-33 所示。

图 4-33　ADT 406S 便携式应急定位发射机结构图

1. 发射频率

普通定位频率 121.5 MHz 和 243 MHz，精确定位频率 406.028 MHz。

2. 使用时间

121.5 MHz 和 243 MHz 可用 48 小时，406.028 MHz 可用 24 小时。

3. 自动激活

（1）取下天线保护盖，天线自动竖直。
（2）确认发射机开关在"ARM"位。
（3）将绳索展开系在救生船上。
（4）将发射机缓慢浸入水中。
（5）水传感器激活发射机。
（6）指示灯亮，工作报警鸣响。

4. 人工激活

（1）取下天线保护盖，天线自动竖直。
（2）确认周围没有障碍物，天线呈竖直状态。
（3）将开关转换至"ON"位置。
（4）发射机开始自测程序。
（5）自测后 30 秒开始发射信号。
（6）信号发射期间，指示灯亮，工作报警鸣响。
（7）停止发射信号时将开关放在"OFF"位置。

5. 注意事项

（1）发射机工作时，天线必须保持在竖直状态，周围无障碍物。
（2）发射机在飞机上存储时必须远离液体，不得随意拆卸。
（3）一旦发射机被意外激活，立即关闭发射机并向最近的航空管制单位报告。

（4）每次只使用一个。

任务五 医疗设备

一、急救箱

急救箱用于对乘客或机组人员受伤的止血、包扎、固定等应急处理（见图4-34）。

图 4-34　急救箱

急救箱适用于机上出现外伤或需取用其中用品时。使用前一定要详细询问病人的病史、过敏史等。经过急救训练的客舱乘务员、在场的医务人员或经过专门训练的其他人员均可打开并使用急救箱里的物品，但非本航班的客舱乘务员应在打开箱时出示相关的证书证件，用后客舱乘务员要做好相应记录，按公司要求，乘务长或机长应在记录单上签字。急救箱内配备了相应药品和医疗器械（见图4-35）。

图 4-35　机载急救箱药品

急救箱内至少应当配备以下相应药品和医疗器械（见表4-2）。

表 4-2 急救箱内配备物品清单

项目	数量
绷带，3 列（5 厘米）、5 列（3 厘米）	各 5 卷
敷料（纱布），10 厘米×10 厘米	10 块
三角巾（带安全别针）	5 条
胶布，1 厘米、2 厘米（宽度）	各 1 卷
动脉止血带	1 条
外用烧伤药膏	3 支
手臂夹板	1 副
腿部夹板	1 副
医用剪刀	1 把
医用橡胶手套	2 副
皮肤消毒剂及消毒棉	适量
单向活瓣嘴对嘴复苏面罩	1 个
急救箱手册（含物品清单）	1 本
事件记录本或机上应急事件报告单	1 本（若干页）

机载急救箱的数量因乘客座位数的多少而不同。每架飞机在载客飞行中所配急救箱的数量不得少于表 4-3 的规定。

表 4-3 急救箱配备数量

乘客座位数	急救箱数量
100 以下（含 100）	1
101～200	2
201～300	3
301～400	4
401～500	5
500 以上	6

二、应急医疗箱

应急医疗设备适用于飞行期间紧急医疗事件造成的乘客或机组人员受伤、飞行期间乘客或机组人员的意外受伤或医学急症的应急处理。应急医疗箱（见图 4-36）为机组人员和需治疗的乘客提供基本的急救药品。

(一) 应急医疗箱飞行前检查

应急医疗箱存放在飞机的指定位置，铅封完好，且已上锁。如铅封或封条已被撕开，客舱乘务员应检查应急医疗箱内的药品、器械有无缺损，并填写《药箱使用反馈信息卡》。

(二) 应急医疗箱相关规定

（1）每架飞机在载客飞行时应当至少配备一只应急医疗箱。
（2）应急医疗箱应当能够防尘、防潮，避免存放在高温或低温环境中。

图 4-36 应急医疗箱

（3）应急医疗箱内至少应当配备以下相应药品和医疗器械（见表 4-4）。

表 4-4 应急医疗箱内配备物品清单

项 目	数 量
血压计	1 个
听诊器	1 副
口咽气道（三种规格）	各 1 个
静脉止血带	1 根
脐带夹	1 个
医用口罩	2 个
医用橡胶手套	2 副
皮肤消毒剂、消毒棉签（球）	适量
体温计（非水银式）	1 支
注射器（2.5 毫升）	各 2 支
0.9%氯化钠	至少 250 毫升
1∶1000 肾上腺素单次用量安瓿	2 支
盐酸苯海拉明注射液	2 支
硝酸甘油片	10 片
醋酸基水杨酸（阿司匹林）口服片	30 片
应急医疗箱手册（含药品和物品清单）	1 本
事件记录本或机上应急事件报告单	1 本（若干页）

（三）应急医疗箱的使用

如果机上出现急重伤病乘客需要使用应急医疗箱里的物品（见图 4-37），客舱乘务员要通过广播寻找医务人员以获得帮助。当医务人员要求打开并使用应急医疗箱里面的物品时，客舱乘务员要确认并记录该医务人员身份，使用后在记录单上的相应位置请机长、使用医生和客舱乘务员本人签字。此外，客舱乘务员须将使用过的注射器放入急救药箱中，以便妥善销毁。

图 4-37　应急医疗箱内物品

三、卫生防疫包

卫生防疫包（见图 4-38）用于清除客舱内血液、尿液、呕吐物和排泄物等潜在传染性物质，护理可疑传染病病人。使用卫生防疫包对潜在传染性物质进行消毒处理时，应遵循传染病卫生防护原则，按照处理传染性及消毒技术规范的程序操作。

图 4-38　卫生防疫包

（一）卫生防疫包配备清单（见图 4-39）

（1）液体、排泄物消毒凝固剂。
（2）表面清理消毒杀菌片。
（3）皮肤消毒擦拭纸巾。
（4）便携拾物铲。
（5）生物有害物专用垃圾袋。
（6）大块吸水纸（毛）巾。
（7）医用口罩。
（8）医用眼罩。
（9）医用橡胶手套。
（10）防渗透橡胶（塑料）围裙。
（11）《卫生防疫包物品清单及使用说明》。
（12）《紧急医学事件报告单》。

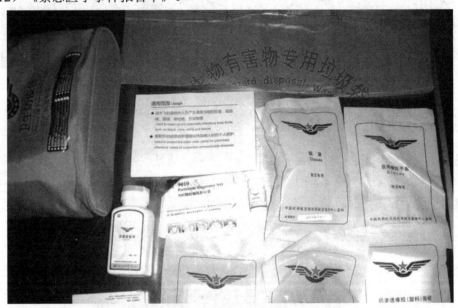

图 4-39 卫生防疫包内物品

（二）卫生防疫包的使用

（1）穿戴好医用口罩、防护眼罩、防渗透围裙和医用橡胶手套等个人防护用品。
（2）用表面清理消毒杀菌片按 1：（500～1000）浓度配置表面清理消毒杀菌剂备用。
（3）液体、排泄物消毒凝固剂均匀覆盖潜在传染性液体 3～5 分钟。
（4）凝固的污染物铲入生物有害物专用垃圾袋中。
（5）用表面清理消毒杀菌剂在表面消毒至少两次，每次不少于 5 分钟。
（6）脱下防护眼罩、医用口罩、防渗透围裙和医用橡胶手套，放入生物有害物专用垃圾袋中。

（7）用皮肤消毒擦拭纸巾擦手及可能接触到污染物的部位。

（8）将以上可疑被污染的物品一并放入生物有害物专用垃圾袋后，密封，标示机型、航班号、日期等信息，放入后舱一洗手间并锁闭。

（9）填写《机上事件报告单》。

（10）通知相关部门对生物有害物进行无害处理。

 知识巩固

 技能强化

技能强化训练任务单 4-1　应急设备使用（类型 1 手提式海伦灭火瓶）

1. 任务描述

航线：北京—广州。机型：B737-800。乘务员在模拟舱内正确位置拿取类型 1 手提式海伦灭火瓶，动作演示类型 1 手提式海伦灭火瓶的使用方法，并口述类型 1 手提式海伦灭火瓶的使用时间和注意事项。

2. 任务要求

以个人为单位，正确演示应急设备的使用方法，正确说明其使用时间和注意事项。

3. 训练标准

任　务	内　容	标　准
海伦灭火瓶的使用	拿取	从固定位置打开卡扣，取下
		不横握、倒置，不摔撞灭火器
	演示	① 垂直瓶体，拔下带环的安全销。
		② 离火源 2～3 米（6～10 英尺），对准火源底部，压下顶部触发器，由外向里移动喷射
	说明	使用时间：10 秒钟
		注意事项：
		① 火被扑灭后，要用水浸透火区（电器类失火除外）。
		② 瓶体不能横握或倒握。
		③ 不能用于人身上的火灾，以免造成窒息。
		④ 如需要在驾驶舱内释放灭火瓶，所有飞行机组成员必须戴上氧气面罩并选择应急使用 100%氧气。
		⑤ 使用后报告并填写《客舱记录本》

注：本任务单参照《1+X 空中乘务职业技能等级标准》制定，非考签，仅供训练参考。

技能强化训练任务单 4-2　应急设备使用（310L 便携式氧气瓶）

1. 任务描述

航线：北京—广州。机型：B737-800。乘务员在模拟舱内正确位置拿取 310L 便携式氧气瓶，动作演示氧气瓶的使用方法，并口述氧气瓶的使用时间和注意事项。

2. 任务要求

以个人为单位，正确演示应急设备的使用方法，正确说明使用时间和注意事项。

3. 训练标准

任　务	内　容	标　准
310L 便携式氧气瓶的使用	拿取	从固定位置取下氧气瓶和附件袋，不可摔撞
	演示	① 取下氧气瓶 ② 根据实际情况选择流量出口（高流量或低流量） ③ 转动开关阀门，逆时针方向拧到底 ④ 检查氧气面罩已经正常供氧 ⑤ 将氧气瓶固定好，将氧气面罩罩在口鼻处
	说明	使用时间： ① 高流量出口每分钟流出 4 升，可使用 77 分钟。 ② 低流量出口每分钟流出 2 升，可使用 155 分钟
		注意事项： ① 用氧周围四排座位（3 米）内无火源。 ② 剩余压力为 500 磅/平方英寸（PSI）时应停止使用，以便紧急情况时使用；使用完毕后，关闭阀门，填写《客舱记录本》。 ③ 不要摔或撞氧气瓶。 ④ 操作时手上切勿沾有任何油脂，戴面罩前去除浓重的口红和面部油脂。 ⑤ 肺气肿患者使用低流量出口

注：本任务单参照《1+X 空中乘务职业技能等级标准》制定，非考签，仅供训练参考。

拓展思考

应急设备是飞机在紧急情况下，为了避灾、逃生和救护，供民航乘务员和乘客使用的设备的总称，主要包括应急供氧设备、应急出口、应急滑梯、灭火设备等。应急设备是降低事故给乘客造成伤害的重要设备。哪些设备在关键时刻能救命呢？

（1）高空供氧：机舱失压也能提供 15 分钟供氧。氧气系统是飞机系统中非常重要的一部分，在飞机飞行史上，由飞机氧气系统引发的飞机事故不在少数。科学数据表明，当飞机飞行在 1.2 万米的高空，如果突然处于缺氧环境，人能保持清醒知觉并有效工作的时间只有 26 秒，在 1.4 万米的高空缺氧只能清醒 24 秒，如果此时能及时吸上纯氧，则可坚持 300 秒左右。

（2）应急救生：飞机遇险时逃生要讲求技巧。意外发生时飞机上有哪些救生设施？碰到紧急情况时怎么做才能让自己幸存？虽然现在飞机较为普及且坐过飞机的人很多，但真正关注过这些问题的人并不多。要学习和掌握飞机上的救生设施和逃生技巧。

登机时要看清紧急出口，牢记自己的座位与紧急出口的距离，飞机发生紧急情况时，紧急出口是最重要的逃生通道。事故发生时机舱内往往漆黑一片，此时不要盲目地跟随人流跑动，要注意观察过道内的荧光条，并抓紧时间回忆紧急出口的位置。

另外，航空公司还会配备急救设备和药品，如自动体外除颤器、吸氧设备、急救箱等，以便于机组人员在需要时进行紧急处置。

项目五 应急撤离处置

【学习目标】

知识目标：掌握应急撤离处置的基本原则；熟悉撤离出口的选择、撤离时间、救生船平衡、跳滑梯姿势、援助者挑选、防冲撞姿势、撤离前安全检查及各项准备、撤离后任务等基本知识。

能力目标：能对照应急撤离准备检查单完成撤离前准备，能协同完成有准备的应急撤离处置程序、有限时间准备的应急撤离处置程序、无准备应急撤离处置程序；能使用中英文进行应急广播；能正确发布陆地（水上）撤离指挥口令，引导旅客快速撤离。

素养目标：树立对人民生命安全高度负责的责任意识，培养面对紧急迫降危急关头时的沉着冷静和勇敢精神，强化责任意识、严谨工作作风和精湛专业技能。

【思政导读】

惊魂时刻！中国东方航空586号航班成功迫降事件

1998年9月10日下午7时38分，中国东方航空一架编号B-2173的麦道MD-11型客机搭载了137名乘客及机员，执行MU586号班机，从上海虹桥国际机场起飞前往北京首都国际机场，然后再飞往洛杉矶国际机场。

当飞机起飞后，机长倪介祥发觉飞机的前起落架指示灯未能由红色转为熄掉，表示不能收回，于是倪机长通知虹桥国际机场塔台，塔台同意飞机回航。当证实前起落架不能收回及降下后，机组人员欲在空中将前起落架降下，首先将飞机降下再爬升，之后再以小半径侧滑，但未能将前起落架降下来。其后，倪机长指示一名机务查看起落架的状况，该名机务缠上绳子后冒险从前起落架舱门口探出身体，并用斧头敲打起落架出现故障的地方，但未见松动。接着，倪机长用后起落架着陆，但仍然毫无反应，结果就唯有迫降。

晚上 10 时 10 分，机场及飞机均开始进行迫降前的准备，机上的空服员呼吁乘客尽量移往机尾后方，飞机则于上空盘旋以消耗燃油，机场跑道亦喷上防火泡沫，降低起火的机会。晚上 11 时 7 分，飞机在前端喷上防火泡沫的跑道上降落，机长首先让后起落架先触地，之后机头在跑道上摩擦，并且跟地面拖出一条火花，当滑行至 380 米后，飞机终于停下了。

飞机停下之后，乘客纷纷离开飞机，消防员就向飞机射水以防止起火，并协助乘客离开现场，倪机长一直坚守到了最后一刻，把机上 136 人全部安全带回。倪介祥荣获"一等功"，并被评为"全国劳动模范"。人们称他为英雄机长，面对鲜花与掌声，倪机长平和地说："我会将飞行安全视为毕生的追求，给予每位客人以亲人般的关爱。"

任务一　应急撤离处置概述

一、应急撤离处置的基本原则

（一）听从机长指挥

在执行飞行任务期间，机长负责领导机组的一切活动，对航空器和航空器所载人员及财产的安全、航班正常、服务质量和完成任务负责。机组全体成员必须服从机长命令，听从机长指挥。

（二）迅速正确的判断

客舱乘务员在平常飞行中要熟悉客舱的应急设备，对于紧急设备的位置、用途、使用方法、注意事项、出口的位置、撤离路线的划分，都要铭记在心中，牢记应急撤离程序，要有过硬的心理素质。在出现险情时，客舱乘务员能临危不乱，能做出正确的判断，及时向机长、乘务长报告，听从机长和乘务长的指挥，快速应对，密切配合，维持客舱秩序，迅速指挥乘客撤离。

客舱乘务员应严格执行安全规章制度，对设备的检查和客舱巡视的操作要细致严谨。例如，曾有客舱乘务员在航前摆放餐食时，发现烤箱架上的油污太厚，致使烤餐时出现焦味，及时报告机长，消除了空中火灾隐患。

全美航空 1549 号航班哈德逊河迫降案例中，当飞机着水时，后舱乘务员及时发现机尾低于水平面，判断不适宜打开后舱进行紧急撤离。在紧急情况下，乘务员须能够应用专业知识及时准确地归纳客舱状况，适时地向机长、乘务长反馈情况，保障管理者对客舱的正确监控。

（三）准备处置的措施

客舱乘务员在飞机空中遇险的情况下，须在机长给予的有限准备时间内，指导乘客做好各项防范保护措施，以降低乘客在非正常下降过程中的伤亡率或免除无谓伤亡。

(四) 随机应变

每名机组人员都应该具备全面的安全知识和安全事件处置能力，但不同人员会由于经验的多少和安全意识的强弱，在工作中有不同的表现。2008年1月17日，英国航空公司一架波音777-236ER客机执行自北京首都机场至伦敦希斯罗机场的BA038航班任务，飞抵希斯罗机场上空准备降落时，两台发动机因燃油系统结冰，在7秒内突然全部失灵。由于此时客机已进入着陆航线，速度和高度都不足（高度仅150米），十分危险，机长皮特·伯吉尔和副驾驶约翰·科沃德临危不乱，操纵客机掠过机场27L跑道尽头，在跑道前方1000英尺附近的草坪上紧急制动。结果客机虽完全报废，但全体乘员152人都活着。随后他们在机组人员引导下，从逃生滑梯全部脱险，仅1人重伤，46人轻伤。正、副机长因其出色的应急表现，获得了英雄般的赞誉和奖励。

(五) 沉着冷静

乘务员平时必须注重对心理素质的培养，特别是在紧急情况下乘务员更应不慌乱，保持沉着冷静、清醒镇定。这是乘务员对情况做出准确判断，并采取迅速行动的重要前提。它不仅能够起到安抚旅客情绪的作用，而且是让旅客配合做好撤离工作的重要条件。实事求是地说，要求乘务员在紧急情况下保持沉着冷静、清醒镇定的心理素质不是一件容易的事，国内外航空公司都有这样的案例，当紧急情况发生以后旅客还没有慌张，个别乘务员自己已经吓得一塌糊涂，有的甚至在旅客面前大哭等，造成了非常不好的后果。

客舱乘务员是受过专业训练的。在紧急情况下，乘务员应镇定、冷静地喊出"我们是经过职业训练的，请相信我们"的口令，在特情处置中表现得沉着冷静、随机应变。只有乘务员表现冷静、镇定，才能减少乘客恐惧和避免客舱混乱。

(六) 维持秩序

出现紧急情况，乘客应充分信任机上乘务员，并听从乘务员的安全指令，从相应的逃生出口撤离，紧急撤离时要保持冷静，保持客舱秩序。同时应谨记紧急撤离时不可携带任何行李。紧急撤离时间紧迫，如果此时还从行李箱内取行李会十分耽误时间，且拎着行李逃生，行李会堵塞通道，减缓撤离速度，也易挤伤人。跳滑梯时，行李会划破滑梯，滑梯漏气，造成的伤害会更大。

(七) 团结协作

2005年8月，法航某航班飞机出现故障。当飞机在空中盘旋时，乘务组广播告诉旅客："请旅客们不要惊慌，保持镇静，机长就在大家身边。"随后，飞机降落在多伦多皮尔逊国际机场并冲出跑道。乘务员迅速做出紧急处置，他们很快就从地上爬起来，打开舱门，帮助旅客离开，并要求旅客保持镇静、维持秩序。飞行员从驾驶舱出来，与乘务员并肩坚持到了最后一刻，在起火的飞机中确认所有旅客都安全撤离，他们才离开飞机。消防负责人称，在52秒内，飞机上3/4的旅客离开了飞机；在2分钟内，飞机上297名旅客和12名机组成员全部脱险。机组人员沉着冷静的表现和团结高效的配合受到高度赞扬。

团队工作需要相互协作、友好和专业的气氛、主动合作的意愿以及共同的目标。在平时的培训中,飞行员和乘务员实施协同训练和密切配合,一旦有事故发生,能够将旅客的受害程度限制在最小范围内。通过训练,有利于加深彼此对处于紧急情况时相互协作顺序的理解,并谋求"加强在紧急情况时的互助和密切配合"。

二、应急撤离处置的基本知识

紧急撤离也叫应急撤离,分为陆地撤离和水上撤离两种。从准备撤离的时间上紧急撤离可分为有准备的紧急撤离、有限时间准备的紧急撤离、无准备的紧急撤离。飞机遇险需要紧急撤离时,飞行机组和乘务组都有相应的预案和应急操作程序,而且都经过了严格训练,并且每年都会定期复训演练。

当出现机体有明显损伤、机上有烟雾火灾无法控制、燃油严重泄漏、机上有爆炸物、飞机迫降、机长认为必须执行紧急撤离程序才能保障飞机和人员安全的情况时,机长有权下达执行紧急撤离程序的指令。

(一)撤离出口和撤离方向选择

飞机迫降后,乘务员应判断机体状态,决定使用哪些出口。

1. 正常迫降着陆

在无烟无火无障碍的情况下,所有出口均能使用。

2. 前起落架和主起落架折断

飞机腹部着地,因发动机触地,可能导致火灾,故翼上出口不能使用,其他出口视情况使用,如图 5-1 所示。

图 5-1 前起落架和主起落架折断

3. 前起落架折断

在无烟无火无障碍的情况下,所有出口均能使用。但因前起落架折断,后舱门离地过高,滑梯长度不够,应视情况使用,如图 5-2 所示。

图 5-2　前起落架折断

4. 飞机尾部拖地

在无烟无火无障碍的情况下，所有出口均能使用。但因飞机尾部拖地，前舱门离地过高，滑梯长度不够，应视情况使用，如图 5-3 所示。

图 5-3　飞机尾部拖地

5. 主起落架一侧折断

折断一侧的发动机触地，可能引发火灾，故折断一侧的翼上出口不能使用，其他出口视情况使用，如图 5-4 所示。

图 5-4　主起落架一侧折断

6. 水上迫降

水上迫降时一般不使用翼上出口，其他出口应视浸水情况而定，当水面高于地板高度时，不能使用滑梯，如图5-5所示。

图 5-5　水上迫降

（二）撤离时间和撤离方向

按照中国民航规章，新机型投入运行必须补充合格审定，其中的关键一节就是应急撤离演示验证。2022年12月，国产自主知识产权C919飞机顺利完成应急撤离程序演示，这意味着该机型具备安全运行的能力。

任何飞机，在90秒内，必须完成撤离。此时间是从飞机完全停稳到机上最后一个人撤离为止。水上撤离的时间一般为120秒，飞机在水面上漂浮最少13分钟，最多不会超过60分钟。

乘务员和机组人员在撤离机体后，应迅速判断风向，告知幸存者往正确方向汇合。

陆地撤离应选择在风上侧躲避，远离飞机至少100米，如图5-6所示；水上撤离应选择在风下侧，远离燃油区和燃烧区。

图 5-6　撤离方向选择

（三）指挥

出现应急情况时，机上全体成员必须听从机长指挥；机长失去指挥能力时，机组其他成员按指挥权的阶梯规定下达命令。在飞行期间，如客舱机组成员无法履行号位职责时，应遵循以下原则。

1. 乘务长无法履行号位职责

由有过乘务长经历或通过乘务长培训的乘务员接替履行其职责；如无上述人员，则选择该机型经历时间最长的乘务员接替，其余乘务员号位由接替者重新划分。

2. 乘务员无法履行号位职责

由带班乘务长重新进行号位划分。

紧急撤离时由机长下达撤离指令，一名区域乘务长或乘务员先下飞机负责地面（水上）指挥；乘务员开门后应立即封住出口，如图5-7所示，待滑梯（救生船）完全充气（展开）后，迅速指挥乘客有序撤离。当负责门和出口不能使用时，乘务员要告知该出口不能使用，如图5-8所示，阻止乘客打开不能使用的出口，迅速指挥乘客选择其他逃生出口。跳滑梯时，有序指导乘客"撤离！到这边来！跳！滑！"，水上撤离时指导乘客在上船前将救生衣充气。

图5-7　乘务员封门

图5-8　此出口不能通行

（四）援助者选择

援助者包括乘坐飞机的机组人员、航空公司的雇员、军人、警察、消防人员、身强力壮的男性乘客。

飞机上设置"紧急出口"，是为了保障全体乘客的生命安全。坐在这个位置的乘客，在享受宽敞座位的同时，也要承担起"守护者"的责任。

在飞行和降落过程中，如果发生意外事故，在机长发出指令疏散乘客时，坐在紧急出口的人应该协助空乘人员，打开紧急出口舱门，放置好逃生滑梯或气垫，协助其他乘客逃生等。

在紧急情况下，出口座位的乘客要充当乘务员的援助者，在乘务员打开应急门之后要帮助乘务员拦住客舱涌来的乘客直到滑梯完全充气，以免充气不足，撤离时对乘客造成伤害。滑梯完全充气后，陆地撤离时，一名援助者要先滑下飞机，指挥乘客往风上侧远离飞机 100 米以上处撤离，其余援助者站在应急门旁帮助乘务员指挥乘客脱下高跟鞋有秩序地跳下滑梯。水上撤离时，一名援助者要先从滑梯登上救生船，指挥乘客不要在救生船内站立，均匀分布在船内，其他援助者帮助乘务员指挥乘客脱下鞋子，有秩序地从出口登船。当然，紧急情况下乘务员也有可能受伤，如果乘务员受伤不能开门，这时援助者就要负责打开应急门，并在开门之前观察机外情况，如果有烟、火、障碍物，或者机外水位过高等任何一种情况，则这个门不能开启，要指挥乘客从最近的门撤离。等到乘客成功撤离完毕后，援助者还要协助受伤的乘务员撤离飞机。图 5-9、表 5-1 所示为援助者的分工情况。

图 5-9　援助者分工

表 5-1　援助者位置及分工

出　口	撤离条件	援　助　者	任　　务
翼上出口	陆地	①	观察情况，打开窗户，站在机翼上靠近出口的地方，帮助乘客撤离
		②	站在机翼底下的地面上，协助乘客从机翼滑下
		③	指挥乘客远离飞机，到安全区域集合
	水上	①	观察情况，打开窗户，协助使用救生船。把救生船搬运到机翼上，投入水中使之充气后，帮助乘客进入救生船
		②	进入救生船，帮助安排好乘客
		③	站在机翼出口旁，帮助乘客撤出，并告诉乘客给自己的救生衣充气
舱门出口	陆地	①	打开门后，第一个滑下飞机，站在滑梯的左侧，抓住一边，帮助滑下来的乘客
		②	第二个滑下飞机，站在滑梯的右侧，抓住一边，帮助滑下来的乘客

续表

出　口	撤离条件	援助者	任　务
舱门出口	陆地	③	第三个滑下飞机,带领并指挥逃生出的乘客向集合点集中,远离飞机
		④	站在逃生出口的一侧,与客舱乘务员一起指挥乘客撤离
		⑤	在乘务员失去指挥能力时,代替其指挥并告诉援助者解开乘务员安全带的方法
	水上	①	打开门,协助乘务员搬运船,第一个上船爬到船头坐下,招呼乘客靠近并坐下
		②	第二个上船,到船的另一边坐下,指挥并帮助其他乘客
		③	第三个上船,指挥和帮助乘客
		④	站在客舱门口左侧,招呼乘客过来,告诉他们给自己的救生衣充气
		⑤	站在客舱门口右侧,在乘务员失去指挥能力时,代替其指挥乘客并告诉援助者解开乘务员安全带的方法

1. 舱门出口援助者选择

谁愿意做我的援助者吗？请跟我来！

你是我的1号援助者,如果我受伤,你按箭头方向打开门,拉红色充气手柄,如果我受伤,你要带我离开飞机,我的安全带是这样解开的。如果我没受伤,我开门。滑梯充气后你第一个滑下飞机,站在滑梯的一侧,帮助随后滑下的乘客。

你是我的2号援助者,你第二个滑下飞机,站在滑梯的另一侧,帮助随后滑下的乘客并指示安全地带。

你是我的3号援助者,如果我受伤,你要替代我完成撤离职责。站在这里,指挥乘客撤离。口令是"一个接一个跳、坐",协助乘客取下锐利物品,如果我没受伤,你第三个滑下飞机,在安全地带集中乘客,救治受伤乘客,禁止乘客吸烟。

在出口确定可用之前,你们要手挽手形成人墙挡住乘客。

明白吗,重复一遍！你们的座位现在在这里。

2. 翼上出口援助者选择

你们3个愿意做我的援助者吗？跟我来。

你是我的1号援助者,飞机停稳后,判断外部无烟无火无障碍,像门上图标所示这样打开门,门会自动弹出,你第一个滑下飞机后协助乘客撤离。

你是我的2号援助者,第二个滑下飞机并协助乘客撤离。

你是我的3号援助者,站在出口协助乘客撤离。

明白吗,重复一遍！你们的座位现在在这里。

(五) 防冲撞姿势

飞机防冲撞姿势有很多种。飞机在紧急着陆的时候,会有猛烈的撞击,安全带能承受和缓冲一定的冲击力,可以保护乘客不被冲出去,但人体的其他部位没有防护很容易受伤,客舱乘务员所示范的各种防冲撞姿势,是经过很多实践总结出的行之有效的防护方法,乘客可根据自身状况选择其中一种。当飞机下降到100英尺时，机组报告"100英尺"，乘务员高喊"全身紧迫用力！Brace！"的口令，乘客需要一直保持防冲撞姿势，直到飞机停稳。

1. 乘务员

面向机尾方向坐的乘务员要紧紧系牢肩带和座椅安全带，双臂挺直，双手抓紧座椅边缘，头靠椅背，两脚平放用力蹬地（见图5-10）。

图5-10　乘务员第一种防冲撞姿势

面向机头方向坐的乘务员要紧紧系牢肩带和座椅安全带，双臂挺直，收紧下颌，双手紧抓座椅边缘，两脚平放用力蹬地（见图5-11）。

图5-11　乘务员第二种防冲撞姿势

2. 成年人

成年人乘客系好安全带，身体前倾，头贴在双膝上，双手紧抱双腿，两脚平放用力蹬地；或系紧安全带，两臂伸直交叉紧抓前面座椅靠背，头俯下，两脚用力蹬地（见图5-12）。

图5-12　成年乘客防冲撞姿势

3. 怀抱婴儿的乘客

怀抱婴儿的乘客要将婴儿斜抱在怀里,系好安全带,婴儿头部不得朝向过道,婴儿面部朝上,弯下腰俯下身双脚用力蹬地;或一手抱紧婴儿,一手抓住前面的椅背,低下头,双脚用力蹬地(见图5-13)。

图5-13　抱婴乘客防冲撞姿势

4. 特殊乘客(肥胖者、孕妇、高血压患者、高大者)

特殊乘客(肥胖者、孕妇、高血压患者、高大者)系好安全带,可双手抓紧座椅扶手,或双手抱头,同时收紧下颌,两腿用力蹬地(见图5-14)。

图5-14　特殊乘客防冲撞姿势

5. 双脚不能着地的儿童

双脚不能着地的儿童系好安全带,可采取将双手压在双膝下,手心向上,弯下腰的方式(见图5-15)。

图5-15　儿童乘客防冲撞姿势

6. 视障人士携带导盲犬

《残疾人航空运输管理办法》允许导盲犬在航班上陪同具备乘机条件的残疾人,并规定除阻塞紧急撤离的过道或区域外,导盲犬应在残疾人的座位处陪伴。做撤离前准备时,可以在乘客前方座椅下铺上枕头或毛毯,保护导盲犬(见图5-16);并告知乘客卸下挽具,套上皮套,在滑梯上由主人牵住动物。

图 5-16　导盲犬的位置

(六)跳滑梯姿势

正常成年人跳滑梯时,应双臂平举,拳头轻握,或双手交叉抱臂,从舱内双脚起跳,跳出舱门后手臂不变,也可用手臂协调重心,双腿绷直,后脚跟贴梯面,重心保持直立,勿后仰,到达梯底收腹弯腰,双脚着地跳跃向前跑开,臀部着地或头部着地都会引起损伤,如图5-17所示。

图 5-17　跳滑梯姿势

抱小孩的乘客应将孩子抱在怀里,采取坐姿滑下飞机,儿童、老人、孕妇也采取坐姿,如图5-18所示,但上半身姿态与成年人相同。伤残乘客根据情况自己坐滑或由援助者协助坐滑。

图 5-18 坐姿跳滑梯

(七) 准备和清舱

乘务员检查负责区域的出口,确保出口处于待用状态,检查厕所无人锁闭,固定好浮动设备,关闭厨房电源,做好乘客的安全检查工作和防冲撞确认,安排好援助者和特殊乘客、担架乘客的座位,取下身上的尖锐物品,最后做好自身准备和报告。

当乘客撤离完毕后,乘务员清理负责区域,确认无人后报告区域乘务长,确认其他区域无须帮助即可撤离;乘务长/主任乘务长负责最后清舱,向机长报告后确认无须帮助即可撤离;机长做最后检查后,最后一个撤离。

(八) 水上迫降

1. 救生衣的使用

乘务员应向乘客介绍救生衣的使用方法,告知乘客机组人员的救生衣是红色的。儿童救生衣要发给陪伴儿童的成年人,由成年人帮助小乘客穿戴好,并在撤离机门前充一部分气;婴儿在飞机着陆抱离座位后充气,并将救生衣的带子扣在成年人救生衣的扣环上。

警告成年人救生衣只有在他们撤离舱门时才能充气。因为充气后的救生衣不易经过应急出口,而且如果飞机很快沉入水中,穿着充气的救生衣的乘客很难迅速到达出口处。

2. 救生船的使用

一般情况下圆形救生船不放在飞机上,当跨水飞行时,由机务人员提前装上飞机。各类型圆形救生船在不同机型上的载量和位置也不尽相同,如表 5-2 所示。

表 5-2 圆形救生船载量及位置

机 型	载量(人)	数 量	位 置
B737-800	46~69	4	1 号船位于头等舱顶部,2 号船位于经济舱 11 排 JKL 行李架内,3 号船位于经济舱 18 排 JKL 行李架内,4 号船位于经济舱 20 排 ABC 行李架内
B737-700		3	头等舱顶部天花板 1 个,经济舱 13/14 排、15/16 排通道顶部天花板各 1 个

续表

机　型	载量（人）	数　量	位　置
A319		2	11 排 JKL 行李架上 1 个，28 排 ABC 行李架 1 个
A321-200		1	11～12 排 DEF 行李架
A320	12～18	1	33 排 JKL 行李架

注：各航空公司机型配置不同，以上数据仅供参考。

一般情况下 L1 门船和尾部舱门船最先撤离，R1 门船最后撤离，其他各船坐满人后即可撤离。为保持平衡，乘客应先坐救生船尾部再坐前部，坐在船上时双腿要伸直，背靠船舷，人多时应先坐外圈再坐里圈，需要移动时要提前提醒他人，并保持爬行姿势移动。

当乘客和机组人员上船后，负责释放救生船的乘务员应马上切断与机体的连接线，使救生船尽快离开飞机。如有落水的幸存者，应立即寻找并利用船上的救生设备将他们营救到船上，对伤势严重者马上实施急救。

当离开燃油泄漏区和燃烧区后，将所有船只连接在一起，抛出海锚，进行固定，取出救生包。救生船和人员尽量不要离开飞机太远，以方便救援人员第一时间搜寻。一家人尽量在一起，可以带一些毛毯和保暖衣物，不能带个人行李。

任务二　应急撤离程序

一、有准备的应急撤离

有准备的应急撤离是指撤离前有充分的准备时间进行客舱准备和进行应急广播。一般分为陆上撤离和水上撤离两种情况。

（一）准备

（1）主任乘务长从驾驶舱获取应急迫降的信息，包括紧急情况的性质、采取的着陆方式、可供准备的时间、采取的撤离形式、采取防冲撞姿势的信号等。

（2）了解信息后，乘务长召集乘务员进行信息传达，划分负责区域，明确各区域乘务员职责（B737-800 陆地/水上应急撤离区域划分及乘务员职责，见附录 B）。

乘务长："接到机长通知，飞机左发动机起火，现已关闭，请大家不要惊慌。根据手册要求，为防止飞机落地时偏出跑道，我们按照飞机迫降程序进行准备。"

安全员、乘务员："明白。"

乘务长："现在各号位乘务员开始对表，回到各门区域再次确认各门是否在预位状态。请大家根据我的广播进行客舱安全确认和检查！最后向我报告！各就各位。"

（3）乘务长广播通知乘客迫降的决定。

（4）乘务员检查厕所无人锁闭，关闭厨房电源及娱乐系统，固定厨房设备及浮动物品。

（5）乘务员对乘客进行安全检查，收直椅背，扣好小桌板，收起脚踏板，系好安全带。

（6）乘务长广播介绍逃生出口位置及撤离路线，乘务员拍击乘客座椅逐排进行告知确认。

（7）乘务员选择援助者，调整乘客座位，B747飞机可以将上舱的乘客安排在主舱的空座位；援助者安排在出口处或者需要帮助的乘客旁就座。特殊乘客安排在紧急出口的第二排中间，同一排座椅不能同时安排两个特殊乘客。担架乘客安排在客舱最后一排。

（8）乘务长告知乘客取下尖锐物品，放松衣服，存放好行李。钢笔、小刀、发夹和珠宝首饰、手表放在行李箱袋内；假牙和眼镜放在自己外衣口袋内；解下围巾和领带，放在行李箱袋内；脱下高跟鞋、皮鞋、带钉子的鞋，放入行李箱袋内，水上撤离应脱掉任何类型的鞋；不要把任何东西放在座椅背后的口袋里，将所有物品和行李袋放入座椅下或行李箱内；脱掉丝袜等尼龙制品衣物，洗净发胶或摩丝等易燃物。

（9）广播表演防冲撞姿势。

（10）救生衣演示（水上）（见图5-19）。

图5-19　水上撤离准备中的救生衣演示（智学VR全景视频）

（11）重新检查固定客舱、厨房设备，清理出口及通道。

（12）乘务员做好自身确认。

（13）各区域乘务员确认准备工作完毕后，报告主任乘务长，主任乘务长确认客舱准备工作完成后，报告机长"乘务组和客舱准备工作完毕"。

（14）当机长广播通知"各就各位、各就各位！Attention! Attention！"或"系好安全带灯"多于两次闪烁及铃声时，乘务员必须回到执勤座位坐好并系好安全带和肩带，做防冲撞姿势，回想撤离分工。

表5-3为客舱应急撤离准备的检查项目。

表5-3　客舱应急撤离准备检查单

项　　目		乘　务　长	乘　务　员
通信与协调	机长通知主任乘务长应急撤离决定	完成	
	乘务长召集乘务员开会	完成	完成
	检查/固定厨房设备、松散物品，关闭厨房及娱乐系统，厕所无人锁闭		完成

续表

项　　目		乘务长	乘务员
对乘客简介	乘务长广播通知迫降决定	广播	
	收回餐具、调直座椅靠背、扣好小桌板、系好安全带等	广播	完成
	逃生出口介绍	广播	演示
选择援助者	选择出口援助者	广播	完成
	安排乘客志愿协助者	广播	完成
	取下尖锐物品（钢笔、发夹、手表、眼镜、假牙、珠宝首饰等）、存放好行李，穿上衣服，脱下高跟鞋（水上脱下鞋子），脱下丝袜，弄湿头发	广播	检查
	演示防冲撞姿势	广播	演示
	穿上救生衣（水上）	广播	演示
做最后检查	重新检查客舱、厨房、厕所、出口及通道	完成	完成
	介绍注意事项	广播	
	关闭客舱灯	广播、完成	
乘务员个人准备		发布指令	
	穿上制服/机组救生衣	完成	完成
	取下尖锐物品、丝巾、领带、高跟鞋、丝袜	完成	完成
	弄湿头发（水上不需要）	完成	完成
	报告乘务长/机长	完成	完成
	确认手电筒等应携带物品的位置	完成	完成
	系好肩带和安全带，做防冲撞姿势	完成	完成
	回想撤离分工	完成	完成

注：广播内容详见任务三。

（二）着陆（水）

当机长发出"着陆（水）！着陆（水）！Landing!Landing!"时，乘务员高喊"低头弯腰，紧迫用力！Bend over!Brace!"，连续大声喊口令，直至飞机停稳。

（三）撤离

当飞机着陆（水）停稳后，机长宣布"撤离"命令，如果广播系统失效，撤离警告鸣响或应急灯亮，乘务员立即组织乘客撤离。

1. 陆地

（1）判断飞机完全停稳，解开安全带，确认滑梯预位，观察窗外无烟无火无障碍，打开所需要的舱门和出口，如图5-20所示；如果出口外"有烟有火有障碍"的话，迅速封门，指挥乘客去其他逃生出口；发现舱门卡阻，则迅速指挥乘客去其他舱门并尝试二次开门。

图 5-20　打开舱门并释放滑梯（智学 VR 全景视频）

（2）开门后，拉人工充气手柄，双手抓紧门侧辅助手柄，用身体背向舱内阻挡出口，待滑梯充气完成后，侧身站在门旁，与援助者一起指挥乘客跳滑梯撤离。

（3）乘客撤离完毕，取出座椅下的手电，从前向后、从后向前清舱，如有特殊乘客要喊出"特殊乘客有没有撤离？"，对接后一块撤离，撤离时带好必需物品。

2．水上

（1）判断飞机完全停稳，解开安全带，确认滑梯预位，观察窗外无烟无火无障碍并且舱门在水位线以上，打开所需要的舱门和出口，拉人工充气手柄，抛出救生船，救生船充气安全，指导乘客撤离；

（2）乘客撤离完毕，取出座椅下的手电，从前向后、从后向前清舱，如有特殊乘客要喊出"特殊乘客有没有撤离？"，对接后一块撤离，撤离时带好必需物品。

（3）上船前将救生衣充气，机上人员全部上船后，切断与机体连接，向风下侧滑离燃油区和燃烧区。

（四）撤离后

1．陆地

（1）成功撤离后，将乘客安排在远离飞机的安全距离外。

（2）5~10 人围成一圈，清点乘客和机组成员人数，报告机长"乘客××人，乘务员××人，无人员伤亡"。

（3）现场组织救治伤者。

（4）使用求救设备。

（5）如有可能，设置一名警卫确保邮件、包裹和飞机各部分不受干扰。

2．水上

（1）营救落水者。

（2）连接各船，抛海锚固定船的位置。

（3）清点人数，进行报告。

（4）救治伤者，照顾幸存者。

（5）使用求救设备。

二、有限时间准备的应急撤离

当准备时间非常有限时（不足10分钟或更少），优先次序是关闭厨房电源及娱乐系统，固定厨房设备，检查座椅靠背、小桌板，系好安全带，逃生出口划分和做好防冲撞姿势。

（1）主任乘务长从驾驶舱获取应急迫降的信息。
（2）召集乘务员并把信息传递给每位乘务员。
（3）关闭厨房电源及娱乐系统，固定厨房设备。
（4）广播通知乘客。
（5）收直椅背，扣好小桌板，收起脚踏板，系好安全带。
（6）介绍逃生出口。
（7）广播表演防冲撞姿势。
（8）指导乘客穿好救生衣（水上）。
（9）乘务员自身准备。
（10）完成准备工作后报告机长。
（11）着陆（水）刹那，高喊"低头弯腰，紧迫用力"口令，直至飞机完全停稳。
（12）执行有准备撤离着陆（水）后程序。

三、无准备的应急撤离

在无准备的应急着陆中，没有时间做准备，它通常发生在飞机起飞或着陆时没有警告的情况下，可能发生在地面或水上的应急着陆。由于没有时间对应急事件做准备，乘务员必须在出现第一个撞击迹象时做出反应。

（一）陆地无准备撤离

（1）迅速做出判断，"500英尺，准备冲撞！"。
（2）发出"不要动！系好安全带！Don't move! Fasten seat belt！""低头弯腰，紧迫用力。Bend over! Brace！"口令，直至飞机完全停稳。
（3）确认应急灯亮。
（4）机长发出"撤离！撤离！"指令或者应急撤离警告系统响，解开自身安全带，告知乘客"解开安全带！Release seat belt！"。
（5）确认滑梯预位，观察窗外无烟无火无障碍后，开门，拉人工充气手柄，封门，待滑梯安全后指导乘客撤离，提醒"脱下高跟鞋！不要带任何行李！"。
（6）乘客撤离完毕后进行清舱，确认后撤离飞机。
（7）带领乘客远离飞机，执行有准备撤离后的程序。

（二）水上无准备撤离

（1）迅速做出判断，"500英尺，准备冲撞！"。
（2）发出"不要动！系好安全带！Don't move! Fasten seat belt！""低头弯腰，紧迫

用力。Bend over！Brace！"口令，直至飞机完全停稳。

（3）确认应急灯亮。发出"穿上座椅下的救生衣，脱下鞋！Life vest under your seat！Put on your life vest！Shoes off！"指令。

（4）机长发出"撤离！撤离！"指令或者"应急撤离警告系统响"，解开自身安全带，告知乘客"解开安全带！Release seat belt！"。

（5）确认滑梯预位，观察窗外无烟无火无障碍并且舱门在水位线以上后，开门，拉人工充气手柄，抛出救生船，救生船充气安全，指导乘客撤离；提醒"脱下鞋！救生衣充气！上船！"。

（6）乘客撤离完毕后进行清舱，确认后撤离飞机。

（7）带领乘客远离飞机，执行有准备撤离后的程序。

任务三　应急广播与指挥

一、应急广播

在进行撤离准备时，乘务长使用客舱广播告知信息，乘务员对乘客进行安抚及指导，在广播和演示时，打开客舱内的所有灯光，固定好窗帘，关掉娱乐系统，完成准备工作后将灯光调暗。表5-4为乘务长广播内容和对应的乘务员工作任务。

表5-4　应急广播和工作任务

广播内容	乘务员任务内容及语言参考
（1）乘务长广播：代表机长宣布迫降决定	乘务员安抚乘客
女士们、先生们，请注意： 　　我是本次航班的乘务长，现在代表机长继续广播，由于＿＿故障（原因）我们决定（陆地/水上）迫降，我们全体机组人员都受过严格专业的训练，有信心、有能力保证你们的安全。请乘客们回到座位上，保持安静，听从乘务员的指挥。	"请大家不要惊慌，我们全体机组人员都受过严格专业的训练，我们有信心、有能力保证您的安全，请务必听从乘务员的指挥。"
（2）乘务长广播：客舱整理 　（根据实际情况需要广播）	乘务员按广播内容整理、检查客舱及厨房
"请将您的餐盘和其他所有服务用具准备好，以便乘务员收取。" "请调直座椅靠背，固定好小桌板、收起脚踏板和座位上的录像装置。"	迅速检查厨房设备、厕所设备，客舱安全检查并安抚乘客
（3）乘务长广播：逃生出口介绍	乘务员确认出口环境、划分乘客的撤离区域、演示出口并加以确认

续表

广播内容	乘务员任务内容及语言参考
● 陆地迫降 女士们、先生们： 　　现在乘务员将告诉您最近的出口位置，这个出口可能就在您的周围，请确认至少两个以上的出口。当机长发出撤离指令时，请按客舱乘务员所指的方向撤离，不要携带任何物品。在指定的门不能脱离时，请尽快转移到其他出口。 ● 水上迫降 　　现在乘务员将告诉您最近的带救生船的出口位置，这个出口可能就在您的周围，请确认至少两个以上的出口。当机长发出撤离指令时，请按客舱乘务员所指的方向撤离，不要携带任何物品。在指定的门不能脱离时，请尽快转移到其他出口。	"为了便于撤离，我们把客舱分成__个区域。" "坐在这一侧的乘客请听从我的指挥，坐在另一侧的乘客请听从他的指挥。" "坐在这里的乘客（重复），请从这边的门撤离，如果这边的门不能使用，请从那边的门撤离（做两组说明）。" "请问您从哪个门撤离？如果这边的门不能使用，应从哪个门撤离？"（确认数名靠走道的乘客）
（4）乘务长广播：选择援助者	乘务员寻找援助者并确认其任务
女士们、先生们请注意： 　　如果您是航空公司的雇员、执法人员、消防人员或军人，请与乘务员联络，我们需要您的协助（暂停广播）。 　　根据机长的要求，我们将调整一些人的座位，以更好地协助那些需要帮助的乘客，或帮助乘务员组织应急撤离。其他乘客请在原位坐好，系好安全带。	"有没有航空公司雇员、军人、警察和消防人员？我们需要您的帮助。" "你们三位愿意做我的援助者么？好，请跟我来。"（介绍语言见任务一） *在有时限的迫降中，乘务员应让紧靠出口或乘务员座位对面的乘客做援助者，在座位上向援助者做简介
（5）乘务长广播：取下物品说明	乘务员在客舱内强调并督促完成
女士们、先生们： 　　为了疏散时您的安全，请您取下随身的尖锐物品，如钢笔、手表和首饰，解下如领带和围巾这样的物品，脱下高跟鞋（水上迫降：脱下鞋子），把所有这些物品放入行李内。请不要把任何东西放在您座位前面的口袋内。请乘客把所有行李放在座位底下或行李架内。	"脱下高跟鞋放在行李架上。" "贵重物品放在外衣口袋。" "解下围巾、领带放在行李架上。" "大件行李锁到卫生间。" "座椅前方口袋不要放任何物品。" "眼镜、助听器、假牙要取下，但不是现在，听到我的口令时再取下。" "撤离时不要携带任何行李。"
（6）乘务长广播：防冲撞姿势说明	乘务员演示、辅导、确认
女士们、先生们： 　　为了您的安全，现在乘务员将向您介绍两种防冲撞姿势。 　　第一种：上身挺直，收紧下颌，双手用力抓住座椅扶手，两脚用力蹬地。	"看着我，跟我学。Attention！Follow me！" "第一种！……First！……第二种！……Second！……" "做好防冲撞姿势我来检查！" "很好，听到我喊'低头弯腰，紧迫用力，bend over, brace'时再做！"

续表

广播内容	乘务员任务内容及语言参考
第二种：两臂伸直交叉抓紧前面座椅靠背，头俯下，两脚用力蹬地。 当您听到"全身紧迫用力！"的口令时采取这种姿势，直到您听到"解开安全带"的口令。 在飞机着陆时，会有多次撞击，保持您的防冲撞姿势，直到飞机完全停稳。	*特殊乘客的指导：L1/R1 对第一排乘客，L4/R4 对应急出口座位乘客，再指导特殊乘客（高血压者、孕妇、小孩、抱小孩乘客）
（7）乘务长广播：救生衣演示（水上迫降）	乘务员使用机组救生衣在客舱演示指导。
女士们、先生们： 现在乘务员将向您演示救生衣的使用方法，请乘客们随同乘务员的演示穿上救生衣，但请不要在客舱内充气，注意不要在客舱内充气。 救生衣在您座位底下。取出并撕开包装，将救生衣经头部穿好。将带子扣好，系紧。当您离开飞机时，拉下救生衣两侧的红色充气把手，但在客舱内请不要充气。充气不足时，可将救生衣上部的人工充气管拉出，用嘴向里吹气。（在夜间）最后请拔掉电池销。 现在乘务员将协助任何需要帮忙的乘客穿上救生衣。	取出座位下的救生衣（手势指出座椅下方）； 演示（迅速穿好后展示红色充气开关，不要拉动）。 落实："带子系紧！不要在客舱内充气！机组救生衣是红色的！"
（8）乘务长广播：介绍安全说明书	乘务员重新检查固定客舱、厨房设备、清理出口
在您前面的座椅口袋里有安全说明书，请仔细阅读。如果您有任何疑问，请向邻座乘客或乘务员询问。	厨房：关闭电源，固定好设备。
（9）乘务长广播：注意事项提示乘客	厕所：再次确认卫生间没有人，大件行李锁闭。
女士们、先生们： 当客舱乘务员发出"全身紧迫用力"的命令时，您要做好防冲撞姿势，并保持防冲撞姿势直到飞机完全停稳。当您听到"解开安全带"的命令时，迅速解开安全带，听从客舱乘务员的指挥进行紧急撤离，应急撤离时，不要携带任何物品。在到达出口时，打开救生衣的充气阀门。（水上撤离） 现在请拿下眼镜、假牙和助听器，并将它们放在外衣口袋内。	客舱：乘客安全带、小桌板、座椅靠背、遮光板、脚踏板。 行李架关闭。 取下门帘、隔帘。 门区：确认出口畅通、无障碍物，确认滑梯预位系统在"ARMED"位置
（10）乘务长广播：关闭客舱灯光	全体乘务员做好最后准备
女士们、先生们，请注意： 为了使您的眼睛能尽快适应外部光线，我们将调暗客舱灯光。	迅速自身确认，发卡、胸牌、手表、丝袜、高跟鞋放在行李架里，打湿头发（水上撤离不需要），互检
（11）乘务长广播：最后确认	最后确认
全体乘务员做好最后准备。	坐好，做好防冲撞姿势。内话报告："L1门，客舱确认完毕，自身确认完毕。"

二、指挥口令

口令是撤离过程中非常重要的一部分，乘务员在喊出口令时应该做到：响亮、清晰、简短、积极、节奏清楚、语气坚定。

（一）陆地撤离指挥口令

下面是陆地撤离时的状态和对应的指挥口令（见表5-5）。

表5-5 陆地撤离指挥口令

状　　态	口　　令
500英尺，准备冲撞	低头弯腰！紧迫用力！Bend over！Brace！（持续）
应急灯亮	不要动！Remain seated！（两遍）
飞机停稳，机长发出"撤离！撤离！"或者应急撤离警告系统响，乘务员解开安全带及肩带从座位上站起，观察外面状况并打开出口门后封住舱门时	解开安全带！Open seat belt! 撤离！Evacuate！
出口门已经打开，滑梯充气后，一只手握着门边把手，另一只手指挥时	到这边来！Come this way！ 这边走！Come here!
撤离期间指挥乘客加快撤离速度时	快点走！Move faster!
当乘客在充满烟雾的客舱内撤离时	低下身，跟着灯光走，随声音来，隔着衣服呼吸！Stay down! Follow me!
当乘客通过出口撤离时	一个跟着一个!跳滑！One by one! Jump and slide！
当门被堵住，门把手卡住，舱外有火、烟、水，乘务员面向客舱双臂封住舱门时的指挥；以及门已打开，但无滑梯的情况下，乘务员面向外双手抓住门边把手时的指挥	此门不通，到对面去！ 到前门去!到后面去！ No exit,go across! Go forward! Go back!
遇到无计划的应急撞击时	弯腰/趴下！Bend over！Keep head down!
遇到有计划的应急撞击时	紧迫用力！Brace!
当飞机着陆后，机长指示不用撤离时	坐在座位上！Stay in your seat! 保持镇静！Don't panic!
遇到无计划的应急撤离时	脱掉高跟鞋！Take off shoes!

（二）水上撤离指挥口令

下面是水上撤离时的状态和对应的指挥口令（见表5-6）。

表5-6 水上撤离指挥口令

状　　态	口　　令
500英尺，准备冲撞	低头弯腰！紧迫用力！Bend over！Brace！（持续）
应急灯亮	不要动！Remain seated！（两遍）

续表

状　态	口　令
飞机停稳，机长发出"撤离！撤离！"或者应急撤离警告系统响，乘务员解开安全带从座位上站起，观察外面状况并打开出口门，封住舱门时	解开安全带！Open seat belt! 撤离！Evacuate!
遇到无计划的应急撤离时	穿上你座位下的救生衣！Life vest is under your seat! 脱掉高跟鞋！Take off shoes!
出口门已经打开，滑梯充气完毕后闪开出口，一只手握住门边把手，另一只手指挥时	到这边来！Come this way! 这边走！Come here!
当乘客通过出口撤离时	救生衣充气！Inflate life vest! 上船！Get on raft!（三遍）
撤离期间指挥乘客加快撤离速度时	快点走！Move faster!
乘客在救生船上以及移动时	趴下，坐下！Stay low, sit down!
当门被堵住，门把手卡住，舱外有火、烟、水，面向客舱双臂合十时的指挥；以及门已打开，当中大型飞机救生船充气失效时，双手抓住门边把手指挥时	此门不通，到对面去！ No exit, go across! 到前门去！到后面去！ Go forward! Go back!
遇到有计划的应急撞击时	紧迫用力！Brace!
遇到无计划的应急撞击时	弯腰/趴下！Bend over! Stay low!
当飞机着陆后，机长指示不用撤离时	坐在座位上！Stay in your seat! 保持镇静！Don't panic!

 知识巩固

 技能强化

技能强化训练任务单 5-1　有准备的陆地应急撤离准备

1. 任务描述

航线：深圳—北京。机型：B737-800。巡航阶段机长通知乘务长，因飞机机械故障，机组决定 20 分钟后迫降长沙黄花机场，请乘务组执行有准备的陆地应急撤离准备程序。

2. 任务要求

以 4～6 人为乘务组单元，按照有准备的陆地应急撤离准备要求完成信息传达、安全检查、出口划分、安全演示、寻找援助者、自身确认等工作，要求程序正确、配合良好、指挥有效。

3. 训练标准

任务		动作步骤	标　　准
机长通知，由于机械故障，飞机20分钟后准备陆地迫降	1	获取信息	主任乘务长从驾驶舱获取信息，包括紧急情况的性质、采取的着陆方式、可供准备的时间、采取的撤离形式、采取防冲撞姿势的信号等
	2	传递信息	主任乘务长召集全体乘务员到指定门区集合，把信息传达到每一位乘务员
	3	广播	① 机长广播通知旅客迫降的决定 ② 主任乘务长接替机长广播
	4	安抚旅客情绪	根据乘务长的广播内容对旅客情绪进行安抚
	5	调整座位	① 援助者安排在出口处或需要帮助的旅客旁边就座 ② 特殊旅客安排在应急出口第二排中间 ③ 同一排座椅不能同时安排两位特殊旅客 ④ 担架旅客安排在客舱最后一排
	6	工作间安检	① 确认滑梯处于预位状态，交叉互检 ② 关闭厨房电源，固定厨房设备 ③ 检查厕所无人锁闭
	7	客舱安检	对乘客进行安全检查，收直椅背，扣好小桌板，收起脚踏板，系好安全带
	8	收取尖锐物品	① 指挥乘客将贵重物品放在外衣口袋，座椅前面口袋清空，大行李放于厕所内，眼镜、假牙和助听器虽为尖锐物品，但冲撞前再取下 ② 乘务员对乘客进行单独指导，指出需要取下的尖锐物品，同时需要强调座椅前面的口袋内不能存放任何物品，贵重物品放在外衣口袋内，大件物品交给乘务员锁闭到洗手间，撤离时不能携带任何手提行李
	9	演示防冲撞姿势	① 乘务员在做防冲撞姿势时要注意姿势和广播词的配合，指导乘客时要积极肯定乘客的姿势，提示什么时候再做 ② 出口座位乘客防冲撞姿势为身体前倾，头贴在双膝上，双手紧抓抱大腿，两脚平放用力蹬地，系紧安全带；抱孩子的乘客姿势为单手抱孩子，孩子头朝里，面朝上，一只手用力撑住前方座椅靠背，低下头，双脚用力蹬地 ③ 双脚不能着地的儿童，可采用将双手压在大腿下，手心向上，弯腰低头的方式，在腿上垫枕头或毛毯。备注：每个乘务员至少说出一种特殊乘客安全姿势
	10	出口指示	① 以客舱两个出口之间的中线为分隔，中间座位平均划分，就近为第一逃生出口 ② 第二逃生出口：双通道机型指挥乘客向前、向后，单通道指挥乘客到对面去
	11	寻找援助者	① 援助者的确认：至少找3名援助者，每个人不要交代太多任务，交代任务要分清主次，所负责区域的特殊乘客要调换至出口座位第二排中间并安排援助者协助其撤离，每一排只安排一个特殊乘客

续表

任　务	动作步骤	标　准
机长通知，由于机械故障，飞机20分钟后准备陆地迫降	11　寻找援助者	② 援助者确认原则：首选是坐飞机的机组人员，次选是本公司和其他航空公司雇员，然后是军人、警察、消防人员以及身强力壮的男性乘客。乘务员寻找援助时的话语："有没有航空公司雇员、警察和消防人员？您愿意做我们的援助者吗？""Is there any airline staff, fire fighter or policeman? Will you assist us?" ③ 给援助者交代任务。 第一种情况（乘务员有指挥能力的时候）： "当听到撤离信号时，你们三位面向客舱，手肘相交，站成弓字步挡住冲过来的乘客，我来打开舱门。当我指挥撤离的时候，你们（第二、第三人）两位先下飞机，站在滑梯两侧协助乘客撤离。你（第一人）随后下机指挥乘客远离飞机。听明白了吗？" 第二种情况（乘务员失去指挥能力的时候）： "当我失去指挥能力的时候，你（第一人）来接替我开门，舱门是这样打开的，先观察窗外无烟无火无障碍，沿箭头方向转动/拉开操作手柄，门会自动打开/用力将门推至全开（737机型），滑梯充气结束后站在这里（位置要明确）指挥乘客撤离。你们（第二人和第三人）在他开门时像之前那样挡住冲过来的乘客，他指挥撤离时你们两位把我带下飞机放在滑梯一侧，我的安全带是这样解开的，你来试一下。你们明白了吗？"
	12　最后检查确认并调节客舱灯光	① 相关电源已经关闭，厨房设备、物品固定，大件行李已被锁闭，洗手间锁闭，门帘取下，通道和出口无障碍物，助听器、眼镜、假牙已经取下，调暗客舱灯光（夜间撤离） ② 自身确认。 女乘务员：取下头花，摘下耳针、服务牌、笔，脱下尼龙丝袜和高跟鞋，打湿头发； 男乘务员：取下服务牌、笔，摘下领带，解下皮带，取下手表，脱下皮鞋
	13　各区域乘务员确认准备工作完成后，报告主任乘务长	乘务长："全体乘务员做好最后准备。 Cabin crew attention, prepare yourself." 乘务员："××门，客舱确认完毕，自身确认完毕。 ××door, cabin ready, self ready." 回顾撤离分工并做静默30秒（STS）
	14　主任乘务长确认客舱准备工作完成后报告机长	乘务长最后向机长报告："报告机长，客舱准备完毕。Captain, cabin ready."
	15　落地一刹那，得到防冲撞信号时，乘务员高喊口令	① 机长发出：500英尺，乘务员必须坐在执勤位置，系好安全带和肩带 ② 机长发出：100英尺，准备冲撞！此时，乘务员高喊"低头弯腰，全身紧迫用力！Bend over, brace!"的口令，直到飞机停稳

注：1. 本任务单参照《1+X 空中乘务职业技能等级标准》制定，非考签，仅供训练参考。

2. 乘务员分工可按实际号位分配调整，表内仅供参考。

技能强化训练任务单 5-2　着陆后撤离

1. 任务描述

航线：深圳—北京。机型：737-800。飞机因机械故障迫降长沙黄花机场，着陆后机体无明显损坏，周围无烟无火无障碍，所有出口均能使用。请乘务组执行着陆后的应急撤离程序。

2. 任务要求

以 4~6 人为乘务组单元，机长发布撤离命令/撤离警告鸣响/应急灯亮，乘务员立即组织旅客撤离，要求在 15 秒内完成舱门开启，90 秒内完成所有人员撤离。

3. 训练标准

任　务	动作步骤		标　　准
陆地应急撤离（所有出口可用）	1	飞机停稳	判断飞机完全停稳，指挥旅客"不要动"
	2	获得指令	解开安全带：指挥乘客解开安全带的同时也解开自己的安全带。乘务员："解开安全带。Release your seatbelt."
	3	观察	观察确认出口外"无烟无火无障碍"
	4	开启舱门	开门，拉人工充气手柄，封门
	5	指挥	确认滑梯充气状况，指挥旅客撤离，远离飞机
	6	清舱	旅客撤离完毕，乘务员、区域乘务长、主任乘务长清查客舱后报告机长，随之撤离飞机。撤离时带好必需物品

注：1. 本任务单参照《1+X 空中乘务职业技能等级标准》制定，非考签，仅供训练参考。

2. 乘务员分工可按实际号位分配调整，表内仅供参考。

拓展思考

空中乘务人员的第一岗位职责是保证飞行安全，飞机的安全运行需要全体机组人员和乘客的共同努力。

应急撤离是一个时间短、人员多、环境状态复杂、影响因素众多的逃生过程。撤离速度是以"秒"计的，从行李箱内取行李耽误时间；行李脱落会砸伤人；带着行李逃生很容易堵塞逃生通道，减缓撤离速度；跳滑梯时，行李也可能会划破滑梯，致使滑梯漏气，造成更大的事故。

民航客机每架飞机上都配有灭火器、急救箱、防疫包、消防斧、救生船等几十种应急设备，每个航班前都需要挨个检查是否在位可用。乘务员从初始培训到每年一次复训的主要内容从来就不是端茶倒水，而是灭火、急救、跳水、撤离，每次开会永远都是要制定各个空防预案，牢记今天自己执飞航班如果发生紧急情况如何处理，如何带乘客撤离，15 秒开舱门，90 秒撤离飞机，各种应急处置……每个乘务员分分秒秒都在为救人做好充分准备。

所以关键时刻，请一定要相信我们的乘务员，听从乘务员所发出的每一个指令："镇静，解开安全带，不带行李，脱下高跟鞋，到这里来，跳滑。"这其中包括"如果我受伤，舱门是这样打开的，如果乘客全部撤离完毕，最后请记得将我们带下飞机"。

项目六　机上烟雾/火灾处置

【学习目标】

知识目标：了解机上烟雾/火灾的基本知识，包括烟雾/火灾的危害、火灾种类及适用灭火器等。

能力目标：掌握灭烟/灭火的三人小组处置程序；能对典型的机上烟雾/火灾情况进行处置，做出快速反应和正确判断，使用合适的灭火设备，按程序进行灭烟/灭火，并做好乘客管理和自身保护。

素养目标：培养风险忧患意识，牢固树立消防责任意识，强化敬畏生命、敬畏职责、敬畏规章的"三敬"内核。

【思政导读】

大火无情人有情

2023年3月的一天，一位女士拿着一面精致的锦旗来到长龙航空总部大楼，感谢客舱部乘务员许××"大火无情人有情、助人为乐显真情"。小许外出用餐时发现店里冒出了浓浓黑烟，他随即呼叫店员前往查看，发现厨房里有大量明火在燃烧，情况危急！作为乘务员，他第一时间想到的就是找到灭火瓶进行灭火，这是作为乘务员的本能与职责。进入火场后，他马上找到燃气供给阀门并关闭，以免有毒易燃气体持续蔓延，迅速打开餐厅窗户进行通风换气，一边疏散人群，一边娴熟地拿起灭火器，拔出保险销，标准站姿，喷头对准火源底部边缘，迅速灭火，火势在争分夺秒之中逐步被控制住。火警及时到达，小许的果断操作也成功控制了火势，事后，小许却悄然离开了。根据店长回忆，当时店里的所有人都跑了出来，连自己的店员都跑得一个都不剩，只有这个小伙子拿上灭火瓶向火最大的地方冲了进去，让她深深地记住了这个"最帅逆行者"。

乘务员学到的知识并不是只运用在航班中，也要贯彻在日常生活中；不仅要在践行真情服务的道路上不忘初心，也要在履行社会责任中彰显时代担当。

（资料来源：民航资源网）

任务一　烟雾/火灾基本知识

一、烟雾

火灾对于人体的危害有多个方面，包括缺氧、粉尘、高温和毒性。火灾造成的烟气毒性大，易使人窒息死亡。因为飞机内部的可燃物大多为有机物质，在燃烧过程中会产生大量的有毒气体和烟雾。飞机各舱之间互相连接，有毒气体和烟雾会很快充满机舱内部。同时，飞机的密闭性非常强，有毒气体和烟雾很难散发出去。在这种情况下，飞机内人员极易中毒身亡。

浓烟致人死亡的最主要原因是一氧化碳中毒。在一氧化碳浓度达 1.3% 的空气中，人呼吸两三口气就会失去知觉，呼吸 13 分钟就会死亡。据了解，常用的建筑材料燃烧时所产生的烟气中，一氧化碳的含量高达 2.5%。此外，火灾中的烟气里还含有大量的二氧化碳。在通常的情况下，二氧化碳在空气中约占 0.06%，当其浓度达到 2% 时，人就会感到呼吸困难，达到 6% 时，人就会窒息死亡。另外还有一些材料，如聚氯乙烯、尼龙、羊毛、丝绸等纤维类物品燃烧时能产生剧毒气体，对人的威胁更大。在火灾发生时，烟的蔓延速度是火的速度的 5 倍，其产生的能量是火的 5～6 倍。烟气的流动方向就是火势蔓延的途径。温度极高的浓烟，在 2 分钟内就可形成烈火，对相距很远的人也能构成威胁。

除此之外，浓烟的出现会严重影响人们的视线，使人看不清逃离的方向而陷入困境，给撤离带来难度。

飞机发生火灾时，紧急着陆后，乘客从烟火中出逃，可用湿毛巾或布蒙住口鼻，减少烟气的吸入。如烟不太浓，可俯下身子行走；如为浓烟，须匍匐行走，因为在贴近地面 30 厘米的空气层中烟雾较为稀薄。撤离飞机后，要往上风处会合，远离燃烧区和烟雾区。

二、火灾

在世界航空史上，由空中火灾引起的典型空难案例有：1998 年 9 月 2 日瑞士航空 MD11 电子舱过载失火空难，2002 年 5 月 7 日 MD82 大连乘客纵火空难，2007 年 8 月 20 日中华航空 737 飞机在冲绳因燃油泄漏导致飞机烧毁，2010 年 9 月 3 日 UPS747 飞机在阿联酋的着火空难（怀疑锂电），2011 年 7 月 28 日韩亚航空的 747 飞机在济州岛因为飞机上货物（怀疑大量锂电）着火发生空难……

机上可燃、易燃物多，火灾发生的危险性大。现代飞机为了给乘客提供舒适的环境，客舱内部的生活设施一应俱全。但是，这些装修材料多为可燃、易燃物品，比如客舱内密集的座椅、地板上的地毯以及其他设施等都是可燃物。另外，乘客随身携带的行李、衣物等外来可燃物也增加了飞机内部的火灾荷载。

火势蔓延速度快，扑救困难。如果飞机在起飞或者着陆时发生火灾，扑救起来还相对容易，因为这时可以借助机场专职消防队的力量将火扑灭。但如果飞机在飞行过程中着火，而机组人员又没能及时在火灾发生初期将火扑灭，那么火势就会迅速蔓延，直至失去控制。这种危险性主要来自以下几个方面：飞机内空间相对狭小，可燃物较多，火灾荷载大；飞机各舱之间没有防火分隔，一舱起火，很快就会蔓延至其他机舱；飞机在飞行过程中，高空环境条件复杂；飞行过程中起火，地面消防力量无法参与救援。

飞机起火后容易发生爆炸。飞机内部起火，密闭而狭小的空间内温度会迅速升高，里面的气体也会迅速膨胀，极易造成爆炸。另外，高温对发动机舱也有很大的威胁，一旦发动机舱遇火燃烧，爆炸就难以避免。

火灾对飞机的危害主要是可能烧毁飞机的系统，使得飞机关键操作系统失灵、失压、爆炸、解体。比如瑞士航空的 MD11 和 UPS 的 B747，都是因为大火烧毁了飞机的控制和操纵系统，导致飞机失控坠毁。

火灾还有一点是致命的，就是引发人员恐慌，导致飞机失去平衡坠毁。比如"5·7"大连空难，因为飞机尾部着火，所有人员都冲向前舱，导致飞机重心变化飞机失控。

为保证飞机内的人员舒适和安全，飞机在高空飞行时是增压密封状态。但是一旦发生火灾，就面临两难：旅客维持生命需要氧气！而氧气是助燃剂！只要有氧气，几乎所有的可燃物在高温下都可以燃烧起来。

对于有旅客和乘务员的客舱，由于飞机上有人员协助识别火情大小，可取比较有效的针对措施进行灭火。对于没有人员的货舱或者货机飞机，几乎不大可能去分析和判断火源和火情，飞机只能依靠携带有限的灭火剂对货舱从固定喷嘴进行灭火，很难估计货物的可燃性和持续时间，尤其是当运输有锂电的危险品和一些违规的危险品冒充普通货物被装载上飞机时。

三、烟雾/火灾的主要隐患

（1）电器设备故障。
（2）烤炉内存有异物或加热时间过长。
（3）旅客吸氧。
（4）旅客携带易燃物品。
（5）厕所内抽水马达故障。
（6）吸烟。
（7）机内货舱装有易燃的货物。

四、烟雾/火灾的分类

在飞行过程中，不同火灾的发生都存在可能性。乘务员对不同火灾要明确区分，进行有效预防。当火灾发生后，要进行及时正确的判断，并找出最佳的处置、解决方案，这样才能及时灭火。客舱内常见的火灾种类大致分为三类：
- A类：纸、布、木、塑料、橡胶等可燃性固定物质引起的火灾。
- B类：易燃液体、油类引起的火灾。
- C类：电器引起的火灾。

下面列出了三类火灾的不同状况和适用灭火器，以及常发位置、预防处置（见表6-1）。

表6-1 火灾分类基本知识

火灾种类	A	B	C
燃烧物	纸、布、木、塑料、橡胶等	易燃液体、油类	电器设备
烟雾	灰色/褐色，较浓重	黑色，很浓重，有汽油/润滑油气味	淡灰色/微蓝色，非常细微，可迅速散开，具有明显的酸性气味
常发位置	座椅、衣帽间、行李架、卫生间（吸烟）	机上烤箱	机上烤箱、烧水杯、卫生间内的抽水马达
适用灭火器	水/海伦灭火瓶	海伦灭火瓶	海伦灭火瓶
常见原因	乘客违规吸烟；乘客携带易燃品上机	烤箱内残留油脂、异物；食物加热时间过长；餐食油脂溢出；加热食物密封不严，餐食油脂溢出；乘客携带易燃液体上机	乘务员误操作；电器故障；乘客违规吸烟
预防	加强易燃空间检查；监控杜绝乘客吸烟	在每次启动烤箱工作时检查空箱内有无滞留油渍；掌握正确烤温及烘烤时间；逐一检查食物密封情况；在每一次放置食物前，用小毛巾擦拭烤箱上遗留下来的异物；不得在烤箱内放置纸张、围裙、毛巾等	正确逐步操作电器，不能以粗暴的方式来中断其工作；监控杜绝乘客吸烟
处置	按处置预案灭火，及时扑灭余火，避免二次火灾；对旅客违规违法行为进行处理	按处置预案灭火，第一时间切断厨房电源和烤箱电源，关闭烤箱；对旅客违规违法行为进行处理	按处置预案灭火，第一时间切断电源，对于像烧水杯的失火类型应拔下水杯，不能将冷水倒入过热的水杯里；对旅客违规违法行为进行处理

任务二 灭烟/灭火程序

一、灭烟/灭火程序简介

在执行任何灭烟/灭火程序时都应组成三人灭烟/灭火小组：一名负责灭烟/灭火，一名负责通信联络，一名负责援助。

（一）灭烟/灭火步骤

（1）寻找烟源/火源，确定烟/火的性质。

(2)拔出受影响区域的跳开关,切断电源。

(3)乘务员要注意做好自我保护,穿戴好防护式呼吸装置,取用相应的灭火瓶灭火(见图6-1)。

图 6-1　穿戴好 PBE

(4)向机长报告,始终保持与驾驶舱的联系。必要时请求机长切断烟雾/失火区域电源。

(5)收集所有的灭火设备到达失火现场,保持灭火设备随时可用。

(6)监控情况,保证余火灭尽。

(二)三人小组职责

1. 灭烟/灭火者职责

(1)负责观察烟情、火情。

(2)就近使用相应的灭火瓶和防烟面罩,立即灭火。

(3)呼叫或发出信号给其他乘务员,通知离自己最近的乘务员来支援和报告。

【参考语言】

×××,我来灭火!你去报告!

2. 通信联络员职责

(1)通过内话向机长通报火情,做到语言简练、信息清晰:

- 烟/火位置及物品。
- 有无异响。
- 烟的浓度、气味、颜色。
- 火势大小。
- 客舱状况。
- 乘务员预采取行动。

【参考语言】

报告机长,飞机后舱洗手间位置发现火灾;初步判断是因为乘客抽烟引起,火势较大,请求切断后舱左侧洗手间区域电源,请指示!

(2)不可离开内话器,与驾驶舱保持不间断的联系。

(3）立即通知乘务长和其他客舱机组人员提供援助。

3．援助者的职责

（1）收集其余的灭火瓶和防烟面罩。

（2）戴上 PBE，携带灭火器做好接替灭火者工作的准备。

（3）安抚旅客情绪，指导旅客采取防烟措施。

【参考语言】

低下头，用领口、袖口捂住口鼻！

Keep low, bend over, cover your nose and mouth!

（4）负责监视防烟面罩的使用时间。

（5）转移火源附近的易燃、易爆物品。

（6）关闭附近设备电源，拉出断路保护器。

（7）转移火源附近的旅客，避免大幅度纵向调整旅客座位，保持飞机纵向的重心。

（8）负责监视余火，保证其无复燃的可能。

二、对乘客的保护

在执行灭烟/灭火程序时，要做好对乘客的保护工作：

（1）调整火源区旅客座位。

（2）指挥旅客身体放低，用手或其他布类（最好是湿的）罩住口鼻呼吸，避免吸入有毒的气体（见图 6-2）。

图 6-2　指导乘客掩鼻俯身

（3）让旅客穿上长袖衣服，防止皮肤暴露。

（4）保持乘客的情绪稳定。

（5）根据机长指示，做好应急撤离的准备。

三、灭烟/灭火要点

在执行灭烟/灭火程序时，要注意做到：
（1）保持驾驶舱门的关闭。
（2）搬走火源区的易燃物（氧气瓶等）。
（3）始终保持与驾驶舱的联系。
（4）不要放下氧气面罩，不要使用氧气设备，PBE（呼吸防护设备）除外。
（5）条件允许时，蹲下来降低身高或利用门、隔板作为保护。
（6）开门之前，在门板及门框处喷洒灭火剂，创造惰性气体保护环境。
（7）灭火者利用灭火瓶挡在前面做保护（见图6-3）。

图 6-3　自我保护

（8）灭火者戴上防烟面罩，必要时穿上防火衣。
（9）灭火时应将喷嘴对准火源的根部，由远至近、从外向里，平行移动灭火。
（10）停止通风工作控制火情。
（11）经常用手背测试舱门、进口板、隔板温度。
（12）条件允许时，可使用水作为临时降温阻燃物。
（13）保持旅客的情绪稳定。
（14）随时准备撤离旅客。

任务三　典型烟雾/火灾处置

【案例分享】

2015年7月26日，深圳航空公司一架航班发生一起机上纵火事件。机组人员发现一名旅客的异常举动后，在空中启动应急处置程序，并第一时间通知空管、白云机场等相关单位，在纵火者行凶过程中机组成员一直在提醒乘客保持冷静，挥臂高喊"请相信我们"并呼吁保护好儿童和妇女安全，让妇女和儿童退后到飞机尾部，同时号召男乘客站出来，"大家就把行李架上的行李拿下来堆在过道上，把那男的堵在过道上"。她们处理突发事件过程中始终保持着沉着冷静。随后机组控制该旅客,飞机于 26 日 0 时 58 分安全降落在广州白云机场后,机组启动紧急撤离程序及时疏散旅客,所有旅客均安全撤离。事件中无人员死亡,有 2 人轻伤被送往医院救治。

机上 9 名机组成员临危不惧、协同配合、果断处置,成功扑灭明火、稳定客舱秩序、制服犯罪嫌疑人,确保了机上 97 名乘客生命财产安全和航空器安全。该机组受民航局通报表彰记"集体一等功"。

(资料来源:南方都市报)

一、卫生间冒烟/失火

卫生间冒烟/失火在机上火灾中占较大比例,约 45%的火灾发生在卫生间。失火原因主要有:旅客吸烟,将未熄灭的烟头投入垃圾箱中;垃圾箱放置不当,纸巾被扔在垃圾箱附近加热管道上;电器故障。

如果烟雾报警器报警,表明卫生间发生烟雾或起火,应做出以下处置。

(1)检查卫生间内是否有人。

如果是乘客吸烟引起烟雾探测器报警,应要求乘客立即熄灭香烟,开门将烟雾排出,解除警报,确认垃圾箱没有烟头或其他隐患,明确指出吸烟者行为不当,最后向机长报告。

(2)用手背感觉门的温度,如果门是凉的,乘务员应:

① 取出就近的灭火瓶(见图 6-4)。

② 小心打开卫生间门,寻找烟源/火源。

③ 如果发现垃圾箱冒烟/失火,用水浇湿垃圾箱(见图 6-5)。

图 6-4　就近取用灭火瓶　　　　　图 6-5　浇湿垃圾箱

④ 如果电器冒烟/失火,使用海伦灭火瓶灭火。

如果感觉门是热的,乘务员应:

① 通知机长切断卫生间电源。

② 当烟雾从门四周溢出时,应用湿的毛毯堵住(见图 6-6)。

图 6-6　堵住门缝

③ 穿戴好 PBE，取出灭火瓶（见图 6-7）。

图 6-7　使用灭火瓶

④ 低身蹲下，利用门板做保护，将门打开小缝（见图 6-8）。

图 6-8　开门

⑤ 将灭火剂从门缝喷入（见图6-9）。

图6-9　短时喷射

⑥ 关闭卫生间门（见图6-10）。

图6-10　关门（智学VR全景视频）

⑦ 重复开门→喷射→关门的灭火步骤，直至火被扑灭。
⑧ 余火灭尽后用湿毛毯盖住失火区域。
（3）通知机长及锁住卫生间，派人监控该区域。

二、衣帽间冒烟/失火

（一）有帘子的衣帽间

如衣帽间用帘子隔开，没有隔板，发现烟情/火情，乘务员应：
（1）立即取用灭火瓶灭火。
（2）搬开未烧着的衣物或物品。
（3）检查火是否被扑灭。
（4）监视衣帽间的物品，保证余火灭尽。

（二）有门的衣帽间

有门的衣帽间如果冒烟/失火，处置程序同卫生间冒烟/失火的处置程序。

三、厨房设备冒烟/失火

电器失火时首先要切断电源,关闭失火设备的开关并拔出跳开关,立即报告机长并请求切断厨房总电源;要使用海伦灭火瓶灭火;注意不要将水倒入过热的烧杯内。

(一)烤箱冒烟/失火

(1)切断烤箱电源,拔出相应的断路器。
(2)保持烤箱门关闭。
(3)通知机长,同时组成灭火小组,按以下步骤处置。
① 穿戴好 PBE。
② 打开烤箱门之前,在烤箱周围喷洒灭火剂,观察烟/火状况。
③ 将烤箱门打开一条缝隙,仅够插进灭火瓶喷嘴即可。
④ 使用海伦灭火瓶进行短时喷射。
⑤ 迅速关闭烤箱门。
⑥ 持续观察烟火状况。
⑦ 重复③~⑥步骤直至火被扑灭。
⑧ 不要把燃烧的物品从烤箱中取出。
⑨ 不要再次接通该烤箱电源。
(4)报告机长,派人监控该区域。

(二)烧水杯冒烟/失火

烧水杯出现冒烟/失火,应第一时间切断电源,拔下烧水杯(注意自我保护)。如果火不灭,可使用海伦灭火瓶灭火,灭火后向机长报告。注意不能用水灭火,不要将水倒入过热的烧杯内。

四、"隐蔽区域"冒烟/失火

侧壁面板、天花板、地板和通风口处冒烟,可能有"隐蔽区域"失火。乘务员应用手背沿着壁板移动,找出温度最高的区域,确定烟源/火源,立即通知机长并执行指示,将灭火设备取出备用。如果机长指示将壁板撬开,应按以下步骤处置:
(1)让乘客撤离出此区域。
(2)使用救生斧砸进壁板,撬开能够插入灭火瓶喷嘴的缝隙(不能用刀砍壁板,避免将电线和液压线砍断,见图6-11)。

图 6-11　撬开壁板

(3) 使用海伦灭火瓶进行灭火。
(4) 灭火后报告机长,派人监控该区域。

五、荧光灯整流器冒烟/失火

荧光灯整流器失火短暂,可自我熄灭,没有较大危险;如长时间使用可能会过热,产生明显气味的烟雾,应通知机长并关灯。

六、空中娱乐设备（IFE）/座椅中电源冒烟/失火

如果只是冒烟,可以关闭视频控制中心 VCC 盒中的主电源,通知机长,不要再次接通相关区域电源;

如果能看见火焰,应关闭视频控制中心 VCC 盒中的主电源,通知机长,使用海伦灭火瓶灭火,灭火后不要再次接通相关区域电源。

七、行李架冒烟/失火

如果发现行李架冒烟/失火,应大声询问周边乘客起火行李架里是否有锂电池,将乘客撤出该区域,通知机长;用手背感觉行李架表面的温度,找出温度最高的区域,确定火源/烟源位置;将行李架打开一条小缝,将灭火剂喷入行李架内（见图 6-12）,然后关闭行李架;重复以上步骤,直至烟火被扑灭,并派人监控该区域。

图 6-12　行李架灭火

任务四　锂电池失火处置

【案例分享】

2011 年 7 月 28 日,韩亚航空波音 747-400 全货机（注册号 HL7604）由首尔仁川机场飞往上海浦东机场途中,报称因"机件故障"需要折返,在济州外海附近坠毁,2 名机员死亡。

韩国时间下午 2 时 47 分,这班货机由首尔仁川机场起飞,前往上海浦东,货机搭载 58 吨货物,包括大批的手提电话、锂电池、半导体、发光二极管和液晶显示器等,余下货物则有树脂、油漆和其他化学品。

4时3分,机长汇报指机舱发生火警,要求转飞济州并紧急降落。4时11分,航管中心与飞机失去联系,其后飞机坠毁于济州岛以西107千米海面。机组人员与上海航管部门最后的通信内容是"机舱起火"。

当日4时45分,韩国海洋警察厅派遣队伍前往搜救。6时10分,搜救队表示只找到了少量残余物如座椅、救生衣、有韩亚机身色彩的金属块和油污于海面漂浮,但飞机机体残骸仍未寻回。

大韩民国国土海洋部(MLTMA)介入调查事故起因,并全力寻回飞机飞行记录仪。8月17日,搜救队确认了包括垂直尾翼在内的39件残骸的位置约于水下80米,而垂直尾翼中可能包含了飞行记录仪和机舱对话记录器。两名遇难飞行员的遗体于10月29日寻获。机上正、副机长分别为52岁和43岁,飞行时数共达19 000小时,并有7000小时执飞波音747的经验。

调查结果显示,火灾导致操作系统失效,起火原因为飞机上的锂电池爆炸。该空难对韩亚造成1.9亿美元损失。空难发生后,国际民航组织(ICAO)开始考虑在新的航空运输安全标准中对锂电池的运输加以限制。

(来源:民航资源网)

锂电池是指电化学体系中含有锂(包括金属锂、锂合金和锂离子、锂聚合物)的电池。锂是一种非常活泼的金属,一旦锂金属电池在运输过程中受到撞击,电池中的锂就会发生剧烈的反应并产生大量的热,从而引燃周围的物质发生火灾。因此在进行航空运输时,锂金属电池属于第9类危险品(杂项危险品,见图6-13)。2015年3月,中国民航局为提升锂金属电池货物航空运输的安全水平,规定今后除非获得国家豁免,将禁止使用客机运输单独包装的锂金属电池货物。

图6-13 杂项危险品标签及锂电池运输标签

旅客的手提电脑、手机、录像机、摄像机、掌上电脑里都有锂电池。几乎所有的便携式电子设备都使用可充电的锂离子电池。锂金属电池通常是不可充电、一次性使用的。两种电池都会引起过热或燃烧。由于电池储存能量,在运输过程中一旦短路,会引起火灾。由于锂电池的化学特性,金属锂或易燃电解液的存在还会引起化学风险。客舱乘务员应随时关注乘客,避免在客舱使用充电宝(锂电池)进行电子设备充电。发生锂电池起火,应进行快速处置,避免火势扩大。

一、锂电池分类

（1）锂金属电池。
（2）锂离子电池。

二、导致锂电池火灾隐患的潜在风险

（1）未经测试且达不到出厂标准的仿冒电池或非正规渠道购买的电池。
（2）经未经授权的维修部门修复的便携式电子设备。
（3）备用电池保存方式不正确。

三、锂电池失火预防

如果在飞机推出前，乘客报告其托运行李中有备用锂电池，应立即报告机长并联系地面工作人员。如飞机已经推出或在空中，应立即报告机长。

四、锂电池失火处置原则

当锂电池发生火情时，使用水灭火瓶或其他非易燃液体来冷却电池芯和装置，使起火的电池内电池芯冷却，防止热量继续扩散到相邻电池芯。如果没有水灭火瓶，可使用其他不可燃液体来冷却电池芯和装置。如有明火时，使用海伦灭火瓶可以控制由于锂电池失火蔓延到周围的火情。使用海伦灭火瓶或水灭火瓶灭火后，应立即使用水或含水的非易燃液体充分覆盖和浸湿锂电池，因为只有水或含水的非易燃液体才能足够冷却锂电池或锂电池组里的电池芯并防止复燃。

五、锂电池失火处置程序

（1）断开或除去失火设备上的外接电源。
（2）使用海伦灭火瓶或水灭火瓶灭火（见图6-14）。

图6-14 灭火

（3）立即持续用水或其他非易燃液体浸透失火的电子设备（见图6-15），降低锂电池单元电池芯的温度，阻断热散逸，防止相邻电池芯失火。

图6-15 用水浸透失火锂电池设备

（4）如果该装置之前与飞机电源插座相连接，应拔下其余所有电源插座上的电源，直至确认机上系统无故障。

（5）灭火期间与驾驶舱保持不间断的联络。

（6）如果发生溢出或渗漏，按照以下步骤处置：

① 提取机上所设应急处理箱，或寻找其他用来处理溢出物或渗漏物的物品，包括纸巾、报纸等吸水性强的纸张或织物，烤箱手套或防火手套，至少两个大的聚乙烯袋子，至少三个小一些的聚乙烯袋子。

② 戴上防火手套和PBE。在防火手套外加一层聚乙烯袋子能对手起到适当的保护作用，当有浓烟和火时，应始终戴着PBE。

③ 如果有较浓烟雾，不能使用氧气设备；如果烟雾扩散，应立即将乘客转移至安全区域。

④ 把锂电池物品放进聚乙烯袋子。

（7）锂电池失火处置注意事项：

① 使用水或非易燃液体浸湿含有锂电池的电子设备时，避免水溅洒在航空器系统的其他电子设备上。

② 不要企图移动燃烧或冒烟的电子设备，以防带来更严重的人身伤害。

③ 不要使用物品覆盖电子设备或试图用冰块降低温度，因为此种隔绝设备的方式会导致设备超温速度加快。

 知识巩固

项目六 机上烟雾/火灾处置

 技能强化

技能强化训练任务单6-1 洗手间灭火处置

1. 任务描述

航线：乌鲁木齐—上海。机型：B737-800。巡航阶段乘务员巡舱时发现L2门旁洗手间有白色烟雾逸出，随即马上通知其他乘务员，并实施灭烟/灭火处置。

2. 任务要求

以4~6人为乘务组单元，按照机上灭烟/灭火处置程序，组成三人灭火小组，快速判断火灾类型，选取正确的灭火器，组织灭火处置。

3. 训练标准

分工职责	任 务	标 准
岗位1：灭火者	发出警报	第一名发现火情的人，疏散火源区的旅客，调整旅客座位，担任灭火者的职责，立刻发出火情报告给其他组员，迅速组成灭火小组
	实施灭火	立即前往最近的位置拿取最近的海伦灭火瓶（不知失火原因，应首选海伦灭火瓶）
		保持安全距离，采取正确的灭火方式将洗手间周围的明火扑灭（快速取下安全销，垂直握住瓶体，按下触发器，压下顶部手柄，对行李架外部火源进行喷射）；
		此时外部火源已被扑灭，灭火器使用时间已到，援助者过来接替灭火工作
		随后将海伦灭火瓶放回原位固定
		要求：反应迅速，判断处置正确，信息传达清晰完整
岗位2：援助者	防护	在安全区域穿戴好PBE（防护式呼吸装置），选取海伦灭火瓶来到现场协助灭火者
	实施灭火	用手背触摸门的温度，找到最热源。小心地开启一条小缝，伸入火火瓶嘴，释放灭火剂
		关闭门，再次探温，打开门，再次灭火；待稳定后，小心打开门，查找起火原因
		等待有人监控后，离开火区取下PBE，妥善存放PBE
		要求：反应迅速，处置正确，信息传达清晰完整
岗位3：联络者	报告	在收到灭火者的火情报告后，第一时间通过内话系统向乘务长和机长报告火情，并在落地前保持不间断的联系
	辅助	转移就近易燃设备，关闭附近几排的通风孔
		稳定旅客的情绪，防止旅客因惊慌大面积移动
		反应迅速，处置正确，信息传达清晰完整
其他岗位	辅助	得知火情后，监控前舱，安抚旅客情绪；协助灭火工作，如提供湿毛毯等；灭火结束后，告知旅客灭火情况
		要求：反应迅速，处置正确，信息传达清晰完整

注：1. 本任务单参照《1+X空中乘务职业技能等级标准》制定，非考签，仅供训练参考。

2. 乘务员分工可按实际号位分配调整，表内仅供参考。

技能强化训练任务单 6-2　锂电池灭火处置

1. 任务描述

航线：杭州—昆明。机型：B737-800。巡航阶段乘务员巡舱时发现中部行李架有烟雾逸出，随即马上通知其他乘务员，并实施灭烟/灭火处置。

2. 任务要求

以 4~6 人为乘务组单元，按照机上锂电池灭火处置程序，组成三人灭火小组，快速判断火灾类型，选取正确的灭火器，组织灭火处置。

3. 训练标准

分工职责	任　务	标　准
岗位 1：灭火者	发出警报	第一名发现火情的人，疏散火源区的旅客，调整旅客座位，担任灭火者的职责，立刻发出火情报告给其他组员，迅速组成灭火小组
	实施灭火	立即前往最近的行李架拿取最近的海伦灭火瓶（不知失火原因，应首选海伦灭火瓶）
		保持安全距离，采取正确的灭火方式将行李架周围的明火扑灭（快速取下安全销，垂直握住瓶体，按下触发器，压下顶部手柄，对行李架外部火源进行喷射）；
		此时外部火源已扑灭，灭火器使用时间已到，援助者过来接替灭火工作
		随后将海伦灭火瓶放回原位固定
岗位 2：援助者	防护	在安全区域穿戴好 PBE（防护式呼吸装置），选取海伦灭火器来到现场协助灭火者
	实施灭火	此时明火已扑灭，用手背触摸行李架温度，找到最热源
		小心地开启一条小缝，伸入灭火瓶嘴，释放灭火剂
		关闭行李架，再次探温，打开行李架，再次释放灭火剂，行李架外部温度已明显降低
		待稳定后，小心打开行李架，查找起火原因
		经排查，确认为锂电池发热导致的起火，用矿泉水浸湿锂电池，进行监控，待其冷却。跟联络者交接灭火情况
		待 10 分钟锂电池稳定后，求助其他乘务员，将锂电池放入装满水的容器（冰桶）中浸泡，进行持续的冷却和降温，接着将容器转移至后舱风险较低的区域（餐车内或者洗手间废物箱内），并派专人进行持续监控
岗位 3：联络者	报告	在收到灭火者的火情报告后，第一时间通过内话系统向乘务长和机长报告火情，并在落地前保持不间断的联系
	辅助	稳定旅客的情绪，防止旅客因惊慌大面积移动
		关闭附近几排的通风孔
其他岗位	辅助	得知火情后，监控前舱，安抚旅客情绪；协助灭火工作，如提供冰桶等；灭火结束后，告知旅客灭火情况；在得到机长的下一步指示前进行巡舱

注：1. 本任务单参照《1+X 空中乘务职业技能等级标准》制定，非考签，仅供训练参考。

2. 乘务员分工可按实际号位分配调整，表内仅供参考。

拓展思考

　　从飞机设计本身的角度看，所有关键系统都有足够的冗余度，也就是说，即使一个关键系统发生故障了，也会有备用的或者应急的系统作为补充，不至于因为关键系统失效导致飞机失事。唯独火灾，没有任何飞机能准确描述可以防止多大的火灾，尤其是客舱或者货舱着火。很多飞行员和乘务员有一个误区，即飞机着火了，还有30分钟的可用安全时间尽快着陆。对于飞机系统或者飞机设备来说，比如一个发动机着火（发动机着火可以当作设备损坏，因为发动机设计的时候考虑过着火这样最坏的情形），可以这么估算，飞机是安全的。但是当飞机机舱或者货舱内发生火灾时，几乎很难保证飞机还有多长时间能够保证安全着陆。和紧急撤离90秒意义相同，飞机着陆后，如果发生火灾，没有任何人能保证飞机不在90秒内烧毁或者爆炸。90秒撤离飞机的要求仅仅只是对飞机设计和运行时应急撤离能力的一个认证要求，没有所谓"黄金90秒"的说法。飞机发生火灾，最好的安全措施就是尽快落地或者场外迫降，因为留给你的时间不是30分钟，可能只有十几分钟，甚至几分钟。

项目七　释压处置

【学习目标】

知识目标：掌握客舱释压的分类、释压征兆、缺氧的症状。

能力目标：掌握客舱释压的处置方法及原则，能协同进行快速释压处置和开展释压后的检查与安抚工作。

素养目标：建立缺氧时的自我保护意识，培养紧急情况下客舱安全管理的责任担当。

【思政导读】

2018年5月14日，川航3U8633航班在执行重庆至拉萨飞行任务中，驾驶舱右座前风挡玻璃破裂脱落，机组实施紧急下降。面对突发状况，机长刘传健等全体机组成员沉着应对，克服高空低压、低温等恶劣环境，在多部门的密切配合下，成功备降成都双流机场，确保了机上119名乘客和9名机组成员的生命财产安全。2018年6月8日，中国民用航空局和四川省决定，授予川航3U8633航班"中国民航英雄机组"称号，授予机长刘传健"中国民航英雄机长"称号。对此，刘传健本人倒是表现得十分淡定，正如他在接受记者采访时所说："正常的飞行情况，任何一个飞行员都能处理。对于飞行员来说，真正考验水平的就是应急处理的能力。这次的航线我飞了100次，应该说各方面都比较熟悉，也能够应对各种紧急突发的情况。在我看来，没有英雄机长，有的只是不断的训练与经验积累。"

平时多流汗，战时少流血。"5·14"事件成功处置绝非偶然。处置险情时，机组所做的每一个判断、每一个决定、每一个动作都是正确的，都是严格按照程序操作的。危急关头表现出来的沉着冷静和勇敢精神，来自机组成员平时养成的强烈责任意识、严谨工作作风、精湛专业技能。川航8633机组不愧为民航职工队伍的优秀代表。我们要在全社会提倡学习英雄机组的英雄事迹，更要提倡学习英雄机组忠诚担当、忠于职守的政治品格和职业操守。

（资料来源：人民网）

大多数现代飞机在不适合人类生存的高度上飞行，这种高度上没有足够的氧气供人呼吸，所以客舱都必须增压，使客舱高度保持在安全高度（通常指海拔 10 000 英尺，约 3000 米左右，人类无须额外的氧气以及没有增压帮助下生存的高度）内。当机体出现破损或是增压系统故障，客舱压力无法保持，客舱高度超过安全高度，这一现象就是释压。

在飞行高度 10 000 米左右的高度，如果客舱出现快速释压的状况，一个健康状态良好的年轻人能够生存的时间仅有 30 秒，如在 30 秒内未能获得快速有效的供氧，将会失去所有的能力，甚至死亡，所以学习客舱释压的相关知识是非常必要的。

任务一　释压判断

一、释压的分类

释压可以分为缓慢释压和快速释压两类。

（一）缓慢释压：逐渐失去客舱压力

飞行年限久远的飞机会出现设备老化的情况，飞机的舱门或者翼上紧急出口处的密封性也会随着飞行时间延长而慢慢老化，因机门或应急窗的密封泄漏或因增压系统故障而导致客舱逐渐失去压力，我们将这一现象称为缓慢释压。

（二）快速释压：迅速失去客舱压力

飞机增压系统失效或机体严重受损导致飞机快速失去客舱压力，我们将这一现象称为快速释压。快速释压有两种情况。

一种是在机体受到严重损害（炸弹爆炸或武器射击）等极端情况时，导致的爆炸性释压。正如我们在许多影视资料中看到的一样，真实的释压首先伴随有巨大的声响，因为座舱里的高压空气会向舱外"涌出"直至飞机内外压力一致，由巨大的"砰"的一声开始，尘土和碎片将会卷起并冲出破裂处。细小的物件会被吸出场外，并且由于座舱里的温暖空气比外界的寒冷空气含有更多的水汽，座舱里会产生潮湿、寒冷的雾（水分子快速凝结）。座舱温度会发生明显变化（在 400 英尺高度外界温度为 $-67℉$ ）。客舱内会一片混乱。这只是对空气的影响，对人的影响又会如何呢？

人类肺部通常需要约 0.2 秒的时间来释放它们中间的空气，任何短于这个时间发生的释压都会引起肺部的快速释压以及肺部的撕裂或严重损伤，应对这种情况唯一可选择的紧急措施就是戴上氧气面罩，尽快下降到安全高度。

还有一种快速释压是指发生时间长于 1.5 秒但短于 10 秒的释压情况。这种释压可能会在大型飞机上遇到并且更为常见。这种释压没有很高的肺部损伤危险，但是噪声、混乱和雾都会不同程度地存在。此时，除了尽快戴上氧气面罩和下降到安全高度，还要采取其他的紧急措施以减少释压造成的破坏。

二、释压征兆

释压最严重的后果就是因缺氧和意识丧失带来的失控。座舱快速释压导致的最显著的即时反应就是肺部的空气突然溢出，有人说可以用屏住呼吸来阻止空气溢出，这是错误的。因为释压发生得很快，让人来不及反应，无法采取防范措施，压差的快速变化也让人不可能完全屏住呼吸。波尔定律告诉我们任何气体的体积和其承受的压力成反比，即压力降低，气体就会膨胀。任何滞留在人体内的气体都将随着身体周围压力的降低而膨胀，这将引起身体各部位的不适或疼痛。

（一）缓慢释压的反应

（1）机上人员会有发困、感到疲劳的感觉。
（2）耳朵有不舒服的感觉，并伴有排气打嗝的现象。
（3）飞机失密的地方有漏气的声响，会有轻细的物品被吸到飞机破损的地方。
（4）飞机座舱高度达到14 000英尺（4276米）时，氧气面罩自动脱出。
（5）在舱门和应急窗口处可能有光线照进来。
（6）系好安全带指示灯亮。
（7）紧急用氧广播开始。
（8）失密警告灯可能亮。

（二）快速释压反应

（1）飞机结构突然发生较大的损坏，并会出现强烈的震动。
（2）有物体在舱内飘飞。
（3）冷空气大量涌入客舱，客舱内温度下降。
（4）有很响的气流声及薄雾出现。
（5）氧气面罩脱落，飞机做大角度的紧急下降。
（6）机上人员感觉头痛、压耳疼、呼吸困难。
（7）系好安全带指示灯亮。
（8）紧急用氧广播开始。
（9）失密警告灯亮。

乘务员必须意识到并不是所有的警告信号都会出现，只要出现某个警告信号，就可以判断为释压，如氧气面罩脱落。

三、缺氧症状

不同高度出现释压，人体的缺氧反应会有所不同（见表7-1），对于身体差的人来说，缺氧反应会更加剧烈。

表 7-1　缺氧反应

座舱高度	症　状
10 000 英尺（3050 米）	头疼，感到非常疲劳
14 000 英尺（4276 米）	会发困，视力减弱，指甲发紫，晕厥
18 000 英尺（5500 米）	除上述症状外，记忆不清，重复同一动作
22 000 英尺（6700 米）	昏迷，休克
25 000 英尺（7625 米）	立即昏迷，虚脱

四、有效知觉时间

【案例分享】

某航空公司 737 的一名飞管部飞行员在美国 FAA 实验中心做了一次机组缺氧失去意识的测试，飞行员在增压舱模拟飞机缓慢释压，此飞行员身体素质很好，而且有意识地克服自己的情绪去做这次测试，当"飞机"座舱高度达到 25 000 英尺时，他已经完全失去意识，昏睡过去，而失能的时间只有三分钟。因为飞机是缓慢释压，每个人对缺氧的感受是不一样的，如头痛、耳鸣，他就像喝了二两酒，在兴奋中迅速失去意识，因为他是有准备的，而在空中快速的释压，因人为紧张，也许失能的时间只有这个时间的一半。也就是说，飞机在 25 000 英尺高度的释压，机组的清醒时间可能只有一分钟多。而实际上，我们平时的巡航高度是远远高于这个高度的。

（来源：中国民航资源网）

有效知觉时间是指人的大脑能够保持足够清醒并做出正确判断的时间。在不同高度，人在静止状态下有效的知觉时间是非常短暂的（见表 7-2）。

表 7-2　不同高度与有效知觉时间

高　度	有效知觉时间
22 000 英尺（6700 米）	5～10 分钟
25 000 英尺（7625 米）	3～5 分钟
30 000 英尺（9150 米）	1～2 分钟
35 000 英尺（10 675 米）	30 秒
40 000 英尺（12 000 米）	15 秒

任务二　释压处置

一、驾驶舱机组人员对释压做出的直接处置

现代喷气式客机被设计成可以在高空高效率地工作，当我们在高于适应的高度活动时，危险就存在，我们的身体会受到气体浓度和环境压力的影响。

中国民航《大型飞机公共航空运输承运人运行合格审定规则》（CCAR-121FS）中第

121.419 条规定:"在 7600 米(25 000 英尺)以上高度的飞行中服务的机组成员,应当接受下列内容的教育:呼吸原理;生理组织缺氧;高空不供氧情况下的有知觉持续时间;气体膨胀;气泡的形成;减压的物理现象和事件。"

飞行员发现座舱释压,应当:

(1)戴上氧气面罩,尽快建立机组通信,判断座舱释压程度,只要怀疑增压有故障,都应戴上氧气面罩(见图 7-1)。

图 7-1 驾驶员专用氧气面罩

(2)确认高度和航路,若时间允许则向地面报告释压情况,迅速将飞机的飞行高度下降至海平面的安全高度。

(3)打开客舱中禁止吸烟和系好安全带指示灯,到达安全高度后检查机上是否有人受伤,及时和乘务组联系沟通,进行机长广播。

(4)根据乘务员汇报的客舱及乘客当时的状况给出详细处理的办法。

(5)将机上情况及下一步意图告知地面管制,准备备降或继续飞行,检查燃油。

二、客舱乘务员对释压做出的直接处置

【案例分享】

2015 年 12 月 18 日凌晨,某航空公司 A330-300 型客机在执行巴厘岛至北京航班时,起飞后约一个半小时出现双发引气故障,客舱释压,飞机紧急下降。机上氧气面罩全部脱落,乘务员惊慌失措,机舱内混乱不堪。机组立即启动应急预案,后安全备降在马来西亚沙巴(亚庇)机场,未有乘客受伤情况。但有乘客反映部分氧气面罩无氧气,并听到当班乘务员的尖叫和哭声。

【风险评估】

(1)当班乘务员发出哭声和尖叫。

飞机遇到紧急情况,乘客必定十分惊慌。而作为乘务员,有义务、有责任稳定乘客的情绪。但是,该案例中,乘务员却发出尖叫,不仅吓到了自己,更吓到了其他乘客。

客舱乘务员是受过专业训练的。在紧急情况下,乘务员应镇定、冷静地喊出"我们是

经过职业训练的,请相信我们"的口令,在特情处置中表现沉着冷静、随机应变。只有乘务员表现冷静、镇定,乘客才能减少恐惧和避免客舱混乱。

(2)释压时乘务员口令错误。

发生客舱释压时,客舱乘务员应正确指导乘客系好安全带,并戴上氧气面罩,而当班乘务员仅发布"系好安全带"的口令,缺少对应急情况下的口令熟练掌握能力。

(3)氧气面罩不出氧气。

客舱的应急设备(如滑梯、氧气面罩等)均有定期的例行检查。航空公司应该规范客舱应急设备的检查工作,确保在紧急情况下客舱应急设备可正常使用。

【案例小结】

座舱释压在客舱训练时难以模拟,客舱机组接受的大都是理论的教学,所以真正面对氧气面罩脱落、飞机急速下降的时候,难免有所慌乱。但作为一名合格的乘务员,我们要比乘客更清楚释压时会发生什么、要注意什么。紧急情况下,乘务员就是乘客的救命稻草,如果连客舱乘务员都慌乱了,那么就会成为压死骆驼的最后一根稻草,然后紧跟着整个客舱就会如炸了锅一样变得混乱。

(一)直接处置

产生释压反应后,乘务员应当:

(1)迅速停止一切客舱服务工作,将客舱中的餐车踩好刹车。

(2)就近戴上氧气面罩,迅速坐下并系好安全带,用手势拍打座椅靠背指示乘客像自己一样戴上氧气面罩吸氧(见图7-2)。

图7-2 戴上氧气面罩(智学VR全景视频)

(3)如果没有空座位,可以蹲在地上,握紧可以固定自己的设施(见图7-3),然后迅速戴好氧气面罩。

图 7-3　抓住座椅下的行李挡杆

（4）乘务员固定住自己并开始吸氧后，用手势拍打座椅靠背指示乘客像自己一样戴上氧气面罩吸氧（见图 7-4），自己戴好面罩后再协助他人戴好面罩，成年人戴好面罩后再协助儿童戴好面罩。

图 7-4　佩戴氧气面罩顺序

（二）到达安全高度后的处置

飞机到达安全高度，并且飞行机组已宣布可以安全走动，乘务员检查旅客和客舱。

（1）对失去知觉的乘客进行紧急救治，然后照顾其他受伤的乘客或机组人员，为需要继续吸氧的乘客提供便携式氧气瓶供氧（见图 7-5）。

图 7-5　为乘客供氧

（2）乘务员携带灭火瓶巡舱时检查机舱是否有明火、客舱是否有破损，有破损时应重新调整乘客座位，使其离开危险区域，并报告乘务长和机长（见图7-6）。

图7-6　巡舱

（3）提醒乘客不要将用完的氧气面罩重新放回头顶的壁板内，因为化学氧气发生器会释放热量，容易发生火灾，乘务员教乘客将同一侧的面罩捆扎在一起后放于座椅前面的口袋内（见图7-7）。

图7-7　收回氧气面罩

（4）释压状态解除后，乘客可能还处于惊慌失措的恐惧情绪中，乘务员要安抚乘客情绪，告诉乘客"飞机释压状况已经解除，我们受过良好的训练，有能力、有信心保证大家的安全"，帮助乘客消除恐慌。

三、客舱释压处置的原则

（1）释压状况发生时我们要佩戴氧气面罩，同时遵循"先乘务员戴好，再成年人戴好，最后未成年人戴好"的原则，但最好能够同时进行。

（2）在飞机释压状况没有解除前任何人都要停止一切活动，等待机长的指令。

（3）释压状况解除后，可能还会有小部分受伤或者昏厥的乘客需要继续吸氧，为乘客提供氧气时要根据乘客的具体情况采用不同的吸氧姿势，对于有知觉的乘客采取直立的坐姿，对于没有知觉的乘客，应先将乘客的座椅靠背往后调整，让乘客采取仰靠位的姿势吸氧（见图7-8）。

图 7-8　仰姿吸氧

（4）客舱内供氧时需准备好灭火设备，防止意外明火引发火灾。

（5）释压的全过程、乘客的伤势及客舱的破损情况要及时向责任机长汇报，责任机长再根据当时的状况决定是否需进行紧急着陆或撤离。

技能强化训练任务单 7-1　释压处置

1. 任务描述

航线：北京—成都。机型：B737-800。平飞后乘务组发餐，飞机发生快速释压，机组快速处置后飞机到达安全高度。请乘务组执行快速释压处置程序。

2. 任务要求

以4～6人为乘务组单元，出现警告信号后，乘务员立即进行快速释压处置，获得可以起身信号后，进行释压后工作。

3. 训练标准

任　　务	步　　骤	标　　准
快速释压处置	发生释压反应时	产生释压反应后,乘务员应迅速停止一切客舱服务工作,将客舱中的餐车踩好刹车
		就近寻找空座位并迅速坐下,系好安全带
		迅速拿起氧气面罩戴好
		帮助旁边旅客戴好氧气面罩
		为防止餐车远离,用一只手抓住餐车一侧,再次固定
	释压结束后,飞机已下降至安全高度	将氧气面罩放回前排座椅口袋内
		将餐车推回前舱:解锁餐车;将餐车推至前舱厨房;固定餐车
		拿取氧气瓶,确认灭火瓶位置,准备巡舱
		进行巡舱,并提醒旅客将氧气面罩放回前排座椅口袋内
		检查所负责的区域机体有无破损,并向乘务长汇报情况;检查所负责区域机体左边;检查所负责区域机体右边
		继续巡舱,提醒旅客不要吸烟
		巡舱过程中,排查所负责区域无火灾隐患:检查所负责区域机体左边座椅下方;检查所负责区域机体右边座椅下方
		继续关注机体情况,做好旅客服务和救治工作

注：1. 本任务单参照《1+X 空中乘务职业技能等级标准》制定,非考签,仅供训练参考。

2. 乘务员分工可按实际号位分配调整,表内仅供参考。

拓展思考

释压是飞机可能遇到的几乎最严重的故障,训练时按程序有序执行和事故真实发生时的情况不具有任何可比性。在真实飞行中遭遇释压和紧急下降,乘务员要做到有条不紊,就需要在模拟演习时认真训练,尽量模仿真实条件下的真实反应。只有保持冷静、迅速判断、正确处置,才能确保自身和乘客的生命安全,这也体现了乘务员全面的综合素质,做好一切安全工作也是乘务人员最重要的工作。

项目八　爆炸物处置

【学习目标】

知识目标：熟悉爆炸物的类别；熟悉爆炸物检查的区域、原则、程序。

能力目标：掌握清舱检查的要求，能针对重点区域进行客舱安全检查。

素养目标：强化空防安全意识，树立爆炸物风险防范思维，加强客舱检查工作的责任担当，培养细致入微的严谨作风。

【思政导读】

2001年12月，来自英国的理查德·里德曾将100克塑胶炸药藏在自己的工作靴中，试图要炸毁当时从巴黎飞往迈阿密的航班。但炸弹并未能引爆成功，据分析，有可能是因为里德的脚汗导致爆炸物失效。最终，在同机乘客及机组人员的帮助下，里德被捕且获判终身监禁。目前他在科罗拉多州监狱中服刑。

2006年，沙特爆炸物专家阿里发明出了一种家庭制作的液体炸弹，该炸弹在过海关时或被误认为普通饮料，躲过审查被带上飞机。阿里将目标锁定为伦敦至三藩市、多伦多、蒙特利尔、华盛顿、纽约和芝加哥的6架航班，每架航班间隔两个半小时。最终，阿里和他手下的另外5名恐怖分子被捕，于伦敦伍尔维奇刑事法庭受审。

2009年圣诞节，奥马尔·法鲁克·阿卜杜勒·穆塔拉布将80克PETN高爆炸药绑在内裤里，试图袭击一架美国客机。但炸弹只是发热，并没有成功引爆。穆塔拉布被捕后，对美国联邦调查局供认，过去数月他在也门接受了基地组织的训练，是基地组织将这枚炸弹交给他的。

2010年，曾有恐怖分子将塑料炸药藏在喷墨打印机里，试图借此袭击两架从也门飞往美国的货机。据悉，炸弹理应在飞机飞至半空中时爆炸，让飞机变成巨大火球坠落在美国境内。沙特阿拉伯情报部门收到相关资讯，将飞机截停在莱斯特郡机场后解除了该炸弹。稍后，基地组织在阿拉伯半岛的分支承认对该事件负责。

2023年3月15日，新加坡SQ478是一架载有72人的航班，航班计划由新加坡飞往开普敦，其间经约翰内斯堡机场中转。该航班原本已经在约翰内斯堡机场正常过站后起飞，但机场服务公司接到不知名人士通报，称飞机上有炸弹，随后该航班在约翰内斯堡机场紧急降落。机场启动应急响应，紧急疏散机上人员，随后南非警方也对现场进行了戒备，并派出K9警犬对飞机进行了搜查，最终并未发现炸弹，确认是虚惊一场。

（来源：民航资源网）

任务一　爆炸物处置程序

一、爆炸物

（一）爆炸物的定义

爆炸物是指在外界作用下（如受热、受压、撞击等）能发生剧烈的化学反应，瞬时产生大量的气体和热量，使周围压力急剧上升发生爆炸，对周围环境造成破坏的物品。

（二）爆炸物的危险性

1. 爆炸破坏效应

指爆炸引起的直接毁伤、破片致伤、爆炸冲击波、爆炸地冲击引起的结构震动和人员伤害、爆炸毒气、爆炸噪声对人员造成的伤害。

2. 爆炸引起的直接毁伤

指爆炸物（药）在目标相对近的距离爆炸时，由爆炸冲击波、破片和飞散物对人员与设施造成的杀伤及破坏作用。破坏现象主要包括：形成弹坑，混凝土结构震塌和局部破裂，结构被贯穿，甚至造成建筑物倒塌。

3. 破片致伤

破片致伤的主要作用在于以其质量高速撞击和击穿目标，破片命中目标时动能的大小是衡量破片杀伤威力的重要尺度之一。

4. 爆炸冲击波

爆炸物（药）内的绝大部分物质转化为高温气体，急剧膨胀并压缩周围的空气，导致冲击波产生。冲击波对人员的杀伤作用包括：引起听觉器官损伤，内脏器官出血以及死亡。较小的冲击波会引起耳膜破裂，稍大的冲击波会引起肺、肝和脾等内脏器官的严重损伤。在无掩蔽的情况下，人无法承受0.02 MPa以上的冲击波超压，即相当于10.332千克/平方厘米的压力。

5. 爆炸地冲击

爆炸地冲击也称爆炸地震动。爆炸产生的地震荷载作用于建筑结构，当结构的抗力不足时，结构遭到破坏；当震动量值超过人员或仪器设备的容许值时，将引起人员伤亡和仪器设备损坏。

（三）爆炸物的分类

爆炸物按危险程度分为六类（见图8-1）：

- 第1类，有整体爆炸危险的物质和物品。例如，硝化甘油（三硝酸甘油酯）、TNT（三硝基甲苯）。
- 第2类，有喷射危险，但无整体爆炸危险的物质和物品。例如，枪弹等。
- 第3类，有燃烧危险并有局部爆炸危险或局部喷射危险，或这两种危险都有，但无整体爆炸危险的物质和物品。例如，烟幕弹、照明弹等。
- 第4类，不呈现重大危险的物质和物品。例如，烟花、礼花弹等。在运输中一旦被点燃或引发时，仅出现小危险的物品和物质。其影响主要限于包装件本身，并预计射出的碎片不大、射程不远。外部的燃烧不会引起包装件全部内装物瞬间爆炸。
- 第5类，有整体爆炸危险的非常不敏感物质。例如，铵油炸药等。具有整体爆炸危险性，但非常不敏感，以致在正常运输条件下引发或由燃烧转为爆炸的可能性非常小。
- 第6类，无整体爆炸危险的极端不敏感物品。

图8-1　爆炸物分类标签

二、飞机上爆炸物可疑装置处置程序

（一）处置原则

立即报告、快速反应、妥当处置、认真对待。

（二）处置要求

高度负责、科学对待、避免蛮干、正确处置。

（三）情况搜集

接到飞机上有爆炸物、可疑物品或接触到爆炸威胁的警告信息时，要尽快查明下列情况：

（1）爆炸物放置的位置、形状、大小尺寸、外包装性质，有无导线、绳索相连接。

（2）最初发现的情况或接到警告的内容是否有人动过、发现时间等。

（四）情况报告内容

（1）已经查明的上述内容及相关情况。

（2）飞行航线、航班号、飞机号、飞机所在空域。

（3）机上货载数量、有无危险品货物。

（4）机长姓名。

（5）就近机场、飞机所剩油量。

（6）机组准备采取的处置措施。

（五）报告程序

（1）由空中警察、航空安全员或其他指定人员负责查清情况，报告机长。

（2）机长接到情况后应立即向航空管制部门、运行控制中心报告。

（3）对已经发现和查清的新情况应及时续报。

（六）处置程序

（1）机组应尽最大的可能降低飞行高度并且争取在就近机场着陆；着陆后，按照地面指令将飞机滑行到机场安全处置区（飞机隔离区），紧急撤离机上人员，使乘客和机组人员尽快离开飞机和危险地带。

（2）如果发现爆炸物后，飞机不能在短时间内降落，应通过航空管制部门 ATC（航空交通管制系统）设备和所在公司的运行部门与爆破技术专家取得联系，获得处置措施和建议。

（3）在条件允许的情况下下降飞行高度，并尽可能地保持舱内现有的舱压，使其压差不超过（或低于）每平方英寸 1 磅的限度；即使距离安全着陆地点较远不能立即使飞机落地，也要保持舱内压差不升高，避免激活爆炸物电子装置引爆爆炸物，使飞机失控；在飞机上发现爆炸物时，在所飞地面无障碍下，应将飞机下降到 8000 英尺（2438 米）安全高度。

（4）机组在考虑到飞机的性能和就近机场的距离后，准备实施着陆时，应尽可能降低飞机的进近速度，保持水平状态飞行，控制操纵在最小范围内使飞机着陆，增强飞机的抗毁灭性。

（5）使用机上广播查询乘客中是否有爆破专家（EOD）。为避免引起机上乘客恐慌，应使用缩略语进行广播，即："飞机上有 EOD 人员吗？"（或：有位乘客需要 EOD 人员的帮助）。使用缩略语，可以使爆破专业技术人员感到有危险或明白。找寻到具有一定爆炸物知识的专业人员后，在处置爆炸物时要严格按规定程序进行处置，严禁违反规定盲目采取处置措施。

警告：飞机在飞行中不允许企图打开一个闭合的隐蔽的爆炸物，或者尝试进入爆炸物的内部元件，任何尝试都将可能导致爆炸；严禁剪开或掐断任何电线。

（6）客舱乘务人员应将爆炸物周围的乘客疏散到四排以外的座位上，并确定所有乘客在座位上坐好，系好安全带，将座椅靠背和小桌板调至垂直位置，有效保证乘客生命安全。

（7）按照当时所飞的机型规定的最小风险区爆炸物放置处（LRBL），做好将爆炸物和可疑物品转移到飞机上的指定位置的准备。

（8）及时切断通向 LRBL 附近不必要的电源，准备好适用的灭火器材。

（9）如果 LRBL 位置是在一个门上，要解除应急撤离滑梯预位，尽量拴紧充气瓶。

（10）在移动爆炸物之前必须对 LRBL 做必要的准备工作，在该处客舱地板到 LRBL 周围用行李堆放起一个平台，在平台的上方覆盖至少 25 cm 淋湿的物质（软物质：坐垫或毛毯），再将薄的塑料制品（如垃圾袋）放在上面，用来吸收爆炸时的能量和保护地板下的电子系统设备。

（11）使用一个硬质的薄型卡片（如应急信息卡、安全须知卡）缓慢放置在爆炸物的底下，一定要缓慢滑动，如没有阻碍，将卡片保留在爆炸物的底部，这样可确认爆炸物底部没有连接引爆开关的引线。

警告：倘若爆炸物底部有连接引爆装置，不得将卡片留在爆炸物底部。

注意：如发现爆炸物不能转移到 LRBL，最好的处置方法是使爆炸物保持在原位置，实施一套临时修正位置的 LRBL 包装程序，重新制定适用的应急措施，对爆炸物进行覆盖（先在爆炸物上覆盖一层塑料薄膜，至少 25 cm 厚软组织物）。

（12）在爆炸物可以重新安置的情况下，将爆炸物移动到已经准备妥当的 LRBL 位置。特别注意移动前确认底部有卡片标志（证明可移动）。

（13）当爆炸物被安置在 LRBL 时，在爆炸物上方再覆盖一层薄薄的塑料制品，然后小心地用至少 25 cm 的用水或其他任何不易燃烧液体淋湿的柔软防爆物质覆盖爆炸物，并将 LRBL 使用的其他空余地方（上至头顶、外至走廊）填满柔软防爆物质；如果 LRBL 在飞机尾椎上，可以用柔软防爆物质填充尾椎至爆炸物的前部，防止爆炸冲击波、烟雾、炸弹碎片向外扩散，冲击客舱。

（14）当爆炸物放好后，可以使用安全带、领带或其他适合的材料固定 LRBL 的堆放物，使其在剩余的飞行时间内稳固可靠，确保安全（注意不能太用力和捆得太紧）。

（15）将 LRBL 周围的乘客疏散到四排以外的座位上坐好。将座椅靠背和小桌板调整垂直，可起到辅助保护作用。

（16）机组应尽最大的可能将飞机及早着陆，着陆后应将飞机滑到机场的安全处置区，紧急撤离机上人员，尽量避免使用飞机 LRBL 一侧和靠近 LRBL 的紧急出口，地面人员应迅速组成临时处置小组，详细了解爆炸物的具体情况和机组的处置措施，准备救援工作，努力减少乘客和机组人员的生命财产损失。

三、飞机在地面发现或被警告有爆炸物

（一）处置

（1）当机组被警告飞机上有爆炸物时，应立即报告机长，由机长将此情况报告空管或航行签派。

（2）条件允许的情况下，应实施对机上乘客和机组人员进行撤离，撤离时任何人不得携带或提取任何物品。

（3）如果需要，可将飞机拖至或滑行到安全处置区域。

（4）在允许机上人员撤离时，现场应保留少数安全检查人员、警察及安全人员，实施对飞机进行搜查或监控。

（5）经过专职人员检查没有发现爆炸物，应将机上全部物品卸下，并重新经过安全技术检查后方可重新装机。

（6）对撤离飞机人员和乘客进行技术检查，如果未发现任何爆炸物，机组应与地面人员办理有关手续。

（7）机组返回基地后，机长、航空安全员、乘务长应联合向公司领导或保卫部门写出发现和处置爆炸物过程的情况报告。

（二）安全处置区（飞机应急隔离区）

机场安全处置区（飞行隔离区）主要是应付和处置所发生的飞机紧急事件或执行特殊任务飞机临时停放的区域。

安全处置区的设置地点必须远离候机楼、其他建筑物、航油储存区、货物装载区、跑道、主要滑行道、其他飞机停放区，安全处置区的地下不能有油气管道，电力、通信管网。

四、在登机前声称劫机、有爆炸物

（一）进入机场后、未登机前

在候机楼、机坪、摆渡车、登机廊桥等处称要劫机、有爆炸物的非法干扰，首先应辨明真伪。如行为人确有劫持、爆炸等破坏行为，或者情况难以辨明时，依照公司反劫、炸机预案进行处置。

（二）行为过激时

系因对航班延误、民航服务等发泄不满而语言过激，根据下列程序处置：

（1）现场工作人员要采取措施控制行为人及其行李物品，同时立即报告公司总签派室和保卫部。

（2）在确定无危险物品后，由机场公安人员尽快将声称者及其行李带离现场，视情况终止其航行或改签。

五、在客舱内声称劫机或有爆炸物

机组或其他工作人员遇有客舱内有人声称要劫机或有爆炸物时,应辨明真伪。如行为人确有劫机、炸机等破坏行为,或情况难以辨明时,依照公司反劫机工作预案进行处置。

如行为人出现因对航班延误、民航服务等发泄不满而语言过激,根据以下程序处置。

(一)起飞前

(1)机组、航空安全员应对行为人及其行李物品予以监控;如行为人有随行者,同时注意监控。

(2)立即报告机场公安机关,由公安人员登记处理。

(3)对周围乘客讲明情况,稳定乘客情绪,防止事态扩大。

(4)动员知情乘客积极配合公安机关调查取证,或请乘客提供亲笔证词。

(二)起飞后

(1)如行为人有其他过激行为,机组、航空安全员应予以约束,待飞机着陆后,办理移交手续,交由机场公安机关处理。

(2)如行为人有其他过激行为,可在飞行途中安排专人控制,待飞机降落目的地后,办理移交手续,交由机场公安机关处理,并对其座位及行李物品进行安全检查。如有同行人员,机组应向公安人员说明,由公安人员决定是否一并带离。其交运行李应从机上卸下,一并由公安机关扣留,如航空器尚未起飞或中途降落,在采取上述措施后,一般可不再对其他乘客及行李重新进行安全检查。

六、处理爆炸装置的应急措施

(一)发现

发现爆炸(可疑)装置应立即报告(爆炸装置描述、部位及处置意见),并根据地面指挥员指令和在有关专家的指点下慎重行动。

(二)移动

由"高危险"区域(驾驶舱或有基本设施的区域)移动到 LRBL 前必须注意以下几点:

(1)采取行动前要尽量获得专家的指点和地面指挥员的批准。

(2)检查反增升启动装置,不要截断绷紧的弦或带子。

(3)不要打开可疑的容器。

(4)计划位置和路线安全保卫,并制定移动时的分工配合工作。

(5)移动时要慢,要小心,注意保持可疑装置的原状。

(三)疏散

当可疑装置无法从发现的地方移开时,或在 LRBL 区域发现,或已经转移到 LRBL 区域时，注意以下几点：

(1) 将乘客有序地撤离该区域。

(2) 切断该区域的基本电源。

(3) 保证该装置尽可能稳固。

(4) 为减少爆炸冲击波和碎片，应使用干燥、柔软的物品将可疑装置包起来，最后盖上潮湿的毯子。

(5) 准备好灭火器和防护式呼吸装置。

(四) 航空器着陆前后

航空器着陆前后，机组应注意以下事项：

(1) 明确指定疏散区域位置，要求机场提供客梯及地面支援设备。

(2) 通知乘客，有客梯时带上所有手提行李，用紧急滑梯时将手提行李留下，并明确集合地点（离航空器100米外）。

(3) 通知乘务员将使用的舱门和采取的行动。

(4) 飞机滑行至指定区域，并适时下达撤离指令。

(5) 根据地面指令，完成关车程序和紧急撤离程序，迅速撤离航空器。

(6) 向地面指挥员（管制员）报告情况，并协助工作，配合有关部门做好乘客工作，禁止乘客再次登航空器。

任务二　爆炸物清舱检查

清舱也称航空器清舱或飞机清舱，指对航空器客、货舱内可藏匿物品和人的部位进行清理、检查，包括飞行前例行清舱、乘客原因清舱和受到其他安全威胁时的清舱。乘客在旅行中最常见的清舱是乘客原因清舱，主要是由于乘客临时下机中止行程。清舱是航空公司的安保要求，最根本的目的是确保飞机和乘客生命财产的绝对安全。清舱操作又分为局部清舱和全部清舱，由当班责任机长负责决策。机长会根据具体的情况，决定清舱方式。一般来说，因航班延误造成的乘客中途退乘，可以进行局部清舱；而乘客自行下飞机并未向当班机组申明或是飞机受到安全威胁时，则要进行全部清舱。

一、清舱分类

(一) 正常清舱

对执行国内航班的航空器在乘客登机前和下机后以及装载货物前，根据航空器保卫搜查单对航空器客、货舱内可藏匿物品和人的部位进行清理检查。

(二) 特殊情况的清舱

(1) 按照《航空保安爆炸物搜查单》进行。

（2）在实施航班任务前，怀疑航空器上存在安全隐患或其他非法干扰事件可能对航空器和人员造成危害的情形下，对人、机、物（货邮行）等进行全面或部分清理及检查。

（3）乘客与行李不符时。

（4）现场人员应协调警方和机场相关单位进行清舱并需要查明该名乘客终止旅行的原因，同时要对该乘客的人身、行李物品、座位附近区域进行安全检查。

（5）怀疑漏检时。

（6）航班受威胁程度加大时。

（三）遇到非法干扰行为的清舱

（1）按照《航空保安爆炸物搜查单》进行。

（2）乘客登机后，客舱内有人声称劫机或有爆炸物。

（3）起飞前匿名电话称某航班存在劫机或爆炸物威胁。

（4）乘客登机后发现管制刀具、武器、易燃易爆等危险品。

（5）其他类似的较严重的非法干扰行为。

（四）必须进行清舱的情况

（1）乘客在行李交运后未登上飞机。

（2）联程乘客中途终止旅行或乘客登机后因故终止旅行。

（3）乘客登机后公安、安检怀疑存在漏检情况。

（4）乘客登机后机组人员质疑乘客的安检质量。

（5）未经安全检查的人员和物品进入航空器。

（6）其他可能危及安全的情况。

二、清舱分工

飞机驾驶舱、客舱正常清舱由飞行机组分工负责。

货舱正常清舱由地面装卸人员负责检查；航空器在外站时，货舱的清舱由公司委托在外站的货运代理、驻场代表或按双方签订的服务代理协议实施。

特殊情况清舱由机场公安当局联合安检、飞行机组、机务等单位负责实施。

对受爆炸物威胁的航空器进行清舱检查，受威胁航空公司应该提供搜查内容及范围，检查应由机长负责，检查人员由机务、公安、安检人员组成。

三、客舱清舱

机组成员登机后，机长组织分工对飞机驾驶舱和客舱各部位进行安全检查，检查的重点是：飞机客舱内的厕所、衣帽间、服务舱；行李架、座椅、工具资料、物品放置处箱柜；应急设备是否完好，有无损坏、缺少。

安全检查的程序是由前往后、由上到下、由左到右。检查的方法是眼到手到，不留任何死角。

检查的要求是认真仔细检查每个部位,不放过一件可疑物品、可疑现象以及可疑人员。

检查的目的是杜绝枪支、弹药、易燃易爆等危险物品上飞机;防止无关人员或不明物品滞留在飞机内;保证设备未被人破坏,应急设备处于良好状态。

在检查中,发现的无关可疑人员或有怀疑的不明物体及现象,必须认真排查,并视情况报告地面或警方处理。

对不完好或缺少的应急设备,应请地面维修部门及时修复或配齐。

一般情况不准机组人员帮助他人携带物品。对于必须携带的一切物品应经安全检查。对于危险违禁物品应交警方处理。

在检查中发现属乘机乘客遗失的物品(危险品除外),应进行登记。记载航班、飞机号、发现物品时间、位置、品名、大小和数量后移交地面有关部门,并办理移交手续。

清舱检查结束后,机组其他成员应及时向机长报告,空中保卫人员要对客舱进行监护,防止无关人员登机。

四、货舱清舱

货运部门或运输服务部门的装卸人员在飞机装货前或卸货后必须对飞机货舱进行清理,防止外来物或可疑爆炸物等物品滞留在飞机内。

飞机货舱清舱是指对执行国际国内(地区)航班的飞机在装载货物前,对飞机货舱内可藏匿物品和人的部位进行清理检查。

清舱人员应对货舱内可藏匿物品和人的所有部位进行认真检查和清理。

清舱的重点是检查舱内是否藏有武器、凶器、弹药、易燃品、易爆品、毒品、放射性物质,以及其他危害飞机、乘客安全的违禁物品。

对清舱中发现的可疑人员和无登机通行证人员,交由警方或有关部门处理。

对清舱过程中发现的外来物品,应进行逐项登记清理并移交公安机关处理。

对于清舱中发现的武器、凶器、易燃品、易爆品、毒品、放射性物质,应保护好现场,及时报告警方或保卫处进行处理。

对于清舱中发现的漏卸货物行李,应及时与现场值班人员联系,卸下飞机并交地面运输或货运部门处理。

监装监卸人员将行李货物全部装入飞机后,应及时关好舱门,并负责锁闭,及时报告机长。

五、爆炸物清舱检查区域

进行爆炸物处置或怀疑飞机上有可疑装置,保卫员、乘务员要根据飞行客舱检查表(见表8-1)重点清查以下区域:

- 舱门区域。
- 驾驶舱通道。
- 头等舱、公务舱和衣帽间。
- 前后厨房。

- 客舱。
- 前后厕所。
- 飞机机体。
- 货舱。

表 8-1　飞行客舱检查表

检查项目	分　工	签　名
一、客舱部分		
1．行李架	保卫员	
2．底部及救生衣袋	保卫员、乘务员	
3．储藏柜	乘务员	
4．衣帽间	乘务员	
5．机组休息区	保卫员	
6．急救物品放置区	乘务员	
7．座位后面口袋	保卫员、乘务员	
8．其他可存放物品的地方	保卫员、乘务员	
客舱检查完毕，无异常物品		
二、服务台部分		
1．储藏架	乘务员	
2．垃圾箱	乘务员	
服务台检查完毕，无异常物品		
三、厕所部分		
1．水斗下方的储藏柜	保卫员	
2．纸巾存放架	保卫员	
3．婴儿尿片存放架	保卫员	
4．热水器区域	保卫员	
5．废纸箱	保卫员	
6．马桶周围	保卫员	
7．其他角落	保卫员	
厕所检查完毕，无异常物品		

 知识巩固

 技能强化

技能强化训练任务单 8-1　爆炸物处置

1．任务描述

航线：西安—深圳。机型：B737-800。飞行中机组收到航班有爆炸物的信息，乘务组根据地面提供的爆炸物特征在客舱内实施清舱，及时发现爆炸物，并根据情况寻找 EOD 人员、调整乘客座位，并对爆炸物进行合理处置，直到航班着陆。

2. 任务要求

以 4~6 人为乘务组单元，确认爆炸物后正确报告，合理安排旅客，对可移动和不可移动的爆炸物采取正确处置措施。

3. 训练标准

任 务	乘务员分工	动 作	标 准
疑似有爆炸物	SS2	信息传递	机长接到信息立即通知安全员和乘务长
			由安全员对乘务组进行明确分工
	SS3	检查	乘客行李
			重点检查洗手间
			示例：发现行李架内有一个无人认领的行李
确认爆炸物	SS6	报告	爆炸物位置、形状、大小尺寸、外包装性质，有无导线、绳索相连接
			最初发现的情况或接到警告的内容、有无人动过、发现的时间
无 EOD 人员	SS11	广播	寻找 EOD 人员
		调整乘客	将爆炸物周围的乘客疏散到 4 排以外的座位上
			确认所有乘客在座位上坐好，系好安全带，将座椅靠背和小桌板调至垂直位置
			安抚乘客，观察可疑乘客
		准备工作	① 收集可用的防爆材料
			② 转移爆炸物周围的物品
			③ 准备好灭火设备
不可移动的爆炸物	SS2/SS3/SS6/SS11	对不可以重新安置的爆炸物的处置	① 将乘客有序地撤离该区域
			② 切断该区域的基本电源
			③ 保证该装置尽可能稳固
			④ 方法和注意事项：
			在爆炸物上面平铺一层塑料袋；
			小心地将至少 25 cm 厚淋湿的柔软物质覆盖其上；
			将整个行李架用柔软物质覆盖其上；
			将整个行李架用柔软物质和防爆材料填充好；
			做好相应标记以指示爆炸物的位置
			⑤ 准备好灭火瓶和防烟面罩
可移动爆炸物	SS2/SS3/SS6/SS11	对可以重新安置的爆炸物的处置	① 采取行动前要尽量获得专家的指点和地面指挥员的批准
			② 检查反增升启动装置，不要截断绷紧的弦或带子
			③ 不要打开可疑的容器
			④ 计划位置和路线安全保卫，并制定移动时的分工配合工作

续表

任务	乘务员分工	动作	标准
可移动爆炸物	SS2/SS3/SS6/SS11	对可以重新安置的爆炸物的处置	⑤ 方法和注意事项： 当爆炸物被安置在 LRBL 位置上时，在爆炸物上方再覆盖一层薄薄的塑料制品，然后小心地用至少 25 cm 的用水或其他任何不易燃烧液体淋湿的柔软防爆物质覆盖爆炸物，并将 LRBL 使用的其他空余地方上至头顶、外至走廊填满柔软防爆物质；如果 LRBL 的位置在飞机尾椎上，可以用柔软防爆物质填充尾椎至爆炸物的前部，防止爆炸冲击波、烟雾、炸弹碎片向外扩散，冲击客舱；当爆炸物放好后，可以使用安全带、领带或其他适合的材料固定 LRBL 的堆放物，使其在剩余的飞行时间内稳固可靠，确保安全（注意不能太用力和捆得太紧）

拓展思考

处置民航飞机或者民航设施内发生的恐怖袭击事件，要比处置其他条件下的恐怖事件棘手得多。与地面目标相比，恐怖分子更愿意在天上动手。袭击地面目标，即便使用大量炸药，往往也很难造成巨大伤亡，但波音 737 这种小型客机一次空难，就能造成上百人罹难，波音 747 或者空客 A380 载客量甚至超过 400 人。

伦敦发生"8·11"事件后，由于担心液体炸药被带上飞机，各国民航都对随行携带液态物品做出了严格的限制，中国民航紧急在全国所有机场普及了痕量爆炸物探测器，毫米波和 X 光"裸检"设备也进入机场，给民航业增加了反恐手段。但最重要的问题还是人的问题，包括素质和意识两个方面。空防意识不仅涉及民航工作人员，还涉及全社会，提高全社会对空防安全的认知，在我们的工作中才能得到各方面的配合。

项目九　野外生存

【学习目标】

知识目标：熟悉陆地生存、水上求生的要点，掌握森林、极地、沙漠等不同环境下的生存原则。

能力目标：能在应急撤离后组织幸存人员团结求生，能利用环境材料生火、获取饮用水、获取食物、发送求援信号，提高生存概率。

素养目标：在野外生存训练中获得经验和知识，增强求生意志，培养面临困境绝不屈服的顽强意志。

【思政导读】

可歌可泣的"荒野求生"

在中国版图东北端的人迹罕至的深山密林里，隐藏着一处处废弃的壕沟和坑洞，20世纪三四十年代，东北抗日联军在这里建立起一座座秘密宿营地——抗联密营（见图9-1）。

一根根砍下的圆木搭建起了简易的木刻楞、地窨子，一盏盏老旧的煤油灯照亮了密营被服厂、修械所、小医院、仓库，以掩护部队、后勤补给、安置伤员、培训干部……简陋的密营却是抗联战士心中"温暖的家"。

从大约1936年开始，为躲避日伪军"围剿"和"讨伐"，抗日武装把营地转移到深山老林，依托其与敌人进行英勇顽强的抗争。白天，抗联战士穿梭在林莽中与敌接战，深夜，密营被服厂的女工熬夜赶制战士的衣装。"火烤胸前暖，风吹背后寒……团结起，夺回我河山！"流传八十多年的《露营之歌》是抗联战士们孤悬敌后、孤军奋战的写照。

图 9-1　抗联秘密营地

曾有人说，在世界战争史上没有哪一支部队像东北抗联这样，无论是普通士兵还是军官，在长达十多年的时间里几乎随时可能面临死亡威胁。除了敌人凶残的"围剿"和"讨伐"，抗联将士也面临着极端艰苦的自然环境。夏天没有粮食时，抗联战士只能靠猎杀野兽、采集蘑菇和野果充饥；冬天大雪封山，他们用橡树籽磨成面做成大饼和橡子面糊。在极端缺乏食物时，树皮、草根乃至鼠肉都是战士的食粮。抗联名将杨靖宇牺牲后，敌人解剖了他的尸体，发现胃肠里没有一粒粮食，只有草根、树皮和从棉衣上撕下的棉絮。

生命或许短暂，精神却可以不朽。在抗联烈士的纪念碑前肃穆静听，抗联的传奇仿佛还在群山之间回荡……

（资料来源：新华社）

任务一　陆地求生

一、撤离后的组织

当陆地撤离发生在偏僻和荒凉地区时，救援人员不能马上赶到，幸存者应做好陆地求生的准备。

（1）首先远离飞机，避免火侵害。

（2）当发动机冷却，燃油蒸发，火已熄灭时，设法返回飞机。

（3）对受伤人员施救，并寻找乘客中的医务人员对受伤人员提供援助。

(4) 集合并清点幸存人数，将其分为几个小组，每组 4~25 人。

(5) 每组指定一名组长负责管理，总任务由机组人员下达，具体任务由组长分配给每一个人。

(6) 利用就地材料搭设临时避难所。

(7) 准备好发出求救信号的设备。

二、建立避难所

（一）天然避难所

(1) 山区和岩岸边的山洞。

(2) 凸出的大岩石下边。

(3) 树和树枝及雪窝。

（二）飞机避难所

(1) 完整的机身。

(2) 机翼和机尾。

(3) 机舱内的塑料板。

（三）修建避难所时要注意的问题

(1) 山洞作为避难所时，要注意里面可能会很潮湿，同时可能会有其他生物存在。

(2) 冬季时，不宜依靠机身修建避难所，因为金属散热过快。

(3) 避免在低洼潮湿的溪谷处修建避难所，防止被洪水冲走。

(4) 不宜在倒下的死树及树之间修建避难所。

(5) 不宜在茂密及较深的草木丛林中修建避难所。

三、信号与联络

（一）可用资源

1. 飞机残骸

坠机后可找到如燃油、轮胎及一些可燃或绝缘材料作为有用的信号源，燃烧它们可形成大火或浓烟。

2. 天然材料

干的树枝、树皮、树叶都是很好的燃料，而湿的材料燃烧时会形成浓烟。

3. 应急发报机

应急发报机是在飞机遇险之后向外界发出求救信号时使用的，可以在多个频率下工作，以增加被救的概率。

4. 手电筒

在夜间可以利用手电筒作为信号，国际通用的 SOS 求救信号是三次短闪、三次长闪、三次短闪。

（二）信号方式

1. 火光信号

火在白天和夜间都可作为信号，三堆火组成的三角信号是国际上的一种遇难信号（见图 9-2）。

图 9-2　三堆火/烟组成的三角信号

2. 浓烟

在晴朗无风的日子里或白雪覆盖时，可用白色、黑色烟雾作为信号。三个烟柱组成的三角形是一种国际遇难信号（见图 9-2）。蓝天为白烟，雪地、阴天为黑烟。

3. 地对空求援信号

（1）利用树丛、树叶、石头、雪等天然材料堆成各种求援符号，以吸引来自空中的救援人员的注意。

（2）国际公认的求援符号有五种：
- "V"字表示求援者需要帮助。
- "箭头"表示求援者行进的方向。
- "X"表示幸存者需要医疗救护。
- "Y"或"N"分别代表"是"或"不是"。
- "SOS"表示请求援助我们。

（三）发信号时应注意的问题

（1）做好发信号的一切准备，并保证其有效性。

（2）应保证铺设的信号在 24 个小时内都有效，因为信号在昼间大部分时间内都有阴影，所以铺设方向应为东西方向。其线条宽度为 3 英尺，长度不短于 18 英尺，并定时检查。

(3) 所有信号的发出和铺设应在开阔地带，可能的情况下多准备几种信号。
(4) 用火作为信号时，应选择离其他树较远的孤立稠密的常青树，以避免引燃森林。
(5) 保护好信号材料不受冷、不受潮。
(6) 烟雾和反光镜是仅次于无线电的最佳联络手段。
(7) 任何异常的标志和颜色之间的差异在空中都能被发现。

四、饮水

在生存中，水比食物更为重要，水是人生存的必需品。

（一）水源

(1) 当从飞机上撤离下来时，应尽可能地带水、饮料。
(2) 附近的河流、湖泊、池塘、山泉等。
(3) 在沙丘之间凹处进行挖掘可能有水。
(4) 干枯河床下面常常有水。
(5) 雨水和露水。
(6) 热带丛林的植物也富含水分。
(7) 寒冷地带，融化纯净后的冰和雪的水。
(8) 鸟群经常在水坑上飞翔。
(9) 顺着动物的足迹和粪便等寻找水源，在沙漠区也是如此。
(10) 凝结水汽取水：将塑料袋套在嫩枝上，让叶面蒸腾，获取凝结水（见图9-3）。

图9-3　凝结水汽取水

(11) 日光蒸馏取水：挖一个大坑，坑底放一个收集器皿，坑顶覆上塑料布，将周边压实，塑料布中央放一块石头。此法适用于蒸馏有毒的水、海水、尿液等（见图9-4）。

图 9-4　日光蒸馏取水

（二）饮水时要注意的问题

（1）不干净的水最少煮 10 分钟后方可饮用。
（2）河流、湖泊、池塘、山泉等水源，需消毒后饮用。
（3）不要直接食用冰和雪解渴，因为冰和雪能降低体温，造成更严重的脱水。
（4）丛林植物中的乳汁状的汁液不能喝，可能有毒。
（5）不要饮用尿液，那样会觉得恶心，并且对身体有害。
（6）减少活动，避免体液损失。
（7）飞机上带下的水和应急水应放在最后使用。
（8）合理分配用水量，缺乏饮用水时，饮用水应定量供应。
（9）沙漠中的湖泊和水坑的水，如含有盐碱味，不要饮用。

五、食品

在野外生存中，与水相比，食物并不是最重要的。一个幸存者不吃东西，光靠水和本身脂肪也能生存一段时间。当你需要吃食物时，可以从你周围的环境中获取。

（一）食物的来源

（1）在不影响撤离速度的情况下，尽可能从飞机上带下可用食品。
（2）从昆虫身上获取食物。
（3）猎捕野兽和鸟类作为补充食物。
（4）捕食鱼类。
（5）采摘野生藤本植物。
（6）捕捉爬行动物。
（7）飞机货舱内可食用的货物。

（二）进食时要注意的问题

（1）应急食品、不易腐烂的食品要放在迫不得已时再食用（应急食品所含的碳水化合物越高越好）。

（2）昆虫除蝗虫外，都可生吃，但烧烤后味道更好，吃时要去掉胸腔、翅膀和腿，但不要食用蜈蚣、蝎子、蜘蛛、苍蝇、蚊子和虱子。

（3）食用鸟类及兽类之前，应先放血，去皮取内脏，然后经烧烤后食用，在取内脏时不要碰破胆囊，并将多余的肉存储。

（4）淡水鱼一定要煮熟后食用。

（5）野生藤本植物作为最后的求生食品时，不仅要熟悉其属性，还要在食用前分辨一下是否有毒：

① 若植物茎和叶上附着蛆或者其他蠕虫时不能食用。

② 切下一小块，若有难闻的苦杏仁或桃树皮味，应立即扔掉。

③ 稍挤榨一些汁液涂在体表敏感处，如肘部与腋下间的前上臂，如有不适，如起疹或肿胀，则应立即扔掉。

④ 若以上步骤进行完后无任何不适症，则进行下列程序（之间相互间隔不少于 5 秒，每次尝试取少量植物材料）：触动唇部→触动口角→舌尖舔尝→咀嚼少量，若有任何不适，如喉咙痛痒、强烈的灼伤感、刺激性疼痛，则应立即扔掉。

⑤ 吞咽少量植物，耐心等待 5 个小时，其间不得饮用其他任何食物。

⑥ 若无口部痛痒、不停打嗝、恶心、发虚、胃痛、下腹绞痛以及其他任何不适症状，则可认为该植物是可食用的。

⑦ 进食应有规律，尽量减少进餐数，每日两餐即可。

六、野外取火

（一）火的作用

火是野外生存最基本的条件之一，有取暖、做饭、烘衣服、防止野兽袭击、作为联络信号等作用。

（二）生火的必备条件

生火的一般顺序是从火花到引火物，再到燃料。

1. 火花源

（1）火柴。

（2）打火机。

（3）火石和小件钢制品。

（4）信号弹是最佳火种，但它是最后的手段。

（5）电瓶，但不要在飞机附近使用放大镜。

2. 引火物

作为引火物的材料应细些，保持干燥和高度易燃。

（1）棉绒。

（2）纸绒。

（3）脱脂棉。

（4）蘸过汽油的抹布。

（5）干枯的草。

3. 燃料

凡是可以燃烧的东西都可以作为燃料，并可以混合在一起使用，在准备燃料时一定要尽可能地使之充足够用。

（1）干燥的树枝和枯枝。

（2）灌木。

（3）成束的干草。

（4）干燥的动物粪便。

（5）地面裸露的煤块。

（6）飞机上的汽油和滑油。

（三）火场的设置

火场最好设置在沙土地或坚硬的岩石上。如要在丛林中生火，要尽可能选择丛林中的空地上，同时要清除周围地面上的一切可燃物，如树枝、树叶、枯草等，还要在近处准备好水、沙子或干土，以防引起森林大火。如果是在雪地、湿地或冰面上生火，可先用木头或石块搭一个生火的平台，作为取暖用的火，可利用天然的沟坎或用原木垒成墙，以利于将热量反射到隐蔽所中。

（四）成功取火的条件

（1）保持足够的火花并使其始终干燥。

（2）要为第二天准备足够的引火物和燃料，并用干燥的东西将其盖好。

（3）点火时火种应在引火堆的下风向。

七、陆地生存要点

（1）充分休息，保存体力，每晚应休息 7~8 小时。

（2）保持避难所的清洁，肮脏物应存放在离住处较远的地方。

（3）尽可能保持自身清洁，以使自身处于良好的精神状态。

（4）沙漠中生存应尽可能躲避太阳的辐射，以减少体内水分蒸发，寻找水源和食物的工作最好在傍晚、清晨、夜间进行。

（5）在阴冷的天气里，尽可能保持身体干燥和温暖。

（6）在身体条件允许的情况下，适当锻炼身体，但不要超量。

（7）除了必须转移到安全干燥地区，幸存者应留在遇险地区等待救援。
（8）人员要集中，避免走散，随时清点人数。

任务二　水上求生

约 80%的地球表面被水覆盖，在所有求生环境中，由于人们对海洋环境知识的缺乏，海上求生就变得非常可怕，难以求活，在寒冷的海水中体温会迅速下降，所以我们必须设法尽快登上陆地或救生船。

一、海上生存特点

（1）海上缺乏参照物，难以辨别方向，不易发现目标，生存人员很难判断所处的位置。
（2）风大浪高，平均风力 3~4 级，大风时可达 10 级以上。
（3）缺乏淡水。
（4）水温低，表面平均水温不超过 20℃，有 13%的水表温度为-4℃左右。
（5）海洋生物对人的伤害大。

二、水中保暖

（1）在冷水中尽量减少活动，保存体力，减少热量的散发。
（2）减少冷水与人体的接触面，保持体温，以减少热量的损失。
（3）几个人为小组的聚集保暖法：几人组成一个面向中心的圆圈，手臂相搭，身体的侧面相接触，紧紧地围成一个团儿（见图 9-5）。

图 9-5　聚集保暖法

（4）单人保暖休息法：双腿向腹部弯曲，两手交叉抱住双膝于胸前（见图 9-6）。

图 9-6 单人保暖休息法

(5) 不要在水中脱弃衣服及鞋袜。
(6) 身着薄衣的成年人在 10℃的水温中生存时间如表 9-1 所示。

表 9-1 水中生存时间

条　件	姿　态	生存时间/小时
无救生衣	踩水	2
有救生衣	游泳	2
有救生衣	保护姿势	4

三、饮水

淡水是生存中至关重要的必需品。有了水，才能保证身体的正常代谢；没有水的话，人只能活几天。所以，幸存者感到干渴时，应尽量饮水，以保证身体的正常需要。

(一) 海水

海水是海上生存者最大的水源，然而海水不能直接饮用，即便加入部分淡水也不能饮用，否则就会出现脱水现象，对人体组织产生破坏，引起许多器官和系统的严重损伤。因此，在海上生存中禁止直接饮用海水。

(二) 淡水源

在海上生存时，如何确保淡水供应是一个大问题，解决这个问题的方法有很多种：
(1) 离机前，尽量收集机上饮料带到船上。
(2) 收集雨水，利用船上的设备存储雨水。
(3) 收集金属表面的露水。
(4) 北半球海域的冰山是淡水的来源，但靠近冰山要特别小心，否则冰山翻转会有危险。
(5) 利用海水淡化剂淡化海水，使其成为可饮用淡水。

（三）饮水时要注意的问题

（1）先使用已有的淡水，再进行海水淡化。

（2）除非特别渴，否则在救生船上的第一个 24 小时内不要喝水（婴儿和重伤员可适当分配）；以后的时间，如果水量有限，每天 16 盎司水。当雨水充足或 16 盎司水不能满足需要时，每天可以喝 24 盎司或更多。

（3）当淡水很少时，在下雨前只能用水湿润嘴巴和呷一点水。

（4）可在口中含一粒纽扣或口香糖，增加唾液。

（5）不能抽烟，不能饮用酒类及咖啡因制品，避免体内水分的散发，酒可以留下用于外伤消毒止痛。

（6）尽量少动，多休息，减少体内水分的消耗。

四、食品

（一）食物来源

（1）在离开飞机前，尽可能收集机上食品。

（2）飞机断裂后，货舱内散落在外、漂浮在水面上的可食用的货物。

（3）海里的鱼类及海面上飞着的鸟。

（4）救命包内的应急口粮。

（二）进食时要注意的问题

（1）水量多时先吃蛋白质食物，水量少时吃碳水化合物。

（2）鱼类是海上生存最大的食物来源，但不要随意食用不熟悉的鱼类。

五、发现陆地

（一）确定陆地海岛的位置

（1）在晴朗的天空，远处有积云或其他云聚集，积云下面可能有陆地或岛屿。

（2）黎明鸟群飞出的方向，黄昏鸟群飞回的方向，可能有陆地或岛屿。

（3）通常情况下，白天风吹向陆地，晚上吹回海岸。

（4）在热带海域，天空或云底的浅绿色，通常是由珊瑚礁或暗礁反射形成的。

（5）漂浮的树木或植物意味着附近有陆地。

（6）不要被海市蜃楼所迷惑，在船上改变坐的高度时，海市蜃楼不是消失就是改变形状。

（二）登陆

登陆是海上生存的最后环节，要想顺利成功地实施登陆，切记注意以下几点：

（1）选择最佳登陆点，尽力向其靠近。

（2）穿好救生衣并充气。

（3）穿好所有的衣服鞋帽。
（4）靠岸边时，尽量放长海锚绳，降低向登岸点的接近速度以保证安全。
（5）救生船在海滩上着陆前，不能爬出救生衣。
（6）救生船一旦登陆，迅速下船并立即设法将船拖上海滩。

（三）获救

当救援船驶到救生船边上时，不要认为你可以很容易地登上救援船。如果你已经在海上等了很久，你的身体已经很虚弱，一定要静坐船上等待救援人员来救，不要急于离开救生船。切记当直升机来救援时，一个吊篮只能容纳一个人。

任务三 其他环境求生

一、森林求生

（一）概述

丛林里有丰富的食物和水，因此丛林求生是最容易的，这里最大的危机是惊慌失措和昆虫及植物引起的疾病等。

（二）处理方法

（1）带上救生衣以便在任何空地显出对比色彩。
（2）卸下并带上所有的滑梯救生艇（最好能在空旷的地方展开，架好帐篷，作为住所）。
（3）启动紧急求救发射机。
（4）熟悉救生包的物品，取出发射信号设备，其余物品留在储存袋里，实际用时再取出。
（5）当发现搜救的人员设备（飞机、直升机、车、马、人员等）时，白天使用烟雾信号和反光镜，夜间使用火炬或信号弹，使用烟雾信号和火炬时一定对下风边烧放。

二、极地/冬季求生

（一）概述

冬季气温通常在零点以下，且伴有大风，尤其在极地地区，冬季气温在-60～-50℃，风速有时候会在 40 千米/小时以上，大风会导致实际气温远低于温度计显示的温度。当人体发生颤抖时，表明体温已开始下降，体温低于 30℃时对身体是有害的。当处于任何低温、强风和冰雪覆盖的地区，对不同季节都必须应用冬季求生原则。

（二）处理方法

（1）携带救生衣作为御寒之用。

（2）带上所有滑梯、救生艇（滑梯、救生艇应充气架设好作为掩体，尽快让乘客进入避寒）。

（3）启动应急求救发射机。

（4）在可能的条件下，收集飞机上的枕头和毛毯并分配给乘客，让乘客尽量坐好以保持体温，并松开紧身衣服。

（5）熟悉救生包的物品，取出发射信号设备，其余物品留在储存袋里，实际用时再取出，查看救生包里各种救生指导小手册。

（6）指挥乘客做温和的运动，如坐着屈伸腿部，运动手指和脚趾。

（7）避免饮用酒类饮料，以免体温散发。

（8）由于内部的二氧化碳含量增大会造成危害，所以必须经常放进一些新鲜空气到掩体里面。

（9）不要让乘客同时睡着，应安排乘客日夜轮流守望工作。

（10）不要试图在暴风雨来临时迁移。

（11）在冰雪融化的季节里，注意避开浮冰，避免陷入沼泽。

（12）防止跌入冰水中。

（13）发现搜救者时，白天使用烟雾信号和反光镜，夜间使用火炬和信号弹，使用烟雾信号和火炬时一定对下风边烧放。

三、沙漠求生

沙漠地区通常日夜温差较大，所以在沙漠求生时，需注意以下几点：

（1）携带救生衣以备夜间御寒用。

（2）卸下并带上所有的滑梯、救生艇（滑梯、救生艇应充气架设好作为掩体，尽快让乘客进入里面）。

（3）启动应急求救发射机。

（4）熟悉救生包的物品，取出发射信号设备，其余物品留在储存袋里，实际用时再取出，查看救生包里各种救生指导小手册。

（5）将现有的饮水保留给失血者、呕吐者、严重腹泻者等。

（6）减少日间的活动。

（7）设法从绿洲、干涸河床底部的水洞、坎儿井、仙人掌类植物中寻找水源，昼夜温差大时，可凝结水蒸气提取饮用水。

（8）发现搜救者时，白天使用烟雾信号和反光镜，夜间使用火炬和信号弹，使用烟雾信号和火炬时一定对下风边烧放。

 知识巩固

技能强化

技能强化训练任务单 9-1　野外生存（制作简易净水器）

1. 任务描述

使用容易获得的材料，制作一个简易净水器。

2. 任务要求

在安全操作的前提下，以 4~6 人为小组，共同协作完成净水器制作，并检验是否有效。

3. 训练标准

任　务	步　骤	内　　容
制作简易净水器	准备材料	一个空的塑料瓶，一把剪刀，一些纱布，一些石英砂，一些活性炭，一些胶带
	制作净水器	用剪刀或者户外刀具在塑料瓶的底部弄几个小孔，这些小孔应该尽可能小，而且要确保它们不会被杂物堵塞
		在瓶子底部铺上一层纱布，然后在其上面撒上一些石英砂。请注意，石英砂的颗粒应该稍微大一些，这样就可以更好地过滤杂质
		在石英砂上面再铺一层纱布，然后撒上一些活性炭。活性炭对于去除水中的异味和颜色非常有效
		在活性炭上面再铺一层纱布，最后在上面撒上一些石英砂。这样的结构可以确保水从底部的小孔进入，经过石英砂、活性炭和纱布的过滤，最终从顶部流出
		用胶带将瓶子的顶部和底部密封，以确保水不能从顶部或底部渗出
		把制作好的净水器放在一个干净的地方，等待它干燥。干燥后，就可以开始使用简易的野外生存净水器了
	使用净水器	将野外不洁净的水导入这个净水器，底部的小孔可以确保水流入。通过顶部的小孔检查水流情况。当感觉到水从顶部的小孔流出时，可以用瓶子或其他容器收集这些干净的水
		注意：简易净水器并不能完全消除所有的危险。在野外生存时，最好还是使用已经经过消毒处理的水，或者使用专业的野外生存设备进行水的过滤和消毒

 拓展思考

野外生存技能是客舱乘务员必备的技能之一，无论陆地、水上还是其他环境下，都要求乘务员具有良好的心理素质和扎实的业务知识。

坚定的必胜信念是野外生存的主要精神支柱。

求生过程中最大的两个危险，一个是对舒适的渴望，另一个是消极的态度。你必须认识到这两个危险都体现了一种态度——这种态度希望较少抵抗，否定了你克服压力的努力和愿望。

要克服第一个危险——对舒适的渴望。你需要改变对舒适的看法。改变的秘诀在于以下推理：将你现在的不舒适和后面的更不舒适做比较，你的不舒适可能会无限期地持续下去，而且程度更甚。了解了你对不舒适的忍受程度以及你对舒适的需求后，会帮助你继续前进。舒适并非生命不可或缺的！

要避免第二个危险——消极的态度。你需要知道消极的态度会带来什么后果。一些生理状态会导致消极情绪的产生，如长时间暴露于寒冷的天气中引起的筋疲力尽、体液过多流失（脱水）、极度的疲劳、虚弱以及疾病，这些都可能会使你产生消极的情绪。你可以通过适当的计划和合理的决定避免这些情况的发生。意志力薄弱也会导致消极情绪的产生。沮丧、麻木、冷淡慢慢地爬上心头，然后突然击垮你，使你茫然无助。一定要及时发现同伴中消极情绪的苗头，这一点很重要。消极情绪的最初迹象表现为顺从、安静、很少和人交流、没有胃口、落单。处理这种情绪最好的办法是消除或者直接面对引起这种情绪的生理及心理上的压力。

灾难降临时，只有积极行动起来才能拯救自己。

项目十　安全特情处置

【学习目标】

知识目标：学习对于各种类型的意外伤害、不安全行为、飞行突发事件的处置原则和要领，掌握对客沟通语言和沟通方法。

能力目标：能协同处置颠簸、受伤、机上医学事件，能果断应对冲击驾驶舱、盗窃等突发事件，能依据安全规则处置不安全行为，做好安全管理。

素养目标：强化依法有序整治的意识，提升风险防范化解能力，增强空防安全责任感，坚守安全底线。

【思政导读】

民航运输业通过不断提升硬件保障能力和综合服务水平，为乘客提供更加人性化的服务体验，乘客在享受航空出行快速、便捷的同时，机上扰序、吸烟等不循规行为也越来越多，不仅引发众怒，而且扰乱了航空秩序，给安全飞行带来隐患。

某航班起飞约 1 小时后进入平飞阶段时，一名乘客在卫生间内点燃随身携带的香烟，吸了两口后将烟蒂掐灭扔进马桶，引发机上烟雾报警器。某航班一名乘客因航班延误 2 小时心生不满，在航班即将滑行起飞时提出终止行程，造成航班重新滑回机位，起飞延误。

另外，还有因行李放置问题发生口角、强行冲闯飞机、借各种理由与乘务人员纠缠等行为，无论是故意还是过失，不仅对乘务人员及全体乘客造成危害，还给飞行安全带来极大风险，可能造成严重后果。

2023 年 7 月，民航局召开"依法整治机闹行为维护航空安全秩序"专项行动动员部署会，要求加大整治力度，坚决遏制"机闹"多发态势。坚决做到空中严控，航空公司要健全完善机组安保协同机制和处置方案，机组及空中安保组要敢于出手、及时处置。加大惩戒力度，建立健全航空公司与机场公安沟通协作机制，依法从严从快从重打击"机闹"，坚决维护民航运输秩序和安全生产，以新安全格局保障民航新发展格局。做好宣传引导，提高广大乘客法律意识和守法自觉，引导乘客自觉文明乘机，营造文明出行浓厚氛围。

平时多练兵，战时少流血。乘务人员要高效应对各类非法干扰和扰乱行为，就要强化日常训练，加强与机组之间的精准、高效配合，信息传递简洁迅速，协助处置得心应手，切实提高应急处置过程中信息通报、应急响应、三方协同、事件处置等方面的能力，维护良好的民航安全秩序，确保航空安全万无一失。

（资料来源：《中国民航报》）

任务一　防意外伤害

一、颠簸

飞机颠簸指飞机飞行中突然出现的忽上忽下、左右摇晃及机身震颤等现象。产生飞机颠簸的基本原因是大气中存在乱流。

飞机颠簸存在不同的分类标准。

按颠簸强度可分为轻度颠簸、中度颠簸、重度颠簸。轻度颠簸主要表现为在座位上的人员可能感觉到安全带或者肩带轻微受力，未固定的物体可能被稍微移动，行走几乎没有困难，不影响客舱服务。中度颠簸主要表现为在座位上的人员能感到安全带或肩带的受力，八成满的饮料从杯中溅泼出来，客舱服务受到影响，客舱内走动困难，未固定的物体被移动。重度颠簸主要表现为在座位上的人员感到安全带或肩带猛烈受力，未固定的物体前后左右摆动或抛起，无法进行客舱服务（见图10-1）。

图 10-1　飞机颠簸（智学 VR 全景视频）

按处置方式可分为可预知性颠簸、突发性颠簸等。

【案例分享】

案例1　某航班颠簸事件

某航空公司执行三亚至长沙的航班，航班计划起飞时间为15：50。航前准备时，乘务组与机组就颠簸信号进行了协同，机组告知乘务组航路平稳。17：05，在航班落地前约40分钟，飞机突然有一次明显的颠簸，机身晃动明显。驾驶舱打了两声"系好安全带"铃，头等舱乘务员随即进行了颠簸广播（包含使用卫生间的乘客抓好扶手），见习乘务长也在后舱大声提示上洗手间的乘客抓好扶手。颠簸发生时，乘务长正在打扫前舱卫生间，撞到坐便器；4号乘务员在服务间整理服务用品，腰部撞到餐车，导致扭伤；5号乘务员正在客舱里巡舱，发生颠簸后急忙抓住扶手并坐在地上。

17：06，颠簸结束，见习乘务长立即进行了巡舱，了解客舱情况。24D乘客反映，颠簸发生时，她正打开洗手间的门准备出来，颠簸造成其头部撞到门框上，现在感觉有点头晕。见习乘务长立即向乘务长进行汇报。乘务长在向乘客了解情况后，征得乘客同意进行广播找医生，并向机长报告该情况。由于机上没有医生，乘务长向乘客做了解释并说明航班降落后我司地面人员会陪同她就诊。乘客表示认可。

17：46，航班到达长沙。落地后，地面服务人员陪同乘客就诊，经CT检查，医生诊断未见异常，仅有外部的软组织挫伤。

案例2　某航空公司颠簸事件

某航空公司执行长沙至北京的航班，预计起飞时间为11：45。航前协同期间，机组告知航路上会有颠簸，但是无具体时间和航段，会按照公司标准对乘务组进行提示。

在航班下降前35分钟，驾驶舱给出一声"安全带信号灯"铃声，紧接着就要发生严重颠簸，持续几秒钟。客舱经理立即进行了客舱安全广播。颠簸发生期间，R4门洗手间一小女孩正要从洗手间内出来，7号乘务员立即提示其迅速原地坐下。

重度颠簸后，又持续了轻度颠簸约3分钟。7号乘务员将小女孩送回12J座位。经询问，小女孩反映其头部在颠簸时碰撞到洗手间。

颠簸结束后，区域乘务长进行客舱检查，并向客舱经理汇报后舱4名乘务员有不同形式的碰撞受伤：2号乘务员被抛起后，膝盖着地，膝盖受到轻微擦伤；6号乘务员下巴磕到服务台上，被轻微划伤，脚被餐车压到；7号乘务员小腿上有轻伤；11号乘务员的左小腿被餐车压到，受到轻伤。

在完成下降安全检查后，7号乘务员再次询问小女孩状况，其母亲反映，小女孩感觉有点头晕，希望落地后去医院检查。客舱经理向机长汇报了乘客的要求并由驾驶舱通知地面人员。

16：06，飞机抵达北京，客舱经理与地面人员就小女孩的情况进行了交接。乘客下机后在机场医院就诊，拍片无问题，乘客就诊后直接回家，未有异议。

【风险分析】

这两起颠簸发生时间均在下降期间，均为落地前35～40分钟。案例1属于突发性中度颠簸，案例2属于突发性重度颠簸。

下降期间，飞机穿越云层，受各个层级的空气对流影响，容易发生颠簸。另外，下降期间属于乘务员的工作小高峰，如对客舱进行巡视、对服务间进行清理等，乘客也属于活动的小高峰，如频繁使用厕所。

基于上述情况，此阶段发生的颠簸容易造成较大的安全后果，如乘客及乘务员受伤、客舱设备受损等。乘务员需要完成客舱服务工作，不能随时固定自己，颠簸具有不确定性，因此加强防护意识比处置更加重要。

（一）颠簸的处置

根据颠簸是否可预知和颠簸的严重程度，将处置要点归纳如下（见表10-1）。

表10-1 颠簸的类型和处置

颠簸类型		处置
可预知性颠簸	轻度颠簸	乘务长与飞行机组确认颠簸的时间、持续时间。了解预期强度及其他特别指示。 乘务员： ① 及时对客舱进行颠簸广播提示，并检查乘客安全带是否系好。 ② 整理并固定厨房用品，先处理大件设备，如餐车等。 ③ 可持续进行服务，但不提供热饮，防止烫伤乘客
	中度及重度颠簸	① 停止一切客舱服务，及时对客舱进行颠簸广播提示。 ② 确保客舱通道畅通，所有餐车推回服务间并固定。 ③ 检查乘客安全带是否系好。 ④ 婴儿必须在成人系好安全带后方可抱妥，如时间允许，乘务员最好取下婴儿摇篮并取回固定。 ⑤ 暂停洗手间的使用，并确认每个洗手间内无乘客。 ⑥ 发生颠簸，乘务员应做好自身防护工作，乘务员完成所有检查后，应立即回到服务间就座，并系好安全带
突发性颠簸	轻度颠簸	① 及时对客舱进行颠簸广播提示； ② 同时及时与机组沟通，若"安全带信号灯"未亮起，则提示机组立即打开"安全带信号灯"
	中度及重度颠簸	① 立即就近坐好，并系好安全带，若无法就座时，立即蹲下以降低重心稳住自身，并用手臂环扣座椅扶手或抓紧座椅下方的坚固部位，以免身体被抛起而受伤。 ② 乘务员及时对客舱进行安全广播提示或大声示意乘客坐下，系好安全带。 ③ 靠近洗手间的乘务员应敲门要求乘客抓紧扶手，或立即离开洗手间就地坐下，并系好安全带。 ④ 如正在进行餐饮服务，要注意以下几点： ● 立即踩下刹车固定，热饮壶、酒瓶等物品应放到地上或餐车内，如需要可以用毛毯覆盖。 ● 要求附近的乘客系好安全带，并抓稳手中的餐盘或水杯。 ● 餐饮车、垃圾车、免税品销售车等尽可能推回厨房固定好。 ● 收妥厨房内散放的物品并固定好

（二）颠簸后措施

乘务组应做好应急预案及机上急救准备，检查洗手间内有无乘客受伤，确保乘客、机组成员受伤时及时得到医疗护理及救治。

乘务长巡视客舱，检查各舱位设施设备受损情况，将乘客受伤及客舱状况报告给飞行组，并记录CLB。

主动联络飞行组，请示继续进行服务工作是否安全。

如遇到强烈颠簸时，乘务员根据机上受伤人员状况，有责任向机长提出改航、返航和地面医疗急救的类型和要求。

如遇有中度以上（含中度）颠簸且造成一定后果的情况，乘务长须按照重大事件报告程序进行汇报。

二、烫伤

【案例分享】

案例1：某航班在航班延误地面等待期间，一名十岁男童无端被飞机上的"一杯热水"烫到了大腿根部，经诊断为"二度烫伤"。一次意外的烫伤可能使他终身留下难看的疤痕，一次意外的烫伤让他本来丰富多彩的暑假计划化为泡影，家人的痛苦、公司的损失等一系列问题接踵而来。

案例2：某航空公司执行西安至长沙的航班，在提供餐饮服务的过程中，乘务员黄某在为7排ABC乘客提供服务时，突遇气流影响，飞机出现颠簸，不慎将咖啡壶倒在了7D乘客身上。事后乘务员第一时间将该乘客请到头等舱进行处理，乘客感觉左手臂有轻微疼痛。乘务员在冲泡咖啡时严格按照《关于细化热饮服务标准的通告》执行，咖啡温度适中，因此乘客没有红肿起泡的症状。乘务员立即为该乘客涂抹烫伤药膏，全程对该乘客进行细微服务，照顾至飞机落地。落地后，乘务组积极和乘客沟通，乘客情绪平和，乘客描述手臂也没有疼痛的感觉了。此航班还要执行后续航班，因此委托长沙站工作人员继续处理，该乘客也表示认同。因为乘客的衣服湿了，所以乘务组送给乘客一条毛毯，让乘客包裹。后经了解，乘客经长沙机场医生处理后自行离开，无异议。

（一）避免烫伤的方法

1. 严格遵循热饮服务的原则

为乘客提供热饮服务时，应遵循安全第一的原则，任何情况下须对热饮进行降温处理并向乘客做出必要的提示后再供应，在确认乘客将热饮完全接好后乘务员才能松手，杜绝出现烫伤乘客的情况。

乘务员应判断乘客，特别是怀抱婴儿乘客、儿童乘客及老人乘客是否有保护自己避免烫伤的能力，为不具备此项能力的乘客提供热饮时，乘务员应先将热饮递到其陪同家人或监护人手中，询问温度是否合适，由其陪同家人或监护人递交热饮给该乘客。

在给乘客提供热饮服务时，除遵循以上原则外，须同时提醒乘客不要将热饮放置在婴幼儿可能触及的范围内，以免颠簸期间婴幼儿碰撞导致发生烫伤事件。

每一名乘务员都应该确认每一杯热饮的温度；乘务长负管理责任。

2. 提供热开水的具体操作

经过实际操作和测试，当热饮温度为 64℃ 左右时，能够在确保口感的同时又不会存在人体被烫伤的风险。在进行热饮降温处理时，乘务员必须按照 3:1，即 3 份热水、1 份冷水的比例进行降温处理，已达到热饮的温度经过处理后降到 64℃ 为宜。

具体操作如下：

（1）使用纸水杯盛放热开水提供给乘客前，须兑入约三分之一矿泉水再提供给乘客。

（2）乘客自带水杯，亦须按照以上比例兑入适量的矿泉水，并将瓶盖拧好后再递给乘客。

（3）提供前必须提示乘客小心拿好，确认放置好或乘客接好后方可松手。

在飞行中，如有乘客提出乘务员为其进行食品的加工（如方便面），乘务员要婉言拒绝，并做好解释工作。在讲明原因后乘客还在坚持的情况下，乘务员在为乘客冲泡方便面时，一定要先把方便面放在服务间冷却至温度适中（以不烫手为准），或提前与乘客协商好，待方便面泡好后，乘务员将热水在服务间倒掉，方可为乘客提供。

（二）烫伤的处置办法

（1）乘务员应立刻采取救治行动，避免耽误最佳救治时间，同时将具体情况汇报给乘务长以及机长。

（2）如果在地面等待期间发生烫伤事件，应及时报告给乘务长和机长，根据烫伤程度判断是否需要下机处理，并由乘务长将事情的详细经过电话汇报给所属乘务队的经理。

（3）如在空中发生烫伤事件，应及时处理乘客伤口（见表 10-2），必要时向周围乘客做好事情经过的取证。

表 10-2 烫伤处置

烫伤程度	症　状	处　置
一度烫伤	40～50℃ 的热水有可能将皮肤烫伤。皮肤发红、疼痛，有灼热感觉	① 用凉水冲或用清洁袋装上冰块对患部进行冰敷以减轻损伤和止痛。 ② 擦干患部后，敷上烧伤药。 ③ 需要的话，轻轻地绑上绷带
二度烫伤	51～80℃ 的水能烫烂皮肤，深达真皮，局部出现水泡。二度烫伤又分为以下两种。浅二度仅伤及真皮浅层，一部分生发层健存，因渗出较多，水泡较饱满，破裂后渗液较明显；创底肿胀发红，有剧痛的感觉和过敏，皮温增高，易感染和并发症。深二度伤及真皮深层，尚残留皮肤附件，因变质的表层组织稍厚，水泡较小或扁薄，感觉稍迟顿，皮温也可稍低	① 如出现未破的水泡，可泼上冷水直至疼痛消失，用湿的绷带轻轻绑扎。 ② 如水泡已破，不要在破裂的水泡上加水，宜用干的消毒绷带包扎，将烧伤肢体轻轻抬起。 ③ 为防止脱水，要经常给伤患口服含盐水、水或饮料

续表

烫伤程度	症　状	处　置
三度烫伤	80℃以上的热水（至5分钟）能伤及皮肤全层，甚至可深达皮下、肌肉、骨等。皮肤坏死，脱水后可形成焦痂，创面无水泡，蜡白或焦黄，触之如皮革，甚至已碳化，感觉消失	① 不可用水或任何冰敷。 ② 不要试图去除伤部的感染物，用干的消毒敷布敷在伤部并加以包扎。 ③ 为休克的病人提供吸氧等急救

（4）如果烫伤情况较严重，乘务员无法处理时，应广播寻找医生。

（5）所有烫伤事件，在航班落地后由乘务长第一时间将事情经过汇报给所在乘务队的经理，若烫伤情况较为严重时，还必须电话汇报给乘务调度室，以及进行不安全事件的SMS备案。

三、夹伤

座椅扶手是抬起的状态，一位抱孩子的大人入座在位置上，乘务员在安检时，提示乘客放下扶手，乘客配合地应声而动，立即转头将座椅扶手放下……接下来也许会发生什么？孩子藏在家长腋下的那只手正好在座椅扶手位置，放下扶手的瞬间，孩子的手会被夹伤。

防患于未然比事后处置更加重要。如果事情已经发生，道歉的同时立即观察被夹乘客的受伤处有无出血，有出血则立即止血并包扎，伤口小时用创可贴即可，伤口严重时需要启动机上急救药箱。如果没有出血，应该考虑是否需要用冰块冰敷镇痛消肿。应该第一时间汇报乘务长，后续应该持续关注，进一步观察，如果乘客无法活动受伤处关节，或是持续产生严重疼痛，可根据乘客需求考虑到达场站就医治疗，联系机长，请地面人员协助处理。

四、机上常见乘客原因造成其他乘客受伤或损失的情况

（一）引发原因

（1）由于乘客开启行李架拿取行李导致行李掉落砸伤其他乘客。

（2）由于乘客自身原因导致意外受伤，包括砸伤、烫伤等情况。

（3）抢占行李架、座椅等发生肢体碰撞，造成人员受伤等情况。

（4）不限于以上几种情况，但其他情况必须符合范围要求。

（二）机上处置程序

机上处置应该遵循"安全第一、服务第二"的原则。由于乘客的原因造成的不安全事件，应优先救助受伤乘客，化解矛盾，事件中涉及的利益和责任由乘客自行协商解决。

（1）如发生乘客受伤事件，无论是乘客原因还是公司原因，乘务组应做好应急预案及机上急救准备，确保受伤乘客及时得到医疗护理及救助。

（2）及时安抚双方乘客，必要时寻求安全员的帮助；为了避免双方矛盾升级，根据实际情况将双方隔离，并尽快稳定客舱秩序。

（3）由于乘客的利益受到损失，乘务员应按照相关处理程序进行处理，报告乘务长，由乘务长出面与双方乘客协调后续事宜。

（4）乘务长应以调解员的身份平息事件，事件中涉及的利益和责任由乘客自行协商解决。

（5）请周围的乘客提供书面证明时，尽量回避当事人，设法留下乘客基本资料、乘客证词，当事乘客有责任的，书面材料中可按照证人看到或听到的事实、事发的过程、看到的结果来简练描述，在书面材料中提及乘客责任，并留下周围乘客的联系电话。

（6）对于不听乘务员劝阻，争执行为过激引发打架斗殴，并且经过乘务员口头提醒或上前劝阻、制止等措施均无效时，乘务员应向乘客说明有关规定并请空警/专职安全员予以协助，及时报告机长，情节严重或造成一定后果的，可按照非法干扰处置程序进行处置；由机长决定是否需要地面公安人员协助，乘客是否可以继续旅行。

乘务员应以询问的方式和乘客进行沟通，向乘客逐步了解事件发生的经过，例如，"您哪里不舒服吗？""需要帮助吗？""是您打开的行李架吗？""是×××东西掉下来，砸到了这位先生吗？"等，并遵循"先救治后解决"的处事原则进行调解。

现场进行调解时，乘务员应注意自身的语言技巧和态度，说话语气坚定有力，避免模棱两可的用语，应使自己处于调解员的位置，同时有助于引导周边乘客协助作证。

沟通过程中不得以非公司原因任由事态蔓延，导致事件升级。

任务二　防不安全行为

因在出行安全方面的意识不够，有许多乘客在飞行关键阶段向乘务员提出服务要求或者有不安全行为，我们要充分理解乘客，但也要把握安全原则，随着航空安全知识在民众中的慢慢普及，乘客在乘机时的安全意识会越来越强，那么出现这些情况时乘务员该如何处理呢？

一、飞行关键阶段乘客需要服务或进行不安全行为提示

2012年10月16日，民航局正式颁发了《关于加强客舱安全管理工作的意见》（民航发〔2012〕96号），要求在飞机起飞后20分钟和落地前30分钟客舱乘务员不得从事与客舱安全无关的工作，只能履行安全职责。

为什么会规定在起飞后20分钟和落地前30分钟呢？因为飞机在离开地面后到达安全飞行高度需要20分钟时间，而从安全巡航高度到落地需要30分钟的时间，而这两个时间段都是颠簸的高发阶段。如果这段时间内乘务员还在为乘客提供客舱服务，那么乘务员和乘客的安全都是没有保障的。有数据显示，百分之八十的飞行事故都是在这两个阶段发生的。在这两个阶段，如果乘务员还在进行客舱餐饮等服务，一旦发生严重的颠簸，任何服务用品，比如餐具、一次性杯子等都会使乘客受伤。一旦乘客出现对这一规定的不理解和抱怨，甚至投诉，在这种情况下，也十分考验乘务员与乘客的沟通能力。

（一）飞机起飞前，乘客要毛毯、水或者其他服务需求

乘务员可语气委婉告知不能提供的原因，说明什么时候可以提供，避免乘客因等待时间过长而造成的误解，并对乘客理解表示感谢；同时用便签记录下乘客的服务要求，避免遗忘。

【建议语言】

女士/先生，飞机正在滑行，我们现在正在进行安全检查。飞机马上就要起飞了，等飞机平飞后马上给您送过来，感谢您的配合。

（二）飞机下降时，乘客要求水或休息乘客要用餐

【案例分享】

一次航班中已经进行了下降安全检查后，所有的乘务员都已经坐好并系好安全带，一位乘客按亮了呼唤铃。后舱一名乘务员出去询问乘客有什么需要，乘客说："我需要一杯水。"乘务员告知乘客："先生，非常抱歉，我们的飞机已经进入下降阶段了，我们已经停止客舱的餐饮服务了。"说到这里，乘客已经有了不满的情绪，说："我只是需要一杯水，都不行么？"乘务员告知乘客飞机落地后会第一时间提供服务，或乘客在下机时向前舱乘务长提出需求，也可以为其提供服务，乘客当场未提出异议。

在乘客的质疑和不满中，只要乘务员耐心解释，大部分的乘客是可以理解并接受的，航空公司并不是为了节约成本故意降低服务标准，乘务员也不会因为有新规定的出台而拒绝乘客的合理要求，但是为了保障乘务员和航班上所有乘客的安全，我们严格地执行规定还是很有必要的。不要害怕乘客生气投诉而违反安全规定去提供服务，要注意说话方式，考虑乘客是否能接受，将不能提供的原因解释清楚，善于观察，并在微笑、语言和态度上做到无可挑剔。可在下降前 5 分钟叫醒休息乘客，询问是否需要用餐，同时要避免自己的音量或行为突兀，引起乘客的不满。当乘客真的有服务需要时，向乘客表达歉意，告知乘客飞机正在下降，处于飞行的关键阶段，并且已停止客舱服务工作，向乘客表示会请前舱乘务员准备好饮用水，乘客在下机时，可向前舱乘务员提出。下降广播至落地前 30 分钟，乘客饮用水的需要可以视情况满足乘客。如果休息乘客要在此时用餐，同样表示歉意，解释不能提供的原因，可询问乘客是否愿意将餐食打包带下飞机。当然，如果乘客下机时需要乘务员落地后提供餐饮服务，一定要和机组做好沟通和确认，避免遗忘或错给造成乘客不满。

【建议语言】

女士/先生，非常抱歉，我们的飞机已经进入下降阶段了，我们已经停止客舱的餐饮服务了。这个阶段容易颠簸，如果我再为您提供水，发生颠簸时您手中的水杯就很可能伤到您或周围的乘客。我们会让前舱的乘务员为您准备好一支小瓶的矿泉水，在您下飞机时给您，这样不影响您的饮用，您看可以吗？

（三）飞机爬升阶段和落地滑行时乘客离座

乘务员可以通过手势、语言、广播等方式制止在客舱站立的乘客，但不要斥责乘客，

应让其立即回到座位上坐好,并系好安全带,注意乘务员广播时音量要适当控制。在提示无效的情况下,乘务员可以出舱,但语言要简单明了。提醒完毕后,乘务员立即回到自己座位上坐好,并系好安全带。

【建议语言】

女士/先生,飞机正在上升高度/飞机还在滑行,请您在座位上坐好并系好安全带。

二、紧急出口座位资格确认

紧急出口对年龄要求是 15 岁以上人员均可以就座,对年龄的上限是没有明确要求的,需要根据就座乘客的身体状况和语言表达能力来判断。

对于业内人士就座紧急出口,必须介绍的是紧急情况下的职责和就座意愿,其余的可以根据情况进行调整。

当机上乘客的数量达到飞机可运载乘客数量的 1/4 时,在不影响配载平衡的前提下,每个紧急出口座位必须至少安排一名有协助能力的乘客就座。

调整紧急出口乘客座位时需要咨询乘客是否有随从人员,如果有的话需要一起调整,包括乘客安放在行李架内的行李。

紧急出口的监控不是最低号位的工作,飞行全程中乘务员都有职责去监控紧急出口,发现紧急出口就座人员发生变化,要第一时间介绍并通报整个乘务组。

如果有不符合紧急出口要求的乘客就座,沟通上不应回避紧急出口的安全要求,而一味强调紧急出口座位的限制要求,可将为乘客选择其他位置的舒适度作为服务上的弥补。

【建议语言】

先生,您好!当飞机发生紧急情况时,您必须能够充当我们的援助者,帮助乘务员打开紧急出口,并协助其他的乘客迅速撤离飞机,希望您能够谅解和积极地配合。

如乘客不符合评估条件:对不起,打扰一下,因为这里是紧急出口的座位,按照民航法的安全规定,您不方便坐在这里,我需要为您调换一下座位。

三、安全检查

起飞下降时属于飞行关键阶段,乘客身上抱着的随身行李应放置在行李架内或者前排座椅下方的档杆内,不可以放在腿上抱着,原因是如果发生紧急情况,行李会成为障碍物,影响其本人或其他乘客顺利撤离。

【情景】

情景一:执行安全检查时,乘客不按要求进行操作且态度不好,抱怨"就你们公司要求多……"

情景二:执行安全检查时,乘客不按要求进行操作,质疑"如果东西放在行李架上丢了怎么办?"

情景三:执行安全检查时,乘客抱着自己的包不愿意放。

【处置】

（1）首先要了解乘客心理，乘客不愿意放置行李的以女士居多，因为飞行中随时要取用物品，包放在身上比较方便。这种情况可告知乘客放在前排座椅下方的档杆内，取用起来比较方便，也不影响安全。

（2）如果包内有贵重物品或大量现金，害怕遗失或被盗。这种情况同样可告知乘客放在前排座椅下方的档杆内，方便照看。

（3）如乘客拎包比较名贵，放在行李架上怕挤压，放在地上嫌脏，可以拿一个毛毯袋或者一次性头片垫在包的下方，注意轻拿轻放。

（4）还有就是嫌麻烦的心理，因为乘坐其他航空公司航班时从没有过这样的要求，这种情况需要跟乘客耐心解释安全的重要性，告知原因，注意语气委婉，切忌机械无解释、语言态度生硬。

【建议语言】

您好！女士！飞机马上就要起飞了，请您把包放在前排座椅下方，或者我帮您放在头顶上方的行李架内，如您需要使用的话，可以在飞机平飞后取用，有需要帮助的地方请第一时间联系我，我很乐意为您服务。

您好！女士！您的包放在通道/抱在身上在紧急情况下会影响您和他人的安全，请您将包放在前排座椅下方或者我帮您放在前排座椅下方。

您好！女士！我们更加严格的安检要求也是为了您的安全，请您配合我们的工作，谢谢您对我们工作的理解。

四、电子设备使用

飞机在起飞和备降等关键时刻，需要用通信系统和地面指挥中心联系。如果此时机上乘客的手机都开着，就会产生信号干扰，同时，手机信号还会干扰到飞机仪器的工作状态，所以飞行中的关键时期，特别是在飞机滑行、起飞、下降和着陆的时候，所有电子设备都不允许连接耳机、充电线等配件。保持手机开启飞行模式或者关机状态，保证飞机的通信系统和导航系统不受干扰。

而在飞机的巡航阶段，在规定尺寸范围内的电子产品也是可以开机的，如 iPad、便携电脑等，当然，如果在使用过程中，飞行员发现干扰到了飞机的导航系统，会要求立即关机。

中国民航对乘客携带电子设备的具体要求如下：

（1）无论是手机、相机、摄像机、笔记本电脑、游戏机、阅读器、平板电脑等，都需要全程调至飞行模式。

（2）当飞机起飞和降落时，不建议使用电子设备。

（3）在飞行过程中，不能有充电宝等备用电源给电子设备充电。

（4）当飞机飞行平稳时，可以使用电子设备。

充电宝锂电池一旦着火不易扑灭，有火灾隐患，机上全程禁止使用充电宝。

【处置】

委婉提示电子设备使用时间,如乘客配合,则表示感谢;如乘客态度强硬,不配合工作,则报告乘务长和安全员,由安全员处理。

目前很多航空公司许可使用手机,但要调至飞行模式,在关键飞行阶段我们要求乘客遵守限电规定是中国民航法规的要求。

飞机落地滑行期间乘客开手机的现象比较普遍,如果在此阶段发现乘客使用手机,口头提示一次即可,不用广播。

航班延误或在起飞滑行期间乘客确有比较紧急的事情需要处理,可以视情况给乘客一点时间,不要频繁催促或站在一旁监督乘客,以免造成乘客不满。

【建议语言】

先生/女士,您好!根据中国民航法规定,在飞行全程中,手机必须关闭或者调至飞行模式,请您配合,谢谢。

如乘客对充电宝为何不能使用提出疑问:先生/女士,您好!充电宝等锂电池设备一旦着火不易扑灭,有火灾隐患,机上全程禁止使用充电宝。谢谢您的配合。

五、机上吸烟(使用电子香烟、质疑机上烟灰缸)

【处置】

首先要找到烟头,消除火灾隐患比找到责任人更重要。

尽量当场解决,不要让乘客回到座位上,因为一旦回到座位上,乘客拒不承认,也没有很好的处置办法。首先不要责怪乘客,应征询乘客烟头扔到什么位置。如果乘客将烟头扔到废纸箱里,应立即检查有无火情,最后用水将废纸箱打湿,并将情况及时报告安全员,让安全员来处理。如乘客使用电子香烟,乘务员也要制止,并做好解释工作。

【建议语言】

当乘客质疑机上烟灰缸时:飞机是波音/空客公司出厂的,针对的是全球的航空公司,有的公司是允许机上吸烟的,因此有烟灰缸的设计。另外,如果机上真的有乘客违规吸烟,把烟头放在烟灰缸也会避免火灾隐患。

当乘客使用电子香烟时:您好,先生!电子香烟在机上是不允许使用的,它虽然没有明火,但它的原理是电子雾化器,使用时会产生电磁波,对驾驶舱的通信导航设备产生干扰,也容易使其他乘客产生误会。

六、无病乘客要求吸氧

首先应从关心的角度出发,先询问乘客有什么不舒服的地方,并帮助其打开通风口,解开紧扣的领带、腰带,尽量不要让乘客在飞机上吸氧,告知乘客飞机上配备氧气瓶的数量很少,是预备突发紧急情况时使用的。在条件允许情况下,可以帮助他调整座位。

此时可采取一些相应的弥补服务,如送杯饮料等。如果乘客坚持,可告知乘客如果他身体不适我们的飞机可以备降,但费用由乘客自理。如在地面发生这种情况,先询问乘客有什么地方不舒服，尽量使其舒适，如这名乘客仍坚持要吸氧，应委婉地告诉他，公司不承运预知吸氧的乘客，并报告机长/乘务长，如有必要通知地面急救中心。

七、乘客之间发生争执

乘客之间发生争执的原因多为行李架被占用、用餐时座椅靠背未调节等。为避免事态在航班上扩大化，应尽可能将争执的乘客调换到较远的位置就座，同时乘务长和安全员对乘客进行情绪的安抚。如果对事情的起因有争议，应将当事人分开了解情况，调开争执乘客座位，分别进行安抚，同时询问周围乘客事情真相，留好证言证词。

任务三　防飞行突发事件

一、冲击驾驶舱情况处置、询问机长姓名、进驾驶舱参观等

当航班长时间延误，乘客得不到准确的起飞时间时，最容易出现乘客提出要见机长，而情绪激动的乘客有可能出现在前服务间聚集逗留、叫喊着要见机长、直接拉驾驶舱门等情况，这时乘务员要冷静处理，避免事态进一步恶化。

（一）当乘客提出要见机长时

此时如果对乘客的要求加以重视、认真对待，便可大大减少后续乘客情绪激动的可能性，因此这是事件处理的黄金时期。需认真听取乘客意见；如时机允许诚恳向乘客道歉；向乘务长汇报此事；建议机长进行广播。

【建议语言】
好的，先生，您的需求我知道了，我立刻和机长联系。
您好！先生！机长正在和塔台进行通信联络，稍后会有广播通报航班最新的情况。

（二）当乘客询问机长姓名或想进驾驶舱参观时

首先要明确机长姓名是不能随意告知乘客的，当然也有可能真的是机长的朋友，也不能欺骗乘客。因此需要问清楚乘客的目的，回复乘客时要注意自己的措辞。

【建议语言】
您好！先生！您认识的机长是哪位？我看下是不是我们航班的机长。
非常抱歉！我们今天的机长不是您认识的，请您再确认一下。

（三）当乘客长时间在服务间逗留时

前服务间距离驾驶舱非常近，驾驶员出驾驶舱去洗手间会打开驾驶舱门，如果乘客长时间在前服务间逗留，对客舱安全十分不利。后服务间虽然离驾驶舱较远，但在延误期间乘务员需要去客舱进行服务工作，后服务间有许多电气设备，十分危险，且舱门很有可能

处于预位状态，如果乘客误碰有可能出现危险。因此对于聚集在服务间的乘客，乘务员要对其劝散，注意用语要婉转，切不可用命令式语气对乘客提出此项要求。

【建议语言】

您好！先生，前舱有很多热水器和烤箱，这些设备容易烫伤您，请回到您的座位就座。

您好！先生！飞行中容易出现一些突发性颠簸，请您回座位系好安全带。

（四）当乘客情绪激动叫喊着要见机长时

此时乘客的情绪已经十分激动，为了控制乘客情绪，应立刻将此事汇报给乘务长。

【建议语言】

我会马上把您的意思向机长汇报。

（五）当乘客直接拉动驾驶舱门时

如遇此种情况，要立即阻止乘客此种行为，叫附近其他乘务员过来协助，报告乘务长和机上安全员协助解决此事。

二、丢失物品或机上盗窃

【案例分享】

案例1：某航班在执行某条航线时，一名乘客在过站期间下机等候，等该乘客再次登机时，告诉乘务员刚才下机时把手机落在飞机座位上或地上。乘客自己及乘务员均协助查找未找到，机长联系了地面清洁队，也没有找到，乘客需要公司给个说法，帮他解决。

案例2：某航班在执行某条航线时，一名乘客在飞机快降落时去卫生间，把随身的一个包放在座位下方，当乘客回到座位后发现包的拉链被拉开了，并且包里的一部手机和一副银镯子不见了，飞机降落滑行时乘客向乘务员反馈了此情况，乘务员让乘客先坐好等飞机停靠完毕后再处理，停靠之后机上乘客都已下飞机，乘客又找到乘务员询问，乘务员称此事要转交到机场公安局，公安局当时也记录了此情况，该乘客对此表示非常不满，称当时在客舱里为什么不及时处理。

（一）预防

（1）起飞前：安排乘客行李时，乘务员需提示乘客将装有贵重物品的箱、包放在离自己较近的位置，如有放置不下的物品，也应放在乘客视线可控范围内（尽量在乘客前方三排以内）；若乘客的行李放置在离自己座位较远的行李架内，在下降前，乘务员有必要提醒该乘客再次确认自己的行李是否在位，并提示乘客落地后留意该行李架物品提取情况，防止其他乘客错拿。

（2）平飞后：对于要求调换到客舱通道座位的乘客，特别是男性乘客要加强关注；夜航及长航线乘客休息期间，要做到不间断巡舱，并提醒乘客保管好随身物品；加大巡舱力度，防止麻痹大意；婉言劝说频繁在客舱中站立、走动的乘客回到原位就座；一旦发现可疑乘客，及时将该乘客的座位号及衣着、外貌特征传达给其他组员，并进行全面监控。

（3）落地后：在下客过程中如果发生乘客行李丢失的情况，应第一时间报告乘务长和机长，根据当时情况请示机长是否中止下客（停远机位时，可请示摆渡车暂不开门下客），必要时联系机场公安部门给予协助；过站乘客下机休息时间，应提醒乘客随身保管贵重物品，避免丢失。

（二）处置

1. 物品在机上丢失

首先安抚乘客情绪，然后确定乘客丢失物品的位置，询问遗失物品特征，进行寻物广播，并留下乘客信息。

如飞机落地后乘客才反映物品丢失，应先安抚乘客情绪，确认乘客物品在机上丢失以及丢失物品特征，立刻汇报乘务长（视情况是否下客或终止下客），积极帮助乘客寻找。

2. 物品在候机楼丢失

首先安抚乘客情绪，了解乘客丢失的物品及其特征，帮助乘客回想丢失物品的地点，报告乘务长，寻求地面人员的帮助；告知机场失物招领电话（如果时间许可，可以让乘客下机去取丢失的物品）。

3. 发现遗失物品

如发现乘客遗失物品，应记录遗失物品的位置，第一时间与乘客取得联系，交接给地面工作人员，填写《遗失物品交接单》。

【建议语言】

女士，您的心情我特别能理解，您先不要着急，回想一下最后看到您的包是什么时候，您确定是在飞机上遗失的吗？

请问，您丢失的包颜色、形状、大小，里面有什么物品，我马上帮您寻找一下。

抱歉，女士，包现在没有找到，我已将此事汇报给了乘务长，您是否需要我们为您做一个寻物启事的广播？

女士，请留下您的姓名以及联系方式，如果后续我们找到了您的包，将第一时间和您取得联系。

三、突发医学事件

（一）乘客短时间内发生呼吸停止、脉搏消失及意识丧失

【案例分享】

6月28日23:43，在某航班起飞10分钟后，乘客陈女士抱着她9个月大的儿子至服务间，反映小孩发生窒息、翻白眼、无意识的情形，请求乘务员对婴儿进行抢救。乘务长和乘务员迅速为孩子启用了氧气瓶进行机上供氧，同时在乘客中广播寻医并将这一突发情形告知机长，机长连忙通过卫星电话将情形上报公司，并让乘务组随时陈诉孩子的病情转变。航空公司高度重视，为了争取在最短的时间内开展抢救，经综合评估，决议该航班连忙就近紧迫备降重庆。乘务员把备降的决议通过广播告知机上乘客后，乘客纷纷表示支持。

签派职员将情形告知重庆机场指挥中心和重庆当地空管部门,相关单位表示将全力保障。同时,重庆机场联系部署医疗职员和救护车前往机坪待命。

在广播寻找医生无果后,乘务组于 23:45 左右对婴儿进行了心肺苏醒(CPR)抢救,并保持与机长联系,反映抢救情形。经由乘务组的专业、实时抢救,该名婴儿症状有所缓解。

6月29日 00:09,飞机在重庆江北机场下降。陈女士在航空公司专人陪同下,抱着孩子登上了早已等候在重庆机场机坪的救护车,驶往重庆渝北区人民医院。6月29日 00:39,医院反馈婴儿各项体征已正常。

1. 关于心肺复苏

心脏骤停(sudden cardiac arrest,SCA)是公共卫生和临床医学领域中最危急的情况之一,表现为心脏机械活动突然停止,患者对刺激无反应,无脉搏,无自主呼吸或濒死喘息等,如不能得到及时有效救治,常致患者即刻死亡,即心脏性猝死(sudden cardiac death,SCD)。

针对心脏、呼吸骤停所采取的抢救措施称为心肺复苏(cardiopulmonary resuscitation,CPR),包括通过胸部按压建立暂时的人工循环,通过电除颤转复 VF(心室扑动),促进心脏恢复自主搏动;采用人工呼吸纠正缺氧,并恢复自主呼吸。

据历史记载,早在两千多年以前,我国著名古代医学家,如公元前 5 世纪的扁鹊、公元 2 世纪的张仲景及华佗等,他们对心肺复苏的认识和实施方法与现代 CPR 大体相似,做出了历史性的贡献。

现代 CPR 始于 20 世纪 50 年代末 60 年代初。经过半个多世纪几代医学家的努力,随着医学科学的进步,医疗技术和设备的快速发展,建立在循证医学基础上的现代 CPR 技术日益提高。人工通气、人工循环以及电除颤作为 CPR 的三大核心技术,在临床上开始广泛应用,从而奠定了现代 CPR 的基础。

根据乘客运输量计算,飞行中每 14 000～50 000 乘客中就有 1 人以上发生紧急医疗问题,虽然心脏骤停仅占飞行中全部医疗问题的 0.3%,但导致 86% 的飞行死亡事件。

尽管飞行中心脏骤停(IFCA)有如此高的死亡率,但到目前为止,仍无指南针对 IFCA 提出具体治疗建议。

2017 年 6 月 3—5 日,在日内瓦召开的欧洲麻醉会议上公布了一项新指南,对乘客和乘务人员在飞行途中心脏骤停的急救给出推荐。该指南包括以下几个主要推荐:

(1)飞行前的安全公告中应提及急救设备及其位置。

(2)对心脏骤停患者应有有效的心电图,自动除颤器(AED)功能有效。现在许多飞机上有 AED。指南推荐所有飞机上都应配备 AED 设备。

(3)一旦确认患者心脏骤停,对乘务人员来说,尽可能通过飞机广播寻求帮助非常重要。飞机公告应阐明有疑似心脏骤停患者,并告之急救设备的位置。

(4)两人 CPR 被认为最佳,效果较好,并应尽可能实施。乘务人员应规范进行基本的生命支持培训,理想情况下,应注重飞机上 CPR 的培训。

(5)患者一旦恢复自主循环应立即转运。

这是第一个在航空商业旅行期间就飞行紧急医疗情况提供治疗推荐的指南。这对推荐适当的行动和操作非常重要，因为飞行环境和设备与在陆地上的医疗急救所能提供的明显不同。

2. 处置

当乘客短时间内发生呼吸停止、脉搏消失及意识丧失，需要救助者对患者进行心肺复苏（CPR）操作（见图10-2）。

图10-2　机上急救CPR操作（智学VR全景视频）

要按以下顺序（D→R→C→A→B→D）进行心肺复苏。

（1）D（danger）：确认现场环境安全。

救助者应明确救助者和被救助者处在安全情况下，方可展开救助措施。

（2）R（response）：检查伤病者的反应。

迅速判断患者的意识、呼吸和脉搏，方法包括以下几点。

① 呼叫。

呼叫要表达出你的关切，扣拍或摇晃病人的肩部。

② 检查有无呼吸。

立即检查有无呼吸，侧脸靠近患者口鼻处，眼睛看患者胸腹部有无起伏，听有无呼吸音，感觉口鼻有无气流。观察5～10秒。

③ 检查有无脉搏。

● 成年人：用食指和中指在喉正中旁开两指处下压颈静脉上感觉有无血管搏动。

● 婴儿：用食指和中指在上臂内侧中部下压肱动脉处感觉有无血管搏动。

④ 检查有无外伤。

对大出血进行立即止血，如果没有外伤反应，则立即进行后续操作。

（3）C（circulation）：心脏按压。

为防止内脏损伤，在进行心脏按压前要松解患者衣领及裤带。

① 按压的中心部位：成年人是两乳头连线中点（胸骨中下1/3处），婴儿在两乳头连线下方一横指处。

② 对成年人采用双手掌根重叠法，伸直肘关节，利用上身重量和肩膀力量使手臂与地

面垂直下压；对儿童采用单手掌根法按压；对婴儿采用两手的拇指环抱法，或中指与食指两指法按压（见图 10-3）。

图 10-3　心脏按压

③ 下压速度。

对成年人至少 100 次/分钟，对婴儿至少 110 次/分钟，按压后保证胸骨完全回弹。

④ 下压力度。

对成年人应使胸骨下陷至少 4 厘米，对儿童与婴儿相应减为 2~3 厘米。

⑤ 心肺复苏吹气与心脏按压交替频率。

吹气 2 次，按压 30 次。

（4）A（airway）：开通气道。

清理患者口鼻咽腔内的分泌物、假牙等异物后，使其仰卧于地面上，头后仰、下颌抬起，使下颌角与耳垂连线与地面垂直（见图 10-4）。

（a）拉颌法　　　　　（b）仰头抬颈法　　　　　（c）仰头举颌法

图 10-4　三种开通气道的方法

（5）B（breathing）：人工呼吸。

口对口吹气法：在保持呼吸道通畅的基础上以一手捏紧患者鼻孔，吸气后张口包牢患者口部向内吹气（有效吹气时间>2 秒），连续吹 2 次，如果气吹不进，应再次确认气道是否开通，口鼻咽腔内异物是否清理干净。

如没有除颤器，应重复进行心脏按压和人工呼吸的循环，以心脏按压∶人工呼吸=30∶2 的比例进行，心脏按压开始送气结束，操作 5 个周期，每次按压后观察颈动脉搏动和呼吸，判断是否应继续循环。

（6）D（defibrillation）：尽早除颤。

如果有自动体外除颤器（AED），则应中断上述操作进行除颤：

① 按照图示安装电池，使除颤器处于待机状态；

② 打开开关，AED 自动检测进入工作状态，操作者只要按照 AED 提示进行操作。首先是"按照图示贴上电极连好导线"；完成后，AED 自动分析心电图并决定是否需要除颤，如果需要除颤，AED 将自动给电极充电（发出蜂鸣声）；充电完成后，除颤开关按钮灯亮起，AED 提示"请按除颤电钮除颤"，操作者按下除颤电钮，此时任何人不能接触患者身体；除颤完成后随即进行人工心脏按压，按压无反应可再次进行除颤操作，可做 2~3 次。

心肺复苏应持续 30 分钟以上，每次按压结束后观察颈动脉搏动和有无自主呼吸，按压后心搏停止应继续按压，如无呼吸或呼吸很微弱仍应继续坚持人工呼吸。复苏有效时，可观察到患者有眼球活动，观察瞳孔由大变小，有对光发射。此时可终止心肺复苏操作，暂不移动患者，可视情况提供吸氧和进一步的生命支持。

（二）传染病

《中华人民共和国传染病防治法》根据传染病的暴发、流行状况、危害程度等诸多因素将传染病分为甲、乙、丙三类，分别予以不同的防控治疗管理措施。是否需要隔离观察治疗，是判定是否适航的关键。表 10-3 是部分传染病的适航及航空转运建议。

表 10-3　各类传染病的适航及航空转运建议（部分）

种类	病名	传播途径	致病源	传染性	病死残率	疫苗	适航和航空转运建议
甲类	鼠疫	鼠蚤叮咬、呼吸道飞沫、皮肤接触	鼠疫耶尔森菌	强	高	无	适航禁忌，转运原则禁忌（必需时负压隔离专机转运）
	霍乱	粪口	霍乱弧菌	强	高	无	适航禁忌，转运原则禁忌（必需时负压隔离专机转运）
乙类甲类管理	新冠肺炎	直接传播、气溶胶传播和接触传播	新冠病毒	强	低	有	适航禁忌，转运原则禁忌（必需时负压隔离专机转运）
	传染性非典型肺炎	近距离飞沫传播或接触患者呼吸道分泌物	SARS 病毒	强	低	无	适航禁忌，转运原则禁忌（必需时负压隔离专机转运）
	人感染高致病性禽流感	直接接触疫禽	禽流感病毒	高	高	无	适航禁忌，转运原则禁忌（必需时负压隔离专机转运）
	肺炭疽	吸入带大量肺炭疽胞的尘埃、气溶胶	炭疽芽胞杆菌	高	高	无	适航禁忌，转运原则禁忌（必需时负压隔离专机转运）

续表

种类	病名		传播途径	致病源	传染性	病死残率	疫苗	适航和航空转运建议
乙类	艾滋病		性、血液、母婴	艾滋病病毒	强	高	无	普通病毒携带者适航，重症医疗监护转运
	病毒性肝炎	甲肝	粪口传播	甲肝病毒	强	低	有	适航禁忌，隔离转运
		其他	性、血液、母婴	肝炎病毒	低	低	有	普通病毒携带者适航，重症医疗监护转运
	脊髓灰质炎		粪口	脊灰病毒	低	高	有	适航禁忌，隔离转运
	麻疹		呼吸道分泌物飞沫传播	麻疹病毒	高	高	有	适航禁忌，负压隔离专机转运
	流行性出血热		接触疫鼠排泄物	流行性出血热病毒	高	高	有	适航禁忌，隔离转运
	狂犬病		疫犬咬伤	狂犬病毒	高	高	有	适航禁忌，隔离专机转运
	登革热		蚊媒传播	登革病毒	高	高	无	适航禁忌，医疗监护转运
	肠炭疽		接触病畜及其产品及食用病畜的肉类	炭疽芽胞杆菌	高	高	无	适航禁忌，隔离专机转运
	痢疾	细菌性	粪口消化道	痢疾杆菌	高	低	无	适航禁忌，隔离转运
		阿米巴	粪口消化道	溶组织阿米巴	高	低	无	适航禁忌，隔离转运
	肺结核		呼吸道传播	结核杆菌	高	低	无	活跃期适航禁忌，负压隔离专机转运
	伤寒		消化道传播	肠沙门菌肠亚种伤寒	低	低	低	适航禁忌，隔离转运
	流行性脑脊髓膜炎		呼吸道传播	脑膜炎双球菌	高	高	有	适航禁忌，负压隔离专机转运
	百日咳		呼吸道传播	百日咳杆菌	高	高	有	适航禁忌，负压隔离专机转运
	新生儿破伤风		创口污染感染	破伤风梭状杆菌	低	高	有	适航禁忌，医疗监护转运
	疟疾		被蚊叮咬或输入带疟原虫者的血液	疟原虫	高	低	无	普通患者适航，重症医疗监护转运

1. 传染病分类

（1）甲类及按甲类管理的乙类传染病。

甲类（鼠疫、霍乱）和按照甲类管理的乙类传染病（新冠肺炎等），不可以航空旅行，也不适宜普通航空转运。

其中，针对甲类（鼠疫、霍乱）和按照甲类管理的乙类传染病（新型冠状病毒感染肺炎、传染性非典型肺炎、肺炭疽和人感染高致病性禽流感），为有效控制疫情，必须予以强制隔离、观察、治疗等管控和防治措施，不可以乘坐飞机进行航空旅行，也不适宜进行普通的航空转运。特殊情况下，不得不进行航空转运时，应报卫生和民航行政主管部门批准，采用负压隔离专机转运的方式进行。

（2）乙类及丙类传染病。

无须隔离观察治疗的患者，包括乙肝、艾滋病、梅毒、血吸虫病、疟疾等症状轻微、无须隔离观察治疗的性、血液、虫媒生物类传染病的病毒携带者和患者，是可以乘坐普通商业航班，进行航空旅行的。

其他健康人群，也无须为这些患者所惊扰，因为只要不与其进行亲密接触，是不大会被传染的。

需隔离观察治疗的患者，应去医院进行隔离观察治疗。为保障他人的健康，需要隔离观察治疗的传染病患者，应去传染病医院隔离观察治疗，勿乘机旅行。待疾病痊愈以后，再进行航空旅行。

2. 常见传染病处置

（1）痢疾。

痢疾简称菌痢，它是由痢疾杆菌引起的消化道传染病，一年四季都可发病，但以夏秋季为最多。痢疾病人常有脓血便，产生的毒素可能引起全身症状。

主要临床表现：常呈急性发病，有发热、腹痛、大便次数增多，初为稀便，后为脓血便，伴有里急后重，少数人可有恶心呕吐。重症患者常以高热、抽搐、昏迷等毒血症为主，而肠道症状却不明显。

机上处置程序包括：

① 座位隔离。

② 单独收集病人接触过的物品，密封后交卫生防疫部门。

③ 及时报告机长并向有关部门汇报。

④ 其他乘客不能使用腹泻病人使用过的厕所。

⑤ 避免在机上造成恐慌和不安。

（2）流行性感冒。

流行性感冒简称"流感"，是由流感病毒引起的一种传染性很强的呼吸道传染病。

主要临床表现：发热；周身酸痛、无力；眼结膜明显充血、发红；严重者可合并感染引起肺炎、中耳炎、心肌炎、肾炎等；出现流鼻涕等症状，出现压耳症状。

机上处置程序包括：

① 多饮温开水，注意休息。

② 可以教乘客避免压耳的动作。

③ 可服用中药，如羚翘解毒丸、羚羊感冒片、桑菊感冒片及大青叶、板蓝根等。

④ 可加服抗生素类药物、维生素 C 等。

项目十　安全特情处置

技能强化训练任务单 10-1　重度颠簸处置

1. 任务描述

航线：北京—重庆。机型：B737-800。平飞阶段乘务组正在进行餐饮服务，飞机机身出现严重颠簸，同时机长广播"这里是机长广播，飞机遇到颠簸，请系好安全带"。请乘务组快速应对处置。

2. 任务要求

以 4~6 人为乘务组单元，根据任务描述情况尽快就座，系好安全带，协同应对颠簸处置，颠簸结束后进行客舱检查。

3. 训练标准

任　务	步　骤		标　准
重度颠簸处置	停止服务		立即停止服务，餐车就地刹车，热饮壶确保放在车内
	固定自己		乘务员就近入座并系上安全带，或原地抓紧附近固定物体，将自己固定
	指导旅客		指导旅客"系好安全带"，如可能进行广播
颠簸结束后工作		PS1 广播	女士们、先生们，我们的飞机遭遇强气流影响，刚刚经历了严重颠簸。如果您感到身体不适，请与客舱乘务员联系。谢谢。
	全体	检查机体和旅客情况	确认机体无破损，乘客无伤亡
	全体	安抚乘客情绪	我们的飞机刚刚经历了颠簸，现在已经安全了，请大家不必担心。洗手间暂时还不能使用，请大家在座位上系好安全带，有需要帮助的乘客吗？
	SS2~SS11 向 PS1 报告		报告，××号位区域经检查，机体无破损，乘客无伤亡，无火灾隐患，乘客情绪已安抚，报告完毕。
	PS1 向机长报告		报告机长，客舱经检查，机体无破损，乘客无伤亡，无火灾隐患，乘客情绪已安抚，报告完毕。等待指示。

注：1. 本任务单参照《1+X 空中乘务职业技能等级标准》制定，非考签，仅供训练参考。

　　2. 乘务员分工可按实际号位分配调整，表内仅供参考。

技能强化训练任务单 10-2　传染病处置

1. 任务描述

航线：上海—成都。机型：B737-800。平飞阶段乘务组正巡舱时发现一名乘客发热、腹痛、大便次数增多，经初步判断疑似痢疾，请乘务组按照传染病适航标准进行处置。

2. 任务要求

以 4~6 人为乘务组单元,根据任务描述情况广播寻医,及时报告,做好隔离和避免交叉感染,处理污染物,做好自身防护。

3. 训练标准

任务	步骤	标准
疑似传染病处置	SS2 广播寻医	如有医生,询问医生专业,请医生出示执照,根据医生建议按需开启机上应急医疗箱使用设备
	PS1 报告机长	病人的症状、座位号码、是否有陪同、乘务组处置的情况、寻找医生的情况。持续跟进汇报病情情况,如需备降、返航,做好客舱广播告知乘客,控制客舱乘客情绪
	锁闭厕所	明确乘客使用的厕所,避免与其他乘客合用,使用后锁闭
	隔离	将该乘客单独安排在避免乘客集中的位置
		指定乘客使用专用的厕所,使用后锁闭
		该乘客的物品、食品在使用后单独存放
		落地后交接给检疫部门,报告使用的厕所
		为乘客提供口罩
		避免其他乘客与其接触,必要时调整乘客座位
		乘务员为其服务时应注意与其接触
	避免交叉感染	给传染病乘客提供口罩,并请其佩戴
		将其座位安排在相对靠近角落的位置,并远离其他乘客
		明确给该乘客使用的厕所,不与其他乘客同用
		该乘客使用过的物品、座位、厕所等落地以后通知检疫部门
		乘务员需注意自身防护
	观察	空中注意观察乘客情况,如乘客发病的时间、间隔发病时间、症状、病情加重或减轻等,及时向机长报告乘客最新情况,请机长通知检疫部门
防疫处理	处理污染物(指定乘务员)	处理乘客呕吐、血液、尿液、衣物、用具等物时应使用卫生防疫包

注:1. 本任务单参照《1+X 空中乘务职业技能等级标准》制定,非考签,仅供训练参考。

2. 乘务员分工可按实际号位分配调整,表内仅供参考。

 拓展思考

航班出现的特殊情况包含安全、正点、服务多种因素,多去观察,提早发现问题,防患比解决更重要,当问题出现了,请记住"安全>正点>服务"的处置原则。

所有对乘客安全上的要求一定是基于良好的态度和沟通,如果没有微笑、没有礼貌用语,乘客不仅不会配合乘务员的工作,可能还会投诉。

学会将处理特情的流程转变成和乘客沟通的语言,怎么表达才能获得乘客的理解是我们要多加思考和练习的。

参考文献

[1] 中国民用航空总局政策法规司. 国际民用航空条约汇编（中英文对照）[M]. 北京：中国民航出版社，2005.

[2] ALAN J. STOLZER, CARL D. HALFORD, JOHN J. GOGLIA. 民航安全管理体系[M]. 李继承，等译. 北京：中国民航出版社，2012.

[3] 威廉斯，沃尔特里普. 机组安全防范实用指南[M]. 刘玲莉，王永刚，等译. 北京：中国民航出版社，2007.

[4] 祁元福. 世界航空安全与事故分析[M]. 北京：中国民航出版社，1998.

[5] 刘玉梅. 民航乘务员培训教程[M]. 北京：中国民航出版社，2007.

[6] 梁秀荣. 民航客舱安全管理[M]. 北京：中国民航出版社，2011.

[7] 杨怡. 民航乘务岗位技能实务[M]. 北京：中国质检出版社，中国标准出版社，2013.

[8] 杨怡，白文宇. 空乘职业技能与训练[M]. 北京：科学出版社，2014.

[9] 中国民用航空局航空安全办公室，中国民航安全学院. 图说民用航空安全保卫[M]. 北京：中国工人出版社，2014.

[10] 中国民用航空局航空安全办公室，中国民航安全学院. 图说民用航空客舱安全[M]. 北京：中国工人出版社，2014.

技能强化训练任务单索引

技能强化训练任务单 1-1	机组失能处置（舱外）	24
技能强化训练任务单 1-2	机组失能处置（舱内）	25
技能强化训练任务单 2-1	航前检查	41
技能强化训练任务单 3-1	客舱系统航线检查（安全管理）	60
技能强化训练任务单 4-1	应急设备使用（类型 1 手提式海伦灭火瓶）	101
技能强化训练任务单 4-2	应急设备使用（310L 便携式氧气瓶）	102
技能强化训练任务单 5-1	有准备的陆地应急撤离准备	126
技能强化训练任务单 5-2	着陆后撤离	129
技能强化训练任务单 6-1	洗手间灭火处置	145
技能强化训练任务单 6-2	锂电池灭火处置	146
技能强化训练任务单 7-1	释压处置	156
技能强化训练任务单 8-1	爆炸物处置	168
技能强化训练任务单 9-1	野外生存（制作简易净水器）	184
技能强化训练任务单 10-1	重度颠簸处置	207
技能强化训练任务单 10-2	传染病处置	207

智学VR全景视频索引

本教材"智学 VR"全景视频可对照下表检索,扫描二维码即可观看,也可使用头戴设备切换 VR 模式观看。

图　号	全景视频内容	页　码
图 1-11	餐饮服务安全操作	18
图 2-9	飞机起飞前的客舱安全检查	38
图 3-1	醉酒乘客处置	57
图 4-3	正常情况下舱门的操作	67
图 5-19	水上撤离准备	118
图 5-20	陆地应急撤离	120
图 6-10	卫生间冒烟/失火处置	139
图 7-2	释压处置	153
图 10-1	飞机颠簸处置	187
图 10-2	机上急救 CPR 操作	202

附录A　B737-800陆地/水上应急撤离区域划分及乘务员职责

B737-800 陆地应急撤离区域划分

注：G—厨房，C—衣帽间，L—卫生间

B737-800 陆地应急撤离乘务员职责（6人制）

号位	职责	携带/使用物品	撤离位置
PS1	① 客舱内总指挥 ② L1门指挥 ③ 负责1～17排乘客撤离 ④ 广播 ⑤ 检查客舱，最后下机	舱单 手电筒 麦克风	L1 或 R2
FS2	① R1门指挥 ② 负责1～17排乘客撤离 ③ 前厨房检查	手电筒 急救箱 应急发射机	R1
SS3	① 负责W/R1 和 W/R2 出口 ② 负责18～27排乘客撤离	手电筒	W/R1 或 W/R2

附录 A　B737-800 陆地/水上应急撤离区域划分及乘务员职责

续表

号位	职责	携带/使用物品	撤离位置
PS4	① 负责 W/L1 和 W/L2 出口 ② 负责 18～27 排乘客撤离	手电筒 急救箱	W/L1 或 W/L2
SS5	① 负责 R2 门 ② 负责 28 至最后一排乘客撤离	手电筒 急救箱	R2
SS6/FS6	① 后厨房检查 ② 确认或打开应急灯 ③ 拉开 L2 门 ④ 第一个下飞机，负责地面指挥	手电筒 麦克风	L2

B737-800 陆地应急撤离乘务员职责（5 人制）

号位	职责	携带/使用物品	撤离位置
PS1	① 客舱内总指挥 ② L1 门指挥 ③ 负责 1～17 排乘客撤离 ④ 广播 ⑤ 检查客舱，最后下机	舱单 手电筒 麦克风	L1 或 R2
FS2	① R1 门指挥 ② 负责 1～17 排乘客撤离 ③ 前厨房检查	手电筒 急救箱 应急发射机	R1
SS3	① 负责 R2 门 ② 负责 28 至最后一排乘客撤离	手电筒 急救箱	R2
PS4	① 找援助者负责 W/L1 和 W/L2 出口 ② 负责 W/R1 和 W/R2 出口 ③ 负责 18～27 排乘客撤离	手电筒 急救箱	W/L1 或 W/L2
SS5	① 后厨房检查 ② 确认或打开应急灯 ③ L2 门指挥 ④ 找援助者先下机，令其负责地面指挥		L2

B737-800 陆地应急撤离乘务员职责（4 人制）

号位	职责	携带/使用物品	撤离位置
PS1	① 客舱内总指挥 ② L1 门指挥 ③ 负责 1～17 排乘客撤离 ④ 广播 ⑤ 检查客舱，最后下机	舱单 手电筒 麦克风	L1 或 R2
FS2	① R1 门指挥 ② 负责 1～22 排乘客撤离 ③ 前厨房检查	手电筒 急救箱 应急发射机	R1

续表

号位	职责	携带/使用物品	撤离位置
SS4	① R2 门指挥 ② 找援助者负责 W/L1/R1 和 W/L2/R2 出口 ③ 负责 23 至最后一排乘客撤离	手电筒 急救箱	R2
SS5	① 后厨房检查 ② 确认或打开应急灯 ③ L2 门指挥 ④ 找援助者先下机，令其负责地面指挥	急救箱 手电筒 麦克风	L2

B737-800 水上应急撤离区域划分

注：G—厨房，C—衣帽间，L—卫生间

B737-800 水上应急撤离乘务员职责（6 人制）

号位	职责	携带/使用物品	撤离位置
PS1	① 客舱内总指挥 ② L1 门指挥 ③ 负责 1～20 排乘客撤离 ④ 广播 ⑤ 检查客舱，最后下机 ⑥ 负责救生船与机体的分离	舱单 手电筒 麦克风	R1
FS2	① R1 门指挥 ② 负责 1～20 排乘客撤离 ③ 前厨房检查 ④ 负责救生船与机体的分离	手电筒 急救箱 应急发射机	L1
SS3	① W/R2 出口指挥 ② 负责 21 至最后一排乘客从 W/R2 撤离 ③ 负责救生船与机体的分离	手电筒	W/R2
PS4	① W/L2 出口指挥 ② 负责 21 至最后一排乘客从 W/L2 撤离 ③ 负责救生船与机体的分离	手电筒 急救箱	W/L2
SS5	① 解除 L2 和 R2 门滑梯杆 ② 封住 L2 和 R2 门 ③ 指挥乘客从翼上出口撤离	手电筒 急救箱	W/R2

续表

号　位	职　责	携带/使用物品	撤离位置
SS6/FS6	① 后厨房检查 ② 确认或打开应急灯 ③ 在客舱指挥乘客到各出口处 ④ 先上船，在水上指挥 ⑤ 连接各船	手电筒 麦克风	W/L2

B737-800 水上应急撤离乘务员职责（5人制）

号　位	职　责	携带/使用物品	撤离位置
PS1	① 客舱内总指挥 ② L1门指挥 ③ 负责1~20排乘客撤离 ④ 广播 ⑤ 检查客舱，最后下机 ⑥ 负责救生船与机体的分离 ⑦ 到达安全区后，指挥连接各船	舱单 手电筒 麦克风	L1
FS2	① R1门指挥 ② 负责1~20排乘客撤离 ③ 前厨房检查 ④ 负责救生船与机体的分离	手电筒 急救箱 应急发射机	R1
SS3	① W/R2出口指挥 ② 负责21至最后一排乘客从W/R2撤离 ③ 负责救生船与机体的分离	手电筒	W/R2
PS4	① W/L2出口指挥 ② 负责21至最后一排乘客从W/L2撤离 ③ 负责救生船与机体的分离	手电筒 急救箱 麦克风	W/L2
SS5	① 解除L2和R2门滑梯杆 ② 封住L2和R2门 ③ 指挥乘客从翼上出口撤离 ④ 确认或打开应急灯	手电筒 急救箱	W/R2

B737-800 水上应急撤离乘务员职责（4人制）

号　位	职　责	携带/使用物品	撤离位置
PS1	① 客舱内总指挥 ② L1门指挥 ③ 广播 ④ 检查客舱 ⑤ 负责救生船与机体的分离 ⑥ 到达安全区后，指挥连接各船	舱单 手电筒 麦克风	L1
FS2	① R1门指挥 ② 负责1~22排乘客撤离 ③ 前厨房检查 ④ 负责救生船与机体的分离	手电筒 急救箱 应急发射机	R1

续表

号　　位	职　　责	携带/使用物品	撤 离 位 置
SS4	① 解除 L2 和 R2 门滑梯杆 ② W/R2 出口指挥 ③ 负责 23～37 排乘客撤离 ④ 负责救生船与机体的分离	手电筒 急救箱	W/R2
SS5	① 确认或打开应急灯 ② W/L2 出口指挥 ③ 找援助者负责封住 L2 和 R2 门 ④ 负责救生船与机体的分离	急救箱 手电筒 麦克风	W/L2

附录B B737-800应急撤离检查单

PS1 乘客舱单 ☀	L4
1. 传达机长命令，布置迫降任务	
2. 广播通知乘客迫降	
· 收取尖锐物品	
· 介绍出口	
· 介绍安全姿势	
3. 检查各区准备情况，报告机长	
4. 检查客舱，陆地从L2门，水上从R1门撤出，并负责2号船的使用	

CPT	机长
1. 发出准备撤出口令	
2. 协助指挥撤离	
3. 检查确认所有乘客撤出	
4. 陆地从R2门撤出，水上从R1门撤出	

FS2 ☀ ⊕ ▲	R1
1. 检查固定厨房，关闭厨房电源	
2. 确认滑梯杆在预位状态	
3. 陆地从R1门撤出，水上从L1门撤出，指挥并负责1号船的使用	

手电　　发报机 ▲
药箱 ⊕　麦克风 ▶|
★根据情况带食品和水。

SS4 ⊕ ☀	WL1 翼上出口 WL2
1. 检查固定客舱、厕所	
2. 负责WL1 WL2处指挥	
3. 水上负责WL2处指挥，并负责4号船的使用	
4. 打开应急出口窗	

SS3 ☀	WR1 翼上出口 WR2
1. 负责检查固定客舱、厕所	
2. 陆地负责WR1、WR2处指挥	
3. 水上负责WR2处指挥，并负责3号船的使用	
4. 打开应急出口窗	

SS6 ☀ ▶|	L2
1. 检查固定厨房，关闭厨房电源	
2. 打开应急出口灯	
3. 确认滑梯杆在预位状态	
4. 陆地第一个下飞机负责地面指挥	
5. 水上撤离负责客舱中部指挥 水上撤离L2、R2门不能使用，解除滑梯杆至正常位置	

SS5 ⊕ ☀	R2
1. 检查固定客舱、厕所	
2. 陆地负责R2、R2门处指挥	
3. 水上负责封住R2，指挥后边乘客往前走	
4. 救生船每船可乘46 69人	

附录C 应急相关广播词

1. 找医生

女士们、先生们：

请注意！现在飞机上有一位生病的乘客需要帮助，如果您是医生或护士，请立即与乘务员联系。

谢谢！

Ladies and gentlemen,

May I have your attention, please?

We have a passenger in need of medical attention. If there is a medical doctor or a nurse on board, would you please press the hostess call button or contact any of our flight attendants.

Thank you!

2. 客舱起火

女士们、先生们：

现在客舱前（中、后）部失火，我们正在组织灭火，请大家不要惊慌，听从乘务员指挥，我们将调整火源附近乘客的座位，其他乘客请不要在客舱内走动。

感谢您的协助与配合！

Ladies and gentlemen,

We have a minor fire in the front （center, rear） cabin and we are quickly containing this situation. Please remain calm and follow the directions from your flight attendants.We will relocate the passengers near the fire. All other passengers remain seated with your seat belts fastened.

Thank you for your cooperation and assistance.

3. 灭火后

女士们、先生们：

我们已经结束了灭火工作，飞机处于良好状态，但飞机仍需要尽快着陆以便进一步检查。预计到达备降机场＿＿＿的时间是＿＿＿。感谢您给予我们的协助。

Ladies and gentlemen,

The fire in the cabin has been completely put out. Now we need to divert to ＿＿ airport for ground staff assistance. The estimated arrival time is ＿＿ am（pm）. We sincerely apologize for this inconvenience.

4. 有准备的水上/陆地迫降

（1）主任乘务长（乘务长）向乘客广播迫降决定。

女士们、先生们：

我是本次航班的（主任）乘务长。如机长所述，我们决定采取水上/陆地紧急迫降。（本架飞机由于＿＿＿原因，机长决定于＿＿＿分钟后在＿＿＿进行水上/陆地紧急迫降。）我们全体机组人员都受过良好的训练，有信心、有能力保证你们的安全。大家不要惊慌，听从乘务员指挥。

Ladies and gentlemen,

It is necessary to make an emergency ditching/landing. (Due to＿＿＿, our captain has decided to make an emergency ditching/landing at＿＿ in ＿＿minutes.) The crew have been well trained to handle this situation. We will do everything necessary to handle this situation . We will do everything necessary to ensure your safety and keep calm, pay close attention to the cabin attendants and follow their directions.

（2）安全检查（依据实际情况进行以下广播）。

为了撤离的安全，将您的餐盘准备好，以便乘务员收取。

Please pass your food tray and all other service items for picking up.

将高跟鞋、假牙、胸章、领带、项链、圆珠笔（钢笔）及小件物品放在行李架内或交给乘务员。

Please put the high-heeled shoes, denture, necklace, tie, pens, watches and jewelry in the overhead bin or hand them to the flight attendants.

系好安全带，调直座椅靠背，收起小桌板（脚踏板）及个人电视。

Fasten your seat belts, bring seat backs to the upright position and stow all tray tables. Stow footrests and in-seat video units. Please put all of your baggage under the seat in front of you or in the overhead bin.

（3）示范救生衣的使用方法（水上）。

现在客舱乘务员将向您演示救生衣的使用方法，请将救生衣穿上，并跟从乘务员的指示。

Now the flight attendants will explain the use of life vest. Please take your life vest on and follow the instruction of your flight attendants.

救生衣在您座位底下/上方。

Your life vest is located under your seat.

取出，打开包装，经头部穿好。

Pull the tab to open the pouch and remove the life vest. To put the vest on, slip it over your head.

把带子扣好，系紧。

Then fasten the buckles and pull the straps tight around your waist.

当您离开飞机时，拉动救生衣两侧的红色充气手柄，打开充气阀门，充气不足时，将救生衣上部夹层中的两个充气管拉出，向内吹气。

Upon leaving the aircraft, inflate your life vest by pulling down on the two red tabs. But do not inflate it while you are in the cabin. If your life vest needs further inflation, you can pull the mouthpieces from the upper part of the vest and blow into them.

任何需要帮助的乘客请联系乘务员。

Your flight attendants will help any passenger who needs assistance.

（4）介绍应急出口位置。

现在介绍紧急出口位置，请确认两个以上最近的出口。撤离时，前往最近的出口，不要携带任何物品。

Now the flight attendants are pointing to the exits nearest to you. Please identify them and be aware your closest exit may be behind you. When evacuating leave everything on board!

（5）示范防冲击安全姿势。

现在我们将向您介绍防冲击的姿势。

Now we will explain the bracing for impact position.

- 两脚分开用力蹬地，手臂交叉抓住前方椅背，收紧下颌，头放在两臂之间。

Put your legs apart, place your feet flat on the floor. Cross your arms like this. Lean forward as far as possible, and hold the seat back in front of you, rest your face on your arms.

- 收紧下颌，双手虎口交叉置于脑后，低下头，俯下身。

Cross your hands and above your head, then bend over, keep your head down, stay down.

当您听到"抱紧，防撞！"时，采取这种姿势，直到您听见"解开安全带！"。

When you hear "Brace!Brace!", take this position, and keep this position until you hear "Open your seat belt!".

请大家保持这种姿势，以便乘务员检查。

Now please take this position, so that the flight attendants can assist you.

（6）选择援助者。

女士们、先生们：

请注意，如果您是航空公司的雇员、执法人员、消防人员或军人，请与乘务员联系。我们需要您的帮助。

Ladies and gentlemen,

If there are any airline employees, law enforcement, fire rescue or military personnel on board, please identify yourself to a flight attendant. We need your assistance.

（7）准备撤离时携带的物品。（略）

（8）再次进行安全确认。

请乘务员再次进行安全确认。（夜间时调暗客舱灯光）

All attendants reconfirm the safety, please.

（9）自身确认，报告乘务长。

报告机长，客舱准备完毕。

Captain, our airplane is ready.

（10）发出指令。

乘务员各就各位。

All attendants prepare yourselves.

5. 颠簸

女士们、先生们：

我们的飞机正经历较强烈的颠簸，请您坐好，系好安全带，洗手间暂停使用。正在用餐的乘客，请当心餐饮弄脏衣物。同时，我们将暂停客舱服务，请您谅解。谢谢！

Ladies and gentlemen,

Our aircraft is now experiencing some moderate turbulence, and it will last for some time. Please be seated, fasten your seat belt. Do not use the lavatories. Please watch out while taking meals. Cabin service will be suspended for a moment. Thank you!

6. 客舱释压

女士们、先生们：

现在客舱发生释压，请坐好，系好安全带。用力拉下氧气罩，并将面罩罩在口鼻处，进行正常呼吸。在帮助小孩或其他人之前，请自己先戴好。飞机将会紧急下降，请听从乘务员的指挥。

谢谢！

Ladies and gentlemen,

Our airplane is now being depressurized. Please do not be panic. Remain in your seat with your seat belt fastened. Please pull down one of the oxygen masks which has dropped from the ceiling! Place it over your nose and mouth and breathe normally. If you are seated next to a child or infant, please put on your mask first and then assist them. The aircraft will have an emergent descent. Please follow the instructions of cabin crew.

Thank you!